希腊化和中世纪早期哲学经典集成

章雪富 主编

《创世记》字疏
（上）

[古罗马] 奥古斯丁 著

石敏敏 译

中国社会科学出版社

图书在版编目(CIP)数据

《创世记》字疏.上/(古罗马)奥古斯丁著;石敏敏译. —北京:中国社会科学出版社,2018.7(2023.6重印)
ISBN 978-7-5203-2732-9

Ⅰ.①创… Ⅱ.①奥…②石… Ⅲ.①基督教—研究 Ⅳ.①B978

中国版本图书馆 CIP 数据核字(2018)第 146475 号

出 版 人	赵剑英
责任编辑	韩国茹
责任校对	张爱华
责任印制	张雪娇

出　　版	中国社会科学出版社
社　　址	北京鼓楼西大街甲 158 号
邮　　编	100720
网　　址	http://www.csspw.cn
发 行 部	010-84083685
门 市 部	010-84029450
经　　销	新华书店及其他书店
印刷装订	北京君升印刷有限公司
版　　次	2018 年 7 月第 1 版
印　　次	2023 年 6 月第 2 次印刷
开　　本	650×960　1/16
印　　张	15.5
插　　页	2
字　　数	193 千字
定　　价	98.00 元

凡购买中国社会科学出版社图书,如有质量问题请与本社营销中心联系调换
电话:010-84083683
版权所有　侵权必究

目 录

《创世记》字疏（上）

　　导论 | 3
　　第一卷 | 21
　　第二卷 | 54
　　第三卷 | 86
　　第四卷 | 120
　　第五卷 | 170
　　第六卷 | 204
　　中译者后记 | 242

《创世记》字疏(上)

导　　论

奥古斯丁研读《创世记》

奥古斯丁于公元387年在米兰受洗，从作为平信徒的最初时期开始，一直到后来成为希波主教，对《创世记》里的创世故事如何理解的问题就不断地萦绕在他脑海。他之所以如此痴迷于这个问题，原因不难发现，他年轻时在迦太基曾是摩尼教的旁听者。这段经历使他深切地意识到必须驳斥摩尼教徒的二元论，捍卫旧约的可信性，抵挡他们的抨击。在反驳摩尼教的两个基本原理，即光明原理与黑暗原理时，他始终维护《创世记》的教义，即上帝从无中创造出他之外的一切，并且认为所造的一切都是好的。

奥古斯丁最初在一篇名为《论〈创世记〉驳摩尼教徒》（*De Genesi contra Manichaes libri duo*）的两卷本作品里尝试阐释创世的故事［该作品是他于388年从意大利回到非洲后动笔的，[1] 当时他还未被授予神职，在塔迦斯特（Tagaste）建立了一个修道院］。他在书中努力找出《创世记》每一句经文的字面意思，但发现不可能，于是又回到寓意解

---

[1] 《论〈创世记〉驳摩尼教徒》的文本在ML 34.173-220。据我所知，没有英译本。奥古斯丁回顾一生著述所写的《订正录》1.9或1.10提到这篇作品（CSEL 36.47, 10-51, 20 Knoll；ML 32.599-600）。CSEL和ML的《订正录》章节数目不一致，我但凡引用《订正录》时都提供两处的章节数目，先是CSEL的，再是ML的。

经。他谈到这篇作品时说：

> 皈依后不久，我写了两卷反驳摩尼教徒的书，他们的错误并非只在于错误地解释旧约，还在于他们带着不敬的讥讽完全拒斥它。我迫不及待地想要反驳他们的过犯，或者引导他们在他们所憎恶的书卷里寻找基督和福音书所教导的信仰。当时我还不知道如何在字面意义上理解《创世记》的所有经文，因为在我看来，要这样理解所有经文越来越不可能，或者说几乎不可能，至少非常困难。
>
> 但是我不愿意放弃我的目标，所以每当我不能找到一段经文的字面意思时，我就尽可能简洁而清楚地解释它的比喻含义，这样，摩尼教徒就不至于因为作品冗长的篇幅或者内容的晦涩而读不下去，弃之一边。然而，我谨记我所设立的目标，也是我当时无法实现的目标，即表明对于《创世记》里的一切，首先不是在比喻的意义上，而是在其本来的意义上理解……①

因为对该作品取得的效果不满意，奥古斯丁约在 3 年后回到同一个主题，这一次尝试通篇用字面解经。然而，他发现这个任务超出了他的能力，于是在未完成之前就放弃了。他称该作品为《〈创世记〉字疏未完本》（De Genesi ad litteram inperfectus liber）。② 后来，他在去世前 4 年对所有作品作了回顾，谈到这篇未完成的注释作品时，他说：

> 当我撰写两卷论《创世记》的书反驳摩尼教徒时，我是按照寓意解释经文的，未敢按照字意阐述深层的本性奥秘，也就是按照经文特有的历史意义解释它。然而，我原本是想要看看在按字意解

---

① 8.2.5 注释里凡参考奥古斯丁该作品之处，都按卷—章—节的格式表示。
② 他于 393—394 年写作该作品。文本可见于 CSEL 28/1.459 - 503，ed. by J. Zycha；ML 34.219 - 246. 未知有英译本。

释经文这项艰辛困苦的工作上我能做成什么,结果倒在无法承受的重压之下。甚至一卷还没写完,我就放弃了这项工作,它远远超出了我的能力。

但在回顾重读我的所有作品过程中,我又拿起这篇未完成的作品。我一直没有将它发表,甚至想过要把它销毁,因为我后来写了一部十二卷的《〈创世记〉字疏》;虽然你在那部作品中遇到的问题可能比找到的答案更多,但无论如何早先的这篇不能与后来的那部相提并论。不过,重新看了这篇未完成的作品之后,我决定留下它作为证据(我相信很有用),证明我早期在考查、解释上帝话语上所作的努力,我还决定将它冠以这样的题目:《〈创世记〉字疏未完本》。①

接着他告诉我们,借他写《订正录》之际,他在末尾(在 *Migne* 拉丁版中至多就是 61 节和 62 节)加了一段话,但除了这一段,他让作品保持未完成状态。另外,他认为没有必要再对这篇作品做更多评论,因为读者可以参考他那十二卷的大部头注释作品。

同样,在《忏悔录》(397—401 年)十二卷和十三卷里,奥古斯丁(当时已是希波主教)将注意力转向《创世记》第一章的含义;他在解释经文时既用了字面解经法,也用了寓意解经法。所以在解释"起初上帝创造天地"时,他第一次认为"天"意指"天外之天"(heaven of heavens),也就是天使,而"地"意指整个物质宇宙(包括空气和天体),还处于未成形状态。② 这就是字面含义。但他继而提出一种寓意解释,同时并不排除字面含义,认为"天"意指属灵的人,"地"指属肉的人。③ 这只是一个例子,他的《忏悔录》十二卷和十三卷有很多这样的解释。

---

① *Retract*. 1. 17 或 1. 18(CSEL 36. 86, 1 – 87, 3 Knoll;ML 32. 613)。
② *Conf*. 12. 8. 8.
③ *Conf*. 13. 12. 13.

许多读者一直很奇怪,《忏悔录》的这最后两卷与其他部分究竟是什么关系？但我们必须记住，那篇作品绝不只是一部自传，也不只是对罪的一种忏悔。它本质上是这位圣徒因惊异于上帝赐予他的美善而作出的敬虔的反思，主要是对赞美的认信（confessio laudis），而不只是对罪的忏悔（confessio peccati）。因而，为了坚持这个目标，奥古斯丁转向《创世记》第一章，思考创世，表明造主的美善，由此使他在《忏悔录》中以那种他在第一卷一开始就引入的风格结尾，与《诗篇》作者一同惊叹：“耶和华本为大，该受大赞美，其大无法测度。”①

最后，401 年，奥古斯丁开始撰写巨著十二卷本的《〈创世记〉字疏》。他在《订正录》里谈到这部著作：“这部书取题为《〈创世记〉字疏》，也就是说，不是按照寓意，而是根据其自身特有的历史意义来解释。书中提出的问题比找到的答案更多，而且所找到的答案也有许多是不确定的。那些不确定的回答有待进一步研究而加以推进。”②

这是作者漫长而富有创造力的一生中最主要的作品之一，也是教父解经著作里经典的作品之一，但他只用了这么几句轻描淡写的评论。他在写作《三位一体》之后 1 年开始着手这部注释作品的写作，一直写了 14 年，完成于 415 年，比《三位一体》早一年完成。有意思的是，我们注意到，在 413 年，就在他完成这些论著之前，他又开始写《上帝之城》，所以有两年时间，他同时在展开 3 部著作的写作。如 *Vernon J. Bourke* 所指出的，它们都是圣奥古斯丁思想成熟时期的主要作品，讨论上帝与灵魂（《三位一体》）、上帝与被造界（《〈创世记〉字疏》）以及上帝与社会（《上帝之城》）。③

从时间顺序上看，该注释作品并非奥古斯丁计划的讨论创世话题的

---

① 《诗篇》一百四十四篇 3 节，奥古斯丁《忏悔录》第一卷开篇引用的经文。本书注释中凡引用《诗篇》经文的，章节都按 Vulg. 和 LXX。
② *Retract.* 2.50 或 2.24（CSEL 36.159, 16 – 160, 2 Knoll; ML 32.640）。
③ 见 Bourke 202 – 203。

最后著作，因为完成该作品两年后，[①]他在《上帝之城》第十一卷里记录了他关于创世与两城的起源和本性之关系的思考。[②]但是，那里的讨论比较简短，再加上《上帝之城》框架下特定的目的，所以它并不意在调整他在讨论《创世记》的主要作品里所阐述的思想，事实上，只有以这篇主要作品为依据才能准确地理解它的意思。

《〈创世记〉字疏》详尽注释《创世记》从第一章开头到第三章结尾的经文。它是一篇毫不含糊、一以贯之的字面解经作品。有那么极少的几个地方，奥古斯丁提出可能有一种寓意解释，但随即又清醒过来，悬崖勒马，提醒自己是在寻求字面意思。

奥古斯丁尽管对注释家杰罗姆（Jerome）渊博的知识极为敬仰，但没有像他那样引用哲学知识来理解经文。奥古斯丁不懂希伯来文，但就如 van der Meer 所说："很难找出一个人像奥古斯丁那样浸淫于《圣经》。奥利金是位博学的梦想家，杰罗姆是精通三语的学者，而奥古斯丁则是位信奉《圣经》的学生。……他真正活在《圣经》里面。"[③]

奥古斯丁对希腊语的了解只有初级水平，当他于401年开始注释《创世记》时，几乎完全不懂希腊语。但是后来他非常刻苦地学习这门语言，到了晚年时，基本可以阅读希腊语。[④]奥古斯丁手头的古拉丁语旧约，也是当时北非教会使用的版本，以七十子希腊文本（Septuagint）而不是希伯来文本为蓝本。但当时没有一个统一的拉丁文本，事实上，当时有多少手稿，

[①] Benoit Lacroix, "La date du XIe livre du *De civitate Dei*", V Chr 5 (1951), pp. 121–122.
[②] Gilles Pelland, *Cinq etudes d'Augustin sur le debut de la Genese* (Tournai and Montreal 1972), p. 214. William A. Christian, "The Creation of the World", in *A Companion to the Study of St. Augustine*, ed. Roy W. Battenhouse (New York 1955), pp. 323–324 他们认为《上帝之城》第十一卷的目的是驳斥新柏拉图主义的神观和世界观。
[③] F. van der Meer, *Augustine the Bishop: The Life and Word of a Father of the Church*, tr. Brian Battershaw and G. R. Lamb (London and New York 1961), p. 343.
[④] 奥古斯丁晚年在希腊语上有精进，见证于 Pierre Courcelle, *Les lettres grecques en Occident: De Macrobe a Cassiodore* (Paris 1948), pp. 137–153; English transl., *Late Latin Writers and Their Greek Sources*, tr. Harry E. Wedeck (Cambridge, Mass. 1969), pp. 149–165.

就有多少种不同版本，就如圣杰罗姆在他的《约书亚记》前言里所说的。① 但是随着奥古斯丁越来越深地沉浸于《圣经》注释，他学习希腊文也越来越刻苦，根据希腊文本修订拉丁文本的工作也越来越努力。在该注释作品的后几卷里有大量段落可以表明，奥古斯丁是在做这样的修订工作。②

5 世纪的全体教会对七十子希腊文本推崇备至，奥古斯丁也相信它是受圣灵感动而译的。③ 在他心里，它在教会享有如此高的权威这一点保证了它独一无二的特点。当然，今天没有哪位《圣经》学者会认为这个译本有如此高的权威，但普遍承认它是《圣经》文本的一种重要证据。奥古斯丁因为完全不懂希伯来语，所以通过不断参考七十子希腊文本，有意识地调整一个不时出错的拉丁译本。为方便阅读，我把奥古斯丁在本书中引用的《创世记》的经文放在附录。有些地方他使用了变体，我收录的是他第一次引用时的经文，没有指明后来的任何变体。但重要的变体在注释中都有指明。

不论奥古斯丁晚年时的希腊语水平如何，他在写作该注释作品时还无法阅读当时的希腊教父的原著。但似乎可以确定，他读过注释《创世记》第一章的两部重要希腊作品：圣巴西尔（Basil）的《创世六日》［欧斯塔修斯（Eustathius）译］和奥利金的《〈创世记〉注释》［鲁菲努（Rufinus）译］。④ 奥古斯丁在预备写作该书时采取了一些基督教拉丁著作家的观点，德尔图良（Tertullian）肯定是其中一位，还可能包括

---

① ML 28.463A.
② 比如，奥古斯丁在 6.5.7 引用创 2.19 时用的是 quid vocaret illa，而在 9.1.1 改成 quid vocabit illa。这一修订并不是为了提高拉丁语的清晰性和准确性，而是为了使拉丁动词更准确地对应希腊语的格式。在 8.8.15 引用创 2.15 时用的是 OL 的 ut operaretur et custodiret，但在 8.10.19 提出对希腊语的更准确译法应该是 operari eum et custodire.
③ De civ. Dei 18.43.
④ Berthold Altaner, "Eustathius, der lateinische Ubersetzer der Hexaemeron – Homilien Basilius des Grossen," ZNTW 39 (1940), pp. 161 – 170, reprinted in B. Altaner, *Kleine patristische Schriften* (TU 83, Berlin 1967), pp. 437 – 447; and idem, "Augustinus und Origenes," *Historisches Jahrbuch* 70 (1951), pp. 15 – 41, reprinted in B. Altaner, Kleine part. Schr., pp. 224 – 252.

西普里安（Cyprian）、拉克唐修（Lactantius）、马里乌斯·维克托里乌斯（Marius Victorinus）、安波罗修（Ambrose）以及泰科尼乌斯（Tyconius）。由于完整地注释《创世记》1－3章需要极其广泛的人文知识，所以奥古斯丁为本注释里所讨论的主题必是涉猎了极其广泛的阅读范围。读者可以感受到奥古斯丁在一定程度上囊括了古典世界的所有学术著作（只要与他的研究有相关性），无论是足本的，还是摘录的；无论是原著，还是译本。涉及的领域有：哲学、数学、物理学、自然史、地理学、医学、解剖学、生理学以及心理学。虽然奥古斯丁在其中许多领域的知识可能是肤浅的，但他的好奇心令人惊异，他能引用如此多种不同学科的知识来支持一句经文，这种能力着实非同寻常。

但是最重要的，该注释作品是神学和解经作品，它的目的是要尽可能地理解上帝启示在《圣经》里的道理。如果他对哲学问题感兴趣（注释会表明普罗提诺对他的思想——尤其在第一卷里——影响有多大），那是依据神启的上帝之道教导我们的永恒真理所看见的哲学。

《〈创世记〉字疏》：十二卷的注释作品

该注释作品没有讨论整部《创世记》，只讨论了前面三章，也就是从创世之初到亚当、夏娃被逐出乐园。它分为三部分：第一部分，包括1－5卷，涉及创世的工作以及上帝在第七日安息；第二部分，包括6－11卷，涉及亚当的身体和灵魂的问题、伊甸的园子、女人的被造以及亚当后代之灵魂的起源、堕落、被逐出乐园；第三部分，即第12卷，讨论乐园在《哥林多后书》里的含义。

这是一部对经文作了彻底而认真研究的作品，奥古斯丁在书中逐字逐句地考察受灵感动的作者所写下的话，力图发现故事的字面（而非比喻）意义。说它是彻底的，因为他搜索出所有能找到的学科知识来说明经文，不仅重视在旧约和新约里的上帝启示，也考虑古代科学家的观点。说它是认真的，因为他仔细地区分了什么基于信仰，什么基于人的理性；分别了什么是确定的，什么只是一种假说或学说。此外，在提出他本人喜爱的某些理论时，他真诚地考察对立的理论，公正而冷静，并且坦承自己的不足。

在这样一部作品里，融合了古代世界那么多学科理论，不可避免地会有许多推测性思考的段落，冗长而过时，只能引发古文物爱好者的兴趣。然而，尽管有这样的局限性，该部注释著作仍具有常读常新的趣味，因为它的大部分内容是讨论独立于任何时代的科学理论的哲学和神学的基本问题。

奥古斯丁在前五卷讨论诸如创世六日里三位一体的预示问题，创造的同时性理论，创世的"日子"的含义，早晨、夜晚和天使的知识，以日子的方式讲述故事的教育目的，上帝在第七日安息的含义，第二个创造故事与第一个故事的关系，上帝对世界的管理，以及原因理性（causal reasons）等。①

---

① 原因理性或种子理性（causales rationes 或 rationes seminales，见第四卷，见本书第 164 页注①）曾是约五十年前一场关于进化论与大公教神学是相容还是不相容的轰轰烈烈大讨论的契机。Henry de Dorlodot 在他的 *Le Darwinisme au point de vue de l'orthodoxie catholique*（Collection Lovanium 2, Brussels 1921）中提供了争论的一个推力，因为他援引圣奥古斯丁和某些希腊教父的观点来支持进化论。Dorlodot 作品的英译本 *Darwinism and Catholic Thought*（London 1922）由 Ernest Messenger 出版后，吸引了英语世界的广泛关注。Henry Woods, S. J. 反驳 Dorlodot 的立场（尽管没提到 Dorlodot 的名字），在他的 *Augustine and Evolution: A Study in the Saint's De Genesi ad Litteram and De Trinitate*（New York 1924）中写了简短的一卷，迄今为止仍不失为对 *De Genesi ad litteram* 的最好的诠释之一。两年后，Michael J. McKeough, O. Praem 在美国一个天主教大学发表学术演讲 *The Meaning of the Rationes Seminales in St. Augustine*（Washington, D. C. 1926），采取折衷立场，指出奥古斯丁的教义不可能与主张物种变异的理论（种变说）相一致，但有可能支持这样一种进化论，即生命物遵照自然法则和继发原因逐渐从土里生发出来。随后欧洲学者对这个问题也做了一些研究，最重要的研究之一是 Charles Boyer, S. J. "La Theorie Augustinenne des Raisons Seminales", *Misc. Ag.* 2（Rome 1931）795–819. Boyer 认为奥古斯丁并非种变说的先驱，但他的理论也并非必然排除种变论。在天主教神学里从有神论的进化论观点讨论整个话题最透彻的是 Ernest C. Messenger, *Evolution and Theology: The Problem of Man's Origins*（New York 1932）。

第六到十一卷奥古斯丁提出这样一些有趣的问题,比如亚当的身体和灵魂的被造,一个血气身体与一个灵性身体的区别,乐园以及给予亚当的诫命,生命树和分别善恶的知识树,夏娃的被造,夏娃被造的奥秘与教会的起源,婚姻的三重好处,① 亚当和夏娃未犯罪前提下的生殖问题,关于人的灵魂起源,婴孩受洗的习俗,亚当和夏娃的罪的本性,上帝为何允许不义者犯罪,作为原罪之结果的死和奸淫,以及对亚当夏娃的惩罚。

第十二卷乍看之下似乎与《创世记》注释的主题没有很大关系,它实际上是一个附录,一篇讨论乐园或者第三层天——圣保罗(林后12.2-4)说他在出神状态被提升到那层天上——含义的短文。奥古斯丁之所以把这篇短文附在这部注释《创世记》的著作里——是想要探寻《圣经》里乐园的含义。无论如何,对任何研究奥古斯丁,对他的知识论,他关于心理学和神秘主义的观点以及三类异象的描述感兴趣的人——这是一篇重要论文。结尾处,奥古斯丁一如既往地怀着对幸福远景的盼望和渴望,说:"让我全心接受你,沉思你律法的神奇,从你创造天地的那个起初开始,直到你圣城的王国,我们将在那里与你同在,永永远远。"② 这部恢宏的长篇注释作品以他在起初创造天地的三一上帝怀抱里的思想开头,而以这样的话作结,实在再恰当不过了。

字意解释

读者如果不熟悉奥古斯丁的思想,阅读该作品时很快就会感到困惑:

---

① 三重好处是 fides, proles, sacramentum(忠诚、子孙、圣礼),见 9.7.12,奥古斯丁在这一章的教义被 Pius XI 并入他的教皇通谕 Casti connubii(*Acta apostolicae sedis* 22 [1930] 543-556)。

② Conf. 11.2.3. Cf. Pelland, op. cit. 76.

为何他称之为字意解经作品？他认为，创造的日子不是指时间性的阶段，而是一些范畴，作者出于教诲的原因把造物安排在这些范畴里，描述创造的所有工作，事实上它们是同时被造的。光不是这个世界的可见之光，而是照亮理智造物（天使）的光。早晨指天使在上帝面前享有的关于造物的知识；晚上指天使关于作为被造本性存在的造物的知识。这样的解释能算是字意解释吗？如果这样，那奥古斯丁关于《圣经》的字面意思这个概念是什么意思，他在这部注释作品里要尝试什么？

在第一卷第一章里，奥古斯丁指出，想要阐释《创世记》的字面意思的注释家尝试把它解释为"对已经发生之事的一种可信记录"。他进而提醒读者，他意在"根据历史事实的朴实含义，不是根据它们所预示的将来事件"解释《圣经》。① 因而他明确将字面的或者其自身的意义区别于比喻的、预言的或者形象的意义。字面意思指明真实发生的事物；比喻、预言或者形象意思要说明的是所预示的或者预表的事件。

像《雅歌》这样的书目，在奥古斯丁看来，显然是寓意作品，在类型上明显区别于《列王记》。② 后者显然是历史书，记录的是已经发生的事件。这并不否定历史书里有些段落可能包含预示将来要发生的事件。就此而言，读者在一个段落里发现两种意义是有道理的：一种字面意义，表明已经发生的事；一种比喻意义，表示事件所预示的还未发生的事。但就《创世记》来说，有一个问题。虽然从第四章以下记载的显然是个历史故事，但前面三章似乎包含另一类故事。奥古斯丁说，这是因为前三章叙述的事件是我们不熟悉的，它们当然是人所不熟悉的，因为它们是独一无二的。但是奥古斯丁指出，那并不能让人合理地得出结论说，那些事没有发生过。如果亚当只具有一种比喻的意义，那谁生了该隐、亚伯和塞特？故事的风格表明《创世记》有意成为历史记录。

---

① 1.17.34：……secundum proprietatem rerum gestarum, non secundum aenigmata futurarum.
② 8.1.2.

因此，在解释《创世记》时，奥古斯丁要寻求字面意思，即作者所指的意思："人们可能指望我去护卫故事的字面含义，即作者提出的意思。"① 但是如奥古斯丁所指出的，这往往难以找到。因此，当面临各种看似合理的可能解释时，读者首先应当寻找作者意指的意思；如果这种意思无法找到，那他应当努力洞悉《圣经》上下文的要求是什么，如果这一点也做不到，那就必须搞清楚信仰所要求的是什么。② 如果上帝的话或者受上帝启示的先知的话从字面意思理解是荒谬的，那解经者必须诉诸比喻解释。③

我们千万不可想当然地认为，当作者用比喻说话，使用了一个词的转义时，历史记载就成了比喻或者寓意描述。④ 当《创世记》的作者说"他们二人的眼睛亮了（开了），才知道自己是赤身露身"，他在比喻意义上使用"眼睛亮了"，但整句话并没有向我们暗示这是一种寓意描述。同样，《圣经》里有些段落说到"上帝的手"完成了某些事，但每个人都知道这是指"上帝的大能"。⑤

再者，奥古斯丁说，当我们寻求记载上帝作为的某个经段的字面意思时，我们千万不可认为他像某个造物一样作为。比如，当经上记载上帝将所有的活物带到亚当面前时，字面意思并没有要求我们以一种粗鄙的唯物论的方式想象这幅画面。上帝的大能在世上的作为通过生命造物里面的自然禀赋以及他的执行天使实施。⑥

不过，奥古斯丁在该论著里关注的虽然是字面含义，却并不否认所记载的事和话在字面意思之外可以有一个寓意。他引用《圣经》

---

① 11.1.2. 他还宣称，在解释《圣经》时有可能获得某个超出作者所意指的真理。然而，他认为作者所意指的意思（也是真实的），更值得了解。见1.19.38。
② 1.21.41.
③ 11.1.2.
④ 11.31.41.
⑤ 6.12.20，亦参《诗篇》一百三十五篇11 - 12节。
⑥ 9.14.24.

其他书卷里为人熟知的比喻来说明他的观点。地上的耶路撒冷是天上耶路撒冷的一个比喻或者预像，但这并不否定地上有一个真实的耶路撒冷存在。撒拉和夏甲象征两约，但确实有两位妇女分别叫做撒拉和夏甲。基督是越逾节祭献的羊羔，但旧约里真实发生过一头羊羔被宰杀吃掉的事。①

关于乐园的真实性，奥古斯丁说，有些注释者只在物质意义上理解，有些则只在属灵意义上理解，还有的在两种意义上理解。他赞成第三种立场：

> 简言之，我承认第三种观点对我有吸引力。现在我就按照这种解释来讨论乐园，如果上帝应允。人是由地上的尘土所造——这当然意指人的身体——然后被安置在一个属体的乐园里；当然亚当也意指另外的事物，就如圣保罗所谈到的，他乃是那以后要来之人的预像。但这里我们把他理解为按他自己独特本性被造的人，他活到一定年岁，生养了一群子孙，像其他人一样去世，只是他不像其他人那样由父母所生，而是由尘土所造，这是第一人所特有的。由此可见，这个乐园——上帝把他安置在这个园子里——应该只是指一个处所，一块地土，一个属地的人可以居住生活的地方。②

因此，如果我们理解奥古斯丁对字意和寓意作出的区别，我们就会毫无困难地明白，当他对《创世记》第一章里的光、日、早晨、晚上作出他独特解释时，他的意图是什么。他告诉我们，绝不能认为这种解释是寓意解释。如果认为物质的光是唯一真实的光，而《创世记》里

---

① 8.4.8.
② 8.1.1.

讲到的光是隐喻的光,那就是一个错误。属灵的光才是更真实的光,它更卓越,并且永不褪色。①

所以他的目的是尽他最大的能力解释《圣经》作者关于上帝在创造天地时所成就的事究竟想要表达什么。但奥古斯丁并没有声称,他找到了解释经文过程中遇到的所有问题的最终答案。远非如此。他的不少解释都只是作为推测性观点提出的,如果其他注释者能找到更好的解释,可以修正。他敦促读者遇到经文意思不清晰时应保持开放心态,②他甚至指出,某些《圣经》段落写得含糊正是为了激发我们的思考。③这是否就是经文含糊的原因,是个问题,但可以肯定,当认真的学生遇到意思含糊的段落,他的好奇心能被唤起,他会被吸引,去更加彻底地探求灵启的话语。奥古斯丁认为这是一种富有成效的练习,能滋养我们的灵魂,即使我们没有得出任何确定的结论,只要我们所采纳的观点总是与真信仰一致。④

手稿、版本和译本

中世纪整个欧洲学术中心的图书馆里都保存着大量现存的奥古斯丁《〈创世记〉字疏》手稿,证明当时人们对这部作品的兴趣之大。始于 *Manfred Oberleitner*,现在由 *Franz Romer* 编辑的奥古斯丁手稿研究⑤列出了迄今为止所调查的国家中发现的该部作品的 121 种手稿。这些国家的

---

① 4.28.45.
② 1.18.37.
③ 1.20.40.
④ 1.21.41.
⑤ Manfred Oberleitner and Franz Romer, *Die handschriftliche Uberlieferung der Werke des beiligen Augustinus* (Osterreichische Akademie der Wissenschaften, Philosophisch - historische Klasse, Vienna 1969— , in progress).

手稿数目分别如下：意大利45种，大不列颠和爱尔兰43种，西班牙11种，波兰3种，西德和西柏林19种。

已知的版本中，1506年 Amerbach 编辑出版奥古斯丁全集第一版，这应该是该部作品最早的印刷版。Amerbach 版之后，16世纪有另外两个全集：1528年的伊拉斯谟（Erasmus）版和1576年鲁汶（Louvain editors）版。J. de Ghellinck 在他的 Patristique et moyen age 写到了关于这些版本的详尽历史，并且对它们的价值作了批判性评价。①

圣摩尔院（S. Maur）的本笃修道士编辑的十一卷奥古斯丁作品全集出现于1679—1700年，基本上取代了以上这些早期版本。②《〈创世记〉字疏》收在第三卷（出版于1680年），cols. 117-324。J. P. Migne 又对摩尔版改版重印，把十一卷变为十四卷（Paris 1841），收在 PL（Patrologia Latina）32-45卷，《〈创世记〉字疏》可见于 vol. 34, cols. 245-486。

虽然摩尔修道士编的这个版本没有提供手稿的所有信息，也没有我们今天在一个学术版中可以看到的附录资料（apparatus criticus），但是它在教父文本编辑中是一个重大成果，直到今天，没有哪个新版的全集能取代它。本笃版在编辑中校对了二十六种手稿，以及 Amerbach 版、伊拉斯谟版和鲁汶版。

《〈创世记〉字疏》唯一一个新评论版是 Joseph Zycha 编辑的版本，于1894年收于《拉丁教会著作集》。③ Zycha 的这个版本基于以下这些手稿：

---

① J. de Ghellinck, S. J., *Patristique et moyen age: Etudes d'histoire litteraire et doctrinale* 3 (Museum Lessianum, section historique 9, Brussels and Paris 1948), pp. 371-411.
② *Sancti Aurelii Augustini opera* (11 vols. Paris 1679—1700). 尽管我并没有定时地查考巴黎版原本，但我时常参考1729—1735年的威尼斯重印本，De Genesi ad litteram 收于 Vol. 3, 1729, cols. 117-324。这个威尼斯重印本显然完全忠实于原本。
③ CSEL 28/1. 1-435.

E　Sessorianus 13，Vittorio Emanuele Library，Rome，No 2094，6th century.①

P　Parisinus 2706，Colbertinus 5150，late 7th century.②

R　Parisinus 1804，Colbertinus 894，9th century.

S　Sangallensis 161，9th century.

C　Coloniensis 61，12th century。Zycha 直到他编完了附录资料后才回过头来检查这个手稿。他在前言里挑选出手稿里的异文，忽略了那些与 P 和 R 一致的地方。

他还参考了 *Eugippius*（约 455—535 年）的证明，此人留下一个奥古斯丁作品的摘录集，包括《〈创世记〉字疏》的一些段落。

Zycha 对研究《〈创世记〉字疏》的文本作出了举足轻重的贡献，但是使用他的版本时需小心为上。③ 我们感谢他对上述手稿作了校验，尤其是 Codex Sessorianus（E），但是他以 E 稿为唯一权威，所确立的文本多处与摩尔文本有出入。他认为 Sessorianus 是"最早也是最好的手稿"，④ 这诚然没错，但他始终依靠它，即使有其他证据表明它有错，

---

① 我采纳 E. A. Lowe，*Codices latini antiquiores*（Oxford 1947），Pt. 4. no. 418，认定该手稿的时间为 6 世纪。Zycha 把它归入 7 世纪。见于 Codex Sessorianus 的 De Gen. ad litt. 的章标题，收在 Zycha 版 pp. 436 – 456，最初由 Angelo Mai 发表于 *Nova partum bibliotheca* 1. 2（Rome 1852）119 – 133。但 Sessorianus 第一卷的标题佚失，因而 Mai 本和 Zycha 本都没有该卷的章标题。最近 Dr. Michael M. Gorman 在一个约 10 世纪的巴黎手稿中发现了完整的标题，在另外两个手稿（一个在 Mainz，另一个在 Florence）中还发现了这些标题的部分目录，根据 Gorman，章标题肯定写于 Eugippius（约 6 世纪早期）之前，但为他所知。我非常感谢 Gorman 提供这样的信息，他还友好地同意我拜读他的论文手稿 "Chapter Headings for Saint Augustine's De Genesi ad litteram，" RE Aug 26（1980），pp. 88 – 104.

② E. A. Lowe，"The Oldest Extant Manuscripts of Saint Augustine"，Misc. Ag. 2（Rome 1931），p. 241. 他将它归入 7 世纪晚期。Zycha 在他的前言 p. VIII 说 "saeculo VII—VIII"（公元 7 – 8 世纪）。

③ 几年前，我基于对第十二卷的详细研究，发表了一篇文章，"The Text of Augustine's De Genesi ad litteram"，Speculum 25（1950），pp. 87 – 93，表达了对 Zycha 文本的保留意见。从那时起，那不勒斯 LaVerne 大学的 Dr. Michael Gorman 告知我，他基于 1100 年之前的十五部手稿集正在逐步推进地研究第一卷的文本。

④ 前言，p. VI：Omnes autem et vetustate et bonitate facile vincit coder Sessorianus. ……

17

在我看来，这无异于一种非批判性的依恋。再者，他没有确立手稿之间的关系，而没有这种关系，就过分强调某一手稿比另一手稿更有权威性，这是有风险的。最后，在异文之间作选择时他总是忘记把奥古斯丁的思想和风格考虑在内。

另一方面，摩尔版的编辑似乎充分了解作者的思想和风格，只是他们对手稿资料提供的信息微乎其微。因此，鉴于本译本的目的，我仔细地将 *Zycha* 的文本与摩尔文本对照，凡发现两者有出入可能影响意思的理解时，就检查能找到的手稿证据，包括 *Zycha* 版的附录资料和我本人参考的一些手稿。这些手稿有：

Bod　Bodleianus, Laud. Misc. 141, Bodleian Library, Oxford, 8th–9th century.

Bru　Bruxellensis 1051（10791）, Bibliotheque Royale de Belgique, Brussels, 11th century.

Lau　Laurentianus, S. Marco 658, Laurentian Library, Florence, 9th century.

Nov　Novariensis 83（5）, Biblioteca Capitolare, Novara, Italy, 9th century.

Pal　Palatinus Latinus 234, Vatican Library, 9th century.

Par　Parisinus, Nouv. Acq. Lat. 1572, Bibliotheque Nationale, Paris, 9th century.

Val　Vaticanus 449, Vatican Library, 13th–14th century.

Vat　Vaticanus 657, Vatican Library, 13th–14th century.

我并没有检查所有这些手稿的每一个不确定之处，但由于本书的翻译工作持续了很多年，而且在欧洲和美国的许多地方进行，所以我利用不同时期的不同机会得到不同读本，可能有助于解决所出现的文本问题。每当我在注释里讨论这样一个问题时，读者都会找到这些断断续续、未完成的研究的结果。我相信，这样的信息有助于我们理解某个难点（locus perplexus），而对于一般的结论，我们显然需要一个新的评论版。

以下是已经出版的《〈创世记〉字疏》的译本：①

1. 法文版

Oeuvres completes de saint Augustin, traduit en francais et annotees par Peronne, Vincent, Ecalle, Charpenter, et H. Barreau. 34 vols. （Paris 1972—1978）. 该译本提供了摩尔版及其法文译本。《〈创世记〉字疏》收在第七卷。

Bibliotheque Augustinienne：*Qeuvres de saint Augustin*（Paris 1947—，进行中）。拉丁文附法文译文及注释。《〈创世记〉字疏》由 P. Agaesse 和 A. Solignac 编辑，附 Zycha 的拉丁文本（附更正），收在 vols 48–49 （1972）。②

2. 德文版

Aurelius Augustinus, *Uber den Wortlaut der Gnesis*, *De Genesi ad litteram libriduodecimo*：*Der grosse Genesiskommentar in zwolf bucbern*, zum erstenmal in deutscher Sparache von Carl Johann Perl. 2 vols. （Paderborn 1961, 1964）.

Aurelius Augustinus, *Psychologie und Mystik*（De Gnesi ad litteram 12）, Matthias E. Korger and Hans Urs von Balthasar 导论、翻译、注释

---

① 除了我列出的译本——所有这些译本我都反复参考——之外，奥古斯丁的作品全集还有另外两个译本，我没有看到，但 Agaesse–Solignac, Vol. 48, p. 66g 予以列出，一个是 Raulx 编的法文版全集（Bar–le–Duc 1866），一个是 Kiev 学院翻译的俄文本（Kiev 1893—1895）。

② 对于 Agaesse–Solignac 本，我受惠良多，再怎么赞誉它都不为过。尤其是 notes complementaires，讨论文本中产生的问题，极具哲学和神学色彩，价值非凡。这一版本还附有极为实用的《圣经》索引。

(Sigillum 18; Einsiedeln 1960)。

3. 西班牙版

Obras de San Agustin en edicion bilingue (Biblioteca de Autores Cristianos, Madrid 1946 – 1967).《〈创世记〉字疏》由 Balbino Martin, OSA 翻译，收于 vol. 15（1957）576 – 1271。

第一卷

第一日的工

第一章 对《圣经》的解释。天地的含义

《圣经》既要按字意解释，也要按喻意解释

1. 整部《圣经》分为两个部分，如我们的主所暗示的，他说："凡文士受教做天国的门徒，就像一个家主，从他库里拿出新旧的东西来。"① 这新旧的东西也被称为两约。

然而在《圣经》的所有书卷中，我们都应当考虑所教导的永恒真理，所叙述的历史事实，所预告的将来之事，所警示或劝导的言行举止。就叙述性的事件来说，我们要问的是，每一件事是否只能按照比喻意义理解，或者也要将它们作为对所发生之事的可靠记载来解释和维护。（就比喻意义来说，）没有哪个基督徒敢说，记载的故事不能在某种比喻意义上解释。因为圣保罗说："他们遭遇这些事都要作为鉴戒（in figura）。"② 另外，他解释《创世记》里的话他们"二人成为一体"③

---

① 《马太福音》十三章 52 节。
② 《哥林多前书》十章 11 节。
③ 《创世记》二章 24 节。

时说，这是极大的奥秘或圣礼（magnum sacramentum），是指着基督和教会说的。①

"起初"和"天地"是什么意思

2. 如果对《圣经》的解释应当从这样两方面展开，那么"起初上帝创造天地"② 这话除了寓意之外，还有什么意思呢？是指天地在时间之初被造吗？或者是指一切造物中最先被造？或者这起初是指圣道，上帝的独生子？如何能够证明，上帝在自身中毫无变化，却产生出种种可以变化并由时间度量的结果？"天地"这个词又意指什么？是表示属灵（spiritalis）和属体（corporalis）的造物吗？或者只是指属体的事物？——如果是这样，我们就可以推测，在这卷书里作者略过了属灵存在者，没有记载，而当他说"天地"时，想要表明的是天上和地上的一切属体造物。或者"天地"这个词意指属灵世界和属体世界的未成形质料（informis materia），那就是说，一方面是指未转向造主的灵性生命——因为它可以自我存在（正是由于转向造主，它才接受形式，获得完全，如果它不转向造主，就没有形式，未成形）③；另一方面是指还没有任何形体属性的质料，那是当它被赋予形体性表征，视觉和其他感官能感知到的特征，即接受了形式的质

---

① 《以弗所书》五章32节。
② 《创世记》一章1节。
③ 属灵造物，不论是天使，还是人的灵魂，在奥古斯丁看来，若不转向造主（conversa ad Creatorem），都处于某种未定形状态。在转向造主时，它获得光照；这源于神圣智慧的不变之光的光照不仅使它能知道永恒真理，而且也形成它自己的存在并使其完全。见1.3.7 – 1.4.9，1.9.15 – 17，1.17.32，亦参 Bourke 225 – 226。奥古斯丁这里的措辞具有新柏拉图主义的意味，让人联想到普罗提诺《九章集》2.4.5 以及 6.7.17。但是普罗提诺谈论的是理智（Nous，第二本体）的形成和光照，而奥古斯丁对非造的智慧（圣三一体的第二位格）完全没有这样的论断。事实上，他把普罗提诺的这个理论应用于被造的智慧，即有福的诸灵。见 A. H. Armstrong, "Spiritual or Intelligible Matter in Plotinus and St. Augustine," *Aug. mag.* 1.，pp. 277 – 283，亦参见本书第26页注文。

料才会有的。①

"天地"是什么意思

3. 或许我们应当把"天"理解为从被造之初起就始终处于完全（perfecta）和幸福（beata）状态的属灵造物，把"地"理解为还没有完成和完全的属体质料（corporalis materies）？因为《圣经》说："地是空虚混沌，渊面黑暗。"② 这话似乎是指物质实体的混沌无形状态。或者后半句③暗示着两种实体的混沌无形状态，这样，"地是空虚混沌"指物质实体，而"渊面黑暗"指属灵实体？在这种解释中我们应当把"黑渊"理解为一种暗喻，即生命若不转向它的造主，就是混沌无形的生命。唯有转向造主，它才能成形，不再是深渊；并且得到光照，不再是黑暗。那么它为何说"渊面黑暗"呢？是因为没有光吗？只要有光，就必然是大量充足的光，因为当属灵造物转向那不变的灵性之光，也就是上帝时，情形就是这样。

第二章 上帝如何说"要有光"？

光的被造

4. 上帝是如何说"要有光"④的？他是在时间中说，还是在他圣

---

① 柏拉图《蒂迈欧篇》48e—51b 提出一种无形、未定、不可见的质料，然后说造物主得穆革（Demiurge）在这个质料上印刻了永恒形式的一个像。但是在柏拉图的阐述中，质料与形式本身都独立于得穆革存在。而在奥古斯丁，造主（永恒形式存在于他的神圣智慧里）从虚无中（ex nihilo）同时造出他造物的质料和形式。奥古斯丁在 Conf. 13.33.48 中谈到质料和形式时说："你从虚无中创造了它们，不是由你身上分出，也不是由你身外先期存在的质料分出，而是由同样受造的质料，即同时受你创造的质料而来，因为你不分时间先后创造了形式和无形式的质料。"见 Charles Boyer, L'Idee de verite dans la philosophie de saint Augustin（2nd ed. Paris 1940），pp. 135 – 138.
② 《创世记》一章 2 节。
③ 即"渊面黑暗"。
④ 《创世记》一章 3 节。

道的永恒中说？如果这是在时间中说的，它肯定要变化。① 我们除非借助于某个造物，否则怎么能设想上帝如何说这话？因为上帝本身是不变的。如果正是借助于某个造物，上帝才说"要有光"，那光怎么能是最初的造物？因为已经存在某个造物，就是上帝借助它说出这话的造物。或者我们可以设想光不是最初的造物？因为《圣经》已经说过"起初上帝创造天地"，而当上帝说"要有光"时，他很可能利用了他所造的天发出一句属于时间、可变的话。果真如此，那当上帝说"要有光"时，就是利用他原先已经创造（"起初上帝创造天地"）的一个属灵造物，造出了肉眼可以看见的属体的光。于是，上帝很可能就是通过这样一个造物内在而隐秘的行为说出"要有光"这样的话。

上帝创造光时的声音

5. 当上帝说"要有光"时，是否发出了可听见的声音，就如他说"你是我的爱子"② 时那样？如果是，他是否利用他已经创造的某个属体造物，就是"起初他创造天地"时造的，也是光存在之前造的，因为光是在发出"要有光"这种声音时才造的？如果是这样，当上帝说"要有光"时发出的这个声音用的是什么语言呢？要知道，当时还没有各种不同的方言，那是后来洪水之后建巴别塔时才产生的。③ 那么上帝说"要有光"时那唯一的语言是什么？它又是说给谁听的，谁想要聆听并领会呢？这样看来，用这种属体的方式思考、推测这个问题似乎很荒谬。

---

① 见 Aug., *De civ. Dei* 11.6："时间与永恒之间的分别基于一点，即没有运动或变化，就没有时间；而永恒里则完全没有变化。所以显然，若没有造出某个事物，它的运动产生某种变化，就不可能有时间。"关于这个原理在奥古斯丁思想中的重要意义，见 Boyer, *op. cit.* (n. 7) 117–119。
② 《马可福音》一节 11 节。
③ 《创世记》十一章 7 节。

上帝创造光时的声音和上帝的道

6. 那么我们该说什么呢？或者"要有光"这句话，也就是上帝的声音，是指理智性的观念，而不是听得见的声音？再者，上帝说这话的声音是否属于圣道的本性——就是"太初有道，这道与上帝同在，这道就是上帝"① 所说的那个道？既然经上论到这道时说"万物是藉着他造的"，② 那就很清楚，当上帝说"要有光"时，这光是藉着他造的；果真如此，上帝说"要有光"这话就是永恒的。因为上帝的道，上帝怀里的真上帝，上帝的独生子，与上帝父同为永恒。然而，通过上帝在永恒之道里说出这话，造物界在时间中产生了。没错，"何时""有时"这些词是指时间，但某物何时应当被造的"何时"却在上帝的永恒之道里，当道里出现创造它的那个"何时"时，它就被造了。但在道自身中，既没有何时，也没有有时，因为这道完全是永恒的。

第三章　上帝所造的光是什么？

上帝所造的光本身是什么

7. 被造的光本身是什么？是灵性的还是物性的？如果它是灵性的，它可能就是最初的造物，现在因着这话成为完全的，但它起初被造时被称为天，因为经上说"起初上帝创造天地"。果真如此，我们对于"上帝说：'要有光。'就有了光"必须这样理解：这造物在造主的召唤下

---

① 《约翰福音》一章 1 节。
② 《约翰福音》一章 3 节。这里的介词"藉着"（希腊文 διά）并非意指父使用了工具，而是说那是永恒存在于圣道里作为造物之样式的原因。见 M‑J. Lagrange, *Evangile selon saint Jean*（Etudes bibliques, 9th ed. Paris 1948）, pp. 4–5。因此奥古斯丁指出，"要有光"这话是指上帝之智慧里的永恒言说。

经历了一次转向（conversio），获得了光照（illuminata）。①

上帝是否在自己的道里通过"说"创造

8. 此外，经上为何说"起初上帝创造天地"，而不是说"起初上帝说'要有天地'，就有了天地"，就如同说到光时，经上的话是："上帝说：'要有光。'就有了光"？我们是否可以认为，上帝所造的一切先是通过"天地"这个词一般性地囊括并保存，然后通过一次一次的"上帝说"，实现具体的创世方式，因为无论上帝创造什么，都是通过他自己的道创造的？

第四章　一个未成形事物的形成

未成形的质料如何形成

9. 对于起初创造无定形的质料，不论它是属灵的，还是属体的，之所以不能用"上帝说：'要有……'"这样的表达式，或许有另外的原因。因为上帝在永恒中藉着他的道说出一切，不是通过发出声响的语音，不是通过思考过程说出相应的话，而是通过神圣智慧的光，这光与上帝同为永恒，并为他所生。一个不完全的事物，当它背离

---

① 参 Plotinus, *Enn.* 6.7.23 (tr. Stephen MacKenna [2nd ed. London 1956] 579)："灵魂孜孜以求的那个对象，将光洒在理智原理上，不论灵魂落到哪里，都给它留下记号，这样的事物，我们不必怀疑，它肯定有能力从任何一个游离之地召回背离者，把它拉回来，安息在自己面前。"亦见 Plotinus 1.2.4 (op. cit. 33)："灵魂的真善在于热爱它的亲眷理智原理；灵魂的恶在于不断出现外来者。对它来说，唯有洁净自己，从而进入与自己的关系之中，此外没有别的途径；新的取向才能开始新的阶段。"两者在概念和措辞上的相似性显而易见：奥古斯丁笔下的光（lux）、灵魂的召唤（revocante Creatore）以及改变或转向（conversio），对应于普罗提诺笔下的光（φως）、召回（ανακαλουμεον）以及新的取向（επιστροφη）。见 J. Wytzes, "Bemerkungen zu dem neuplatonischen Einfluss in Augustins 'de Genesi ad litteram'", *ZNTW 39* (1940), p.139. 亦见我在本书前面第 22 页注③中的评论。

（dissimilis）至高存在和第一因，不效仿道的样式（formam）——这道与父不可分割地联合——就会因其未成形的状态（informitate）而趋向于虚无；而当它效仿道的样式——这道始终存在于与父的不变联合中——当它以自身独特的方式转向那真实而永恒的存在，也就是它自身实体的造主时，它就接受自己独特的形式，成为一个完全的造物。①

所以，当《圣经》宣称，"上帝说，'要有……'"，我们是否可以认为这是上帝在他那与他同为永恒的道中说的一句无声的话（dictum incorporeum），目的是要召唤他那不完全的造物界回转到他自身，让它不再是混沌无形，而能在他有序展开的创造工作中获得形式？在这个转变和形成中，造物界以自己的方式效仿圣道，上帝之子，他在永恒中与父合一，是父完全的像，与父同等本质，因而他与父本为一。② 但是如果造物界离开造主，保持未成形、不完全的混沌状态，那就没有效仿道的这种样式。因此，当《圣经》说"起初上帝创造天地"时，之所以提到子，与其说因为他是道，不如说因为他是开端；③ 因为这里指出被造界最初时仍处于不完全、无形式的混沌状态。

但是当《圣经》宣称"上帝说'要有……'"时，提到的子就是道。因此，《圣经》把造物界的起源放在作为开端的他里面，这造物界藉着他存在，但仍然处于不完全状态。然而，造物界的完全在于作为道

---

① 这一段也在使用普罗提诺的概念和措词。Enn. 2.9.2 说到理智（Nous）模仿父；Enn. 1.6.6，灵魂变成一个高贵而美丽的事物就是成为与神（上帝）相像的；Enn. 5.3.7，灵魂转向理智就是转向它的存在之源。见 Wytzes, op. cit., pp. 139–140。
② 参《约翰福音》十章 30 节。
③ 奥古斯丁像许多早期注释家一样，认为"起初"（in the beginning）这个词是指圣三一体里的第二位格，所以经文的意思是说，上帝在他的道里或者藉着他的道创造了一切。这种解释也可见于 Theophilus of Antioch, Ad Autolycum 2.10（Oxford Early Christian Texts, pp. 38–41 Grant; MG 6.1063–1065）; Origen, In Genesim homiliae 1.1（GCS 29.1 Baehreans; MG 12.145–146）; Marius Victorinus, Liber de generatione divini Verbi 27（ML 8.1033）以及其他。但是 Jerome, Liber hebraicarum quaestionum in Genesim, cap. 1, vers. 1（ML 23.985–987）指出，希伯来文本不能如他的前辈们所主张的直译为 in Filio（在子里）。不过，他承认 in principio（起初）应该指基督。

的他，因为这造物界被召回到他面前，通过它与造主的统一，并以它自己的方式效仿神圣样式，从而得以形成。这样式永恒地、不变地与父联合，本性上也必然与父同一。

第五章　理智造物因转向上帝的道而形成。上帝的灵运行在造物界上面

未成形的造物因转向智慧之光而形成

10. 上帝的圣道和圣子拥有的并非未成形的生命。就他而言，不仅存在与生命是一回事，而且生命就等同于智慧而幸福的生命。① 而一个造物，虽然也拥有某种属灵本性，得赋理智或理性，看起来与上帝的道极为接近，却可能拥有未成形的生命。就造物而言，存在与生命是一回事，② 但生命并不等同于拥有智慧和幸福的生命。因为当它转离不变的智慧时，它的生命就充满愚妄和不幸，从而就陷入一种无定形状态。它的形成在于转向不变的智慧之光，上帝的道。③ 无论它拥有怎样的存在和生命，都源于道，为了拥有智慧而幸福的生命，它就必须转向道。理智造物的开端其实就是永恒的智慧。这个开端自身始终保持不变，必定通过内在的灵启不停地对源于他的造物说话，召唤它，使它转向第一因。否则，这样的造物不可能形成并得完全。因此，当被问到他是谁时，圣道回答说："我就是起初，因为我一直对

---

① 奥古斯丁说圣道与父同本体，这完全不同于普罗提诺关于理智与太一关系的理论。理智低于太一，它自身是未成形的，直到转向太一获得光照，得以完全（*Enn.* 2.4.5）。见 Wytzes, op. cit. (n. 16) 138–139。
② 参 Aug. *De immortalitate animae* 8.5（ML 32.1029）："灵魂若不是活着，就不能存在"，以及 *op. cit.* 9.16："活着的事物不可能没有自己的本质。而灵魂是生命的某种形式。"
③ 见本书第 22 页注③。

你们说话。"①

在造物界最初完成时已隐约显现的三位一体

11. 然而,子所说的,就是父所说的,因为当父说话时,道,也就是子,是按照上帝的永恒方式说出来的——如果我们可以用"方式"(more) 这个词来描述上帝说出他永恒的道。确实,② 上帝拥有一种仁爱(benignitas),那是至高无上的、圣洁的、公义的;上帝对他所造的作品倾注爱,不是出于什么缺乏,而是出于他的圣善(beneficentia)。因此,在"上帝说,'要有光'"③ 这话之前,《圣经》先说:"上帝的灵运行在水面上。"④ 我们可以认为,作者用"水"这个词是想指整个物质世界。⑤ 这样他就可以表明,我们所能认识的各从其类的万物是从何处被造和形成的;称之为水,是因为我们看到地上的万物都是从潮湿中产生并发展为各自不同的类别。

---

① 《约翰福音》八章 25 节:Principium, quia et loquor vobis. 奥古斯丁在他的论著 *In Iohannis evangelius* 38.11(CCL 36.345;ML 35.1681)中通过对犹太人与基督之间对话的转译解释了这句话的意思:"既然我们听你说'你们若不相信我是他',那要我们相信你是谁?"对此基督回答说:"起初,也就是说相信我是起初。"随后他又说:"因为我一直对你们说话。"也就是说:"我为了你们的缘故降卑自己,我从上面下来就是为了作这样的转变。"因为如果这起初——按他的神性说——仍然与父同在,不披戴奴仆的样式,作为一个人对人说话,他们怎么会相信呢?因为他们心智软弱,不可能听见属理智的道,只能听见人的话语发出的声音。《约翰福音》八章 25 节的原希腊文准确意思究竟是什么,是个争论颇多的问题,见 R. E. Brown, *The Gospel according to John* (Anchor Bible, New York 1966—1970) 1.347 – 348 对各种解释的考察。
② 该部《创世记》注释作品出版之后大约 7 – 8 年,奥古斯丁的朋友 Dulcitius 问他关于创 1.2 的一个译法,他就引用了这里的解释,始于"上帝拥有一种仁爱",一直到第七章结尾。见 *De octo Dulcitii quaestionibus* 8.2.3(ML 40.166 – 167)。关于奥古斯丁常从他早期作品引用段落的做法,见 G. Bardy, "Doublets dans les oeuvres de saint Augustin," REAug 1 (1955) pp. 21 – 39。
③ 《创世记》一章 3 节。
④ 《创世记》一章 2 节。
⑤ 奥古斯丁在另外的地方提出,水在这里可能意指料,因为水易变、易动,并且始终渗透地上生命物的生长过程。见 *De Genesi ad litteram inperfectus liber* 4., pp. 13 – 14(CSEL 28.466 – 468 Zycha;ML 34.225)。

或者我们可以说，他用这个词是想表示某种灵性生命，这种生命在接受它所转向的形式之前就如同处于一种流动状态。可以肯定，"上帝的灵运行"在这个造物界上面。因为凡是他已经开始但还没有形成和完成的事物都从属于造主的善意，所以，当上帝在他的道里说"要有光"时，造物界就按它自己的能力在上帝的善意和仁爱中得以建立。因此，一点没错，这使上帝喜悦，如经上所说的："就有了光；上帝看光是好的。"①

第六章　在创世之初以及造物形成中显明的"三位一体"

"三位一体"如何在创造之初显示出来

12. 因此，混沌状态的世界，就是因将要从中产生出一切而被称为天地的，在它最初被造的时候，创造它的就是"圣三一体"。当《圣经》说"起初上帝创造天地"时，我们把"上帝"这个名理解为父，把"起初"这个名理解为子，他就是起初、开端，不是父的开端，而是他所创造的属灵存在者的最初、最原始的开端，所以也是一切造物的开端；当《圣经》说"上帝的灵运行在水面上"时，我们看到了一个完整的"三一体"的呈现。同样，在造物的转向和完全——由此它们的类各从其序——中，圣三一体也呈现出来："上帝说"这个表述显明的是上帝的道和产生道的父；"上帝看它是好的"这样的表述显明的是圣善（sancta bonitas），因这圣善，上帝对整个造物界按各自本性所获得的完全感到喜悦。②

---

① 《创世记》一章 3-4 节。
② 奥古斯丁还在 1.39.53，2.6.10-2.7.15，3.19.29 中讨论了创世故事里隐含的三位一体。

第七章　为何说上帝的灵运行在水面上？

上帝的灵运行在水面上是什么意思

13. 但是《圣经》为何先提到造物——当然，仍然处于未完成状态——然后提到上帝的灵？因为先有经文说："地是空虚混沌，渊面黑暗"，然后又说："上帝的灵运行在水面上。"

或许由于一般的爱（amor）是缺乏的（egenus）、贫穷的（indigus），因而爱的流露使它屈从于它所爱的对象；因此，提到上帝的灵——应该藉此来理解上帝的善和爱——说他运行在造物之上，就不会有人认为上帝爱他的被造作品是出于任何缺乏或需要，而非出于他的大恩大惠。当使徒圣保罗准备讨论爱（caritas），说他要指示一条"最妙的道"① 时，指的就是这个意思。他在另一处还谈到"基督的爱是过于人所能测度的。"② 既然必须显示上帝的灵运行在某某上，那么先记载一个已有开端的作品是完全合乎自然的，这样可以说，他运行其上，不是通过任何空间关系，而是通过他超然而卓越的大能。

第八章　上帝对造物的爱使它们存在并持续

上帝爱自己的造物，使它存在并持续

14. 此外，当开始的工完成并完全之后，"上帝看着是好的"。因为

---

① 《哥林多前书》十二章 31 节（Vulg.）：Et adhuc excellentiorem viam vobis demonstro（现今我要把更妙的道指示你们），奥古斯丁译作 supereminentem viam（更高的道）。
② 《以弗所书》三章 19 节。参 Aug. *De gratia et libero arbitrio* 19（ML 44.905）："……有人说，那没有爱就会骄傲自大的知识源于上帝，而使知识不可能自我膨胀的爱却出于我们自己，还有比这更愚蠢的话吗？此外，使徒既说基督的爱高于知识，若还有人认为那必须顺服于爱的知识源于上帝，而高于知识的爱却出于人，岂不愚蠢至极乎？"

他发现他的作品很合意，与他欢喜地创造它们时的那种慈爱相一致。应该注意的是，上帝爱他的造物有两个目的，一是让它存在（sit），二是让它持续（maneat）。要持续的事物先要存在，为了让它能够存在，"上帝的灵运行在水面上"；为了让它能够持续，"上帝看着是好的"。关于光所说的，适用于所有其他作品。有些①在仅次于上帝的最高圣洁中存续，超越于时间的一切变化，而有些按照时间的尺度存续，世代的荣美就在事物的生生灭灭中展现。

第九章 "要有光"这话指理智造物得到光照并形成

上帝何时说"要有光"

15. 当上帝说"要有光"，就有了光时，他是在某一天说的，还是在日子开始之前说的，如果他是藉着道说的，道与他同为永恒，那么他肯定不是在时间中说的。另一方面，如果他是在时间中说，那他就不是通过他永恒的道，而是通过某个隶属于时间的造物说，那光就不可能是最初的造物，因为已经存在某个造物，他藉着它在时间中说"要有光"。因此我们必须认为，他在日子开始之前创造了"起初上帝创造天地"这话里所说的作品。所以，这里的"天"我们必须理解为某个已经形成并完全的灵性造物，可以说，它就是这个天（物质世界里最高远的部分）之上、之外的天。② 我们知道，第二日上帝造

---

① 天使。
② 奥古斯丁的意思是说，天使作为属灵造物，在完全性上高于天，就如天在完全性上高于地。他不仅考虑到天遥遥在地之上的事实，也考虑到天在本性上远高于地的观念。见 12.30.58："我们看到地之上的天，光体和星辰在天上闪耀，它们远远高于地上的事物。"这个观念可见于 Aristotle, *De caelo* 268b11 – 269b17；Plato, *Timaeus* 41a；Cicero, *De Republica* 6.17；Seneca, *Nat. quaest.* 7.1.6 – 7. 关于"天外之天"（caelum caeli huius），见 Aug., *Conf.* 12.2.2；J. Pepin, "Recherches sur le sens et les origins de I'expression 'Caelum caeli' dans le livre XIIdes Confession de saint Augustin," *Archivum latinitatis medii aevi*（Bulletin du Cange）23（1953），pp. 185 – 274.

了空气，他又称之为天。但是"地是空虚混沌"①，以及黑暗渊面这些话意指不完全的物质实体，时间性事物将从中被造，其中最先被造的是光。

当上帝造光时他的"声音"是哪类声音

16. "要有光"这话既是通过某个上帝在时间之前所造的事物说的，怎么可能又是在时间中说的呢？这是难以理解的。我们不能设想这话是用带声响的声音说出的；因为一种声音，不论是什么，总是属体的。或者上帝从未形成的物质实体中造出一个物质声音，通过它来说"要有光"？果真如此，那就应该有一种物质声响在光之前被造和形成。若是这样，那当时就已经有时间了，当声音依次穿过位点时也就是在时间中运动。如果在光被造之前就有了时间，那么发出"要有光"这话的声音是在哪个时间被造的，那个时间属于哪个日子？因为光是在某个日子造的，在顺序上这个日子是第一日。或许发出"要有光"这个声音的物质声响所持续的整个时间都属于这个日子，就是光本身被造的这个日子？

而这样的话，说话者每次说出话都是为了让听话者的耳朵能听到；而这个感官造出来就是要感知声音与空气碰撞在感官上产生的震动。那么我们难道可以说，在那个空虚混沌的世界里已经有了这样一种听觉器官，不论它是什么；然后上帝向它发出一个声音，说"要有光"？让这样的荒谬论调滚出我们思考的心灵吧。

上帝的道是在时间中还是时间外发出的？

17. 那么，我们是否可以设想，有一种属灵但又在时间之中的运动，它发出"要有光"，这是由永恒的上帝藉着永恒的道在一个属灵的

---

① 参见《创世记》一章 2 节。

造物里发出的运动，而这个属灵的造物是上帝早就创造的，就如经上的话"起初上帝创造天地"所表明的，也就是那个天外之天①？或者我们应该说，这句话不仅没有任何声响，而且没有任何属灵造物在时间中的运动，可以说，它是父的永恒之道放置并铭刻在这属灵造物的心里②，依据它，地上混沌黑暗、尚未完全的属体世界受到激发，走向自己的形式③，从而成了光？

这里有一个问题比较费解。上帝的命令不是在时间中发出的；它被某个超越时间、沉思真理的造物听到，当然也不是在时间中听到的。当这个造物将形式（rationes）——可以说，这些形式是上帝的不变智慧印刻在它理智上的可理知的话语——传输到低级存在者之后，才可能有在时间中产生、在时间中管理的事物在时间秩序中的运动。④

但是如果光，就是最先说到的"要有光，就有了光"，必须理解为造物中的最先被造者，那它不是别的，就是理智生命；它若不转向自己的造主，受到光照，就必然处于虚无混沌状态。一旦它转向造主，并被照亮，上帝所说的话"要有光"，即刻就成全了。⑤

---

① 奥古斯丁的意思是说，天使作为属灵造物，在完全性上高于天，就如天在完全性上高于地。他不仅考虑到天遥遥在地之上的事实，也考虑到天在本性上远高于地的观念。见 12.30.58："我们看到地之上的天，光体和星辰在天上闪耀，它们远远高于地上的事物。"这个观念可见于 Aristotle, *De caelo* 268b11 – 269b17; Plato, *Timaeus* 41a; Cicero, *De republica* 6.17; Seneca, *Nat. quaest.* 7.1.6 – 7. 关于"天上之天"（caelum caeli huius），见 Aug., *Conf.* 12.2.2; J. Pepin, "Recherches sur le sens et les origins de l'expression 'Caelum caeli' dans le livre XIIdes Confession de saint Augustin," *Archivum latinitatis medii aevi* (Bulletin du Cange) 23 (1953) 185 – 274.
② 直译"心灵和理性"（mente atque ratione）。参 Aug., *De ordine* 2.11.30（CSEL 73.168 Knoll；ML 32.10090）："理性是心灵的一种活动，拥有分辨和连接已知对象的能力。"
③ Ad speciem, speciem 意为"形式"或者"可理知的实在"（参柏拉图的"eidos"）。见 Aug., *De diversis quaestionibus LXXXIII*, *Quaestio* 46, *De ideis* (ML 40.29 – 31); *De civ. Dei* 12.7: Sic species intelligibiles mens quidem nostra conspicit（所以我们的心灵看见可理知的形式）。
④ 这个观点在下面第八卷有更详尽的引申。尤其见 8.20.39, 8.24.45, 8.26, 48 – 8.27.50。
⑤ 见本书第 22 页注③和第 26 页注文。

第十章　第4节提到的光和暗如何解释？

从创1.5看，光似乎是在一日的时间内造好的

18. 既然圣言说出来没有任何时间限制，因为道与父同为永恒，不属于时间，那么圣言所造的作品是否也独立于时间？有人很可能会提出这样的问题。但这样的观点怎能接受呢？因为经上说，上帝造了光，把光暗分开，称呼它们为"昼"和"夜"，然后宣称："有晚上，有早晨，是为一日。"① 从这段经文看，意思似乎是这样的：上帝的工在一日的时间内完成，这日末了接着是晚上，晚上是夜的开始。此外，当夜过去了，一个完整的日子就完成了，早晨属于第二日，上帝在第二日完成另外的工。

光的被造以及它与暗的分开是同时发生的吗？

19. 但这里有个问题让我们迷惑不解。上帝在他永恒的道里说"要有光"，并没有任何音节上的分隔。那么，创造光为何要拖那么长，直到白天过去，晚上来临？或许有人会说，光确实是一下子造好的，但将光与暗分开，给它们分别命名，可能花了一天时间。然而，如果上帝做这事要花的时间与我们说这话所需的时间一样多，那不是很奇怪吗？可以肯定，将光与暗分开的工作就在创造光的同时完成了。除了与暗分开的光，不可能再有别的光了。

上帝是在他自己智慧的永恒形式里称光为昼，等等

20. 至于"上帝称光为昼，暗为夜"这话，即使上帝是通过音节发

---

① 《创世记》一章5节。

出声音来完成的，能花多少时间？可以肯定，它不会比我们说"光就称为昼，暗就称为夜"花的时间更长。当然没有人会愚蠢地认为，至大无上、超越一切上帝，从他嘴里发出极少的几个音节需要持续一整天时间。更何况，"上帝称光为昼，称暗为夜"这话是藉着与他同为永恒的道，也就是不变智慧的内在和永恒形式说的，而不是通过某种物质性的声音说的。不然又会产生新的问题：如果他是用我们所用的话来称呼它们，那他说的是什么语言？在没有听觉器官的地方，有什么必要使用飞逝而过的声音？这些难题都无法解决。

太阳环行，有些地方是白昼，有些地方是夜晚

21. 或许应该提出另一种解释。虽然上帝造光是在瞬间完成的，但这光是否一直存留，直到夜降临，一个白昼的时间结束？接踵白昼而至的夜是否也一直持续到第二天早晨到来为止，这样，一个整日，即第一日才结束？不过，如果我说出这样的话，恐怕会受到两种人嘲笑，一种是对这些问题有科学知识的人，另一种是能轻易注意到经验事实的人。当夜晚降临我们时，太阳正照耀在其他地方，它从落下的地方回来，经过那些地方，回到升起的地方。因此在太阳二十四小时的整个行程中，总有一些地方是白昼，一些地方是夜晚。那么可以肯定，我们不能将上帝置于某个区域，不然，当太阳光离开那个区域转到另外的地方时，他那儿岂不成了夜晚？

《传道书》里有话写道："日头出来，日头落下，急归所出之处，"也就是回到它升起的地方。作者接着说："升起往南，又向北转。"① 因此，当南边有太阳时，我们这里就是白昼；当太阳走到北边时，这里就成了夜晚。当太阳在另一半边时，我们不能说地上就没有白昼，除非我们的观念受诗人幻想出来的故事影响，真的以为太阳沉入了大海，到了

---

① 《传道书》一章 5 节（参和合本"风往南刮，又向北转"——中译者）。

早晨则从另一边海水而起。① 即使真的如此,海洋本身也会被太阳照亮,白昼就会出现在那里。它当然可以照亮海水,因为它不可能被水浇灭。只是这样的想象未免太荒唐了。何况那时太阳还未造出来。

最初的光是灵性的还是物性的?

22. 因此,如果头一日所造的是灵性的光,它是否会消失,以便夜晚随之而来? 而如果它是物性的,这样的光,太阳落下之后我们就无法看见(因为那时还没有月亮和星辰),又是什么样的光? 或者它总是在天上太阳所在的那个地方,但不是太阳的光,而是太阳的某种同伴,与太阳紧密相连,甚至难以区分,那我们就回到了同样的难题。这样的光,如果它是太阳的伙伴,像太阳一样环行,升起落下,那么当我们的这个区域处于夜晚的黑暗中时,它在世界的另一区域。这迫使我们相信(苍天啊!)上帝居于世界的某个地方,这光得离开那里,好让夜晚接踵而至。

不过,上帝是否有可能让光在那个他想要造人的区域? 按这种观点,可以说,当光离开那个区域,晚上产生,尽管光离开了那里,仍然存在于某处,到了早晨又升起,完成它的环行。

第十一章　经文 13 节的光与 14 节的光有什么关联?

最初被造的光及昼夜的更替

23. 既然那个光就足以产生白天,甚至被称为昼,那么为何要造出太阳来管理日子②,照耀大地? 是否那光照耀更高的区域,远离地面,

---

① 见比如 Statius, Thebais 3.407–416。
② 《诗篇》一百三十五篇 8 节。

是我们地上的人视力不可及的，所以需要有一个太阳，照耀宇宙的较低区域？另外，我们是否可以说，增加太阳的亮度使白天更加明亮，如果曾经有一个日子被那个光照亮，但没有现在这样亮堂？

某位著作家[①]还提出另一个观点，在他看来，在创世的工中，光是第一个出现的，就如经上的话"要有光，就有了光"所表明的；后来讲到天体，让我们知道从光里造出的是什么，这是在造主展开创世之工的那些日子里完成的。至于当晚上来临，夜晚就位职司之后，那最初的光去了哪里，该作者没有说，我也认为难以找到任何解释。我们当然不能认为，它消失了，给夜晚的黑暗让路，然后又亮起来，为早晨提供光明，在太阳被造之前——根据《圣经》，要到第四日太阳才开始履职——履行这些职责。

第十二章　与昼夜相继以及水的聚合有关的难题

光与暗：太阳被造之前的昼与夜

24. 太阳出现之前，那三个昼夜会以什么样的循环方式相继经过呢？即使存在最先被造的光，即使我们假设它是物质性的光，也很难找到答案解释这个难题。或许有人会说，因为当时地和水还没有分开（经上说要到第三日才分开），而地和水的这个混沌体非常深厚，光渗透不进去，或者阴影的体积非常巨大，所以上帝就称地和水的团块为"暗"。我们知道，如果光在物体的这一边，那产生的阴影就必定在另一边。凡是因为物体阻挡了光，光无法到达的那一部分，就有阴影；一

---

① 奥古斯丁很可能想到了圣巴西尔的《创世六日布道书》，由欧斯塔修斯译为拉丁文。相关段落见《布道书》6.2（TU 66.71 – 72 Amand de Mendieta – Rudberg；MG 30.924）。有相当份量的证据支持这样的观点，即奥古斯丁在研读《创世记》时参考了欧斯塔修斯版的巴西尔注释作品。见本书第48页注①。

个没有光的地方——如果不是物体阻挡光，光就能照亮它——这就是阴影的确切定义。如果因为物体的尺寸巨大，这阴影也大到足以盖住地上相当于另一边白昼覆盖的面积，那么它就被称为"夜"。并非所有黑暗都是夜。比如，在大型洞穴里也有黑暗，因为固体阻挡，光无法渗透进去。在这样的地方没有光，整个区域未被光照射，但我们不说这样的黑暗是"夜"。这个词我们专门指地上白昼离开之后黑暗所降临的地方。同样，并非所有光都被称为"昼"，我们有月光、星光、灯光、火光，以及所有发光物体发出的光，都不是"昼"；只有那在夜之前存在并在夜到来时撤退的光才称为"昼"。

昼夜藉着哪个光前后相继？

25. 如果最先造出的光团团包围着大地，那么不论它静止不动，还是环行转动，都不可能与夜毗邻，因为它不会腾出任何空间让夜占据。但如果光照在一边，那么当它移动时，是否就让夜从另一边与它相随而至？虽然水仍然覆盖整个大地，但没有任何东西阻止巨大水域有一边因光照射是白天，另一边因没有光是黑夜。因此，晚上黑暗将降临到那一边，因为光要从那边转向另一边。

水如何聚合

26. 现在要问的是，如果诸水最初覆盖在整个大地上①，那它们在哪里聚合？为裸露陆地，有些水要被撤走，那它们被送去了哪个区域？如果地上原本就有些裸露的部分，让水可以在那里聚合，那显然原本就已经有了干地，诸水就没有占据整个大地。但如果它们确实是覆盖整个大地的，那它们又在何处聚合，以便让旱地显现出来？可以肯定，它们

---

① 参见《创世记》一章9节。

39

不可能像谷物那样，谷子脱粒之后就在打谷场上竖起来，然后堆成垛，空出原本摊满谷秸的场地；水不可能这样竖立起来。既然广袤的海洋一望无边地覆盖各地，谁会作出这样的论断呢？即使有高耸的海浪立地而起，风暴一来也把它夷为平面；如果潮汐从某些海岸退回，那必然有另外的海岸受到潮水的拍击，它们退下去又冲上来。但是如果水覆盖了整个辽阔的世界，那它要流到哪里，以便让某些陆地裸露出来？或者水是否可能处于一种很稀薄的状态，就像云一样，覆盖大地；当它聚合在一起时，就变得浓厚，从而露出世界众多区域中的某一些，使陆地显现？也有可能是另一种情形：由于地表广袤而深远，会有一些低洼的空旷区域，流动的水就可以浇灌进来，于是水撤退的空间里就可能显现出陆地来。

27. 然而，如果质料有云的外形，那它就不是完全无形的。

第十三章 水和地是何时被造的？

水和地何时被造

于是就有了另一个问题，上帝何时创造了水和地的这些清晰的形式和性质？在六天里没有提到这一点。因此我们不妨设想，上帝是在日子开始之前造的，因为在提到日子之前，《圣经》就说："起初上帝创造天地。"这里的"地"我们应该理解为包含了它自身完全形式的地以及以其可见形式溢盈于地上的诸水。所以对于《圣经》接着说的话"地是空虚混沌，渊面黑暗，上帝的灵运行在水面上"①，我们不应设想为任何无定形的质料，而应理解为已经包含常见性质的地和水，只是没有

---

① 《创世记》一章2节。

光，因为光还没有造出来。然后我们应当认为，之所以说地空虚不可见，是因为它被水覆盖，即使有人在那里看它，也不可能看见；说它混沌，是因为它还未与海分开，还没有被岸限制，还没有装饰果蔬和活物。果真如此，那地和水的这些形式，肯定是物质性的形式，为何它们在日子开始之前就被造了？为什么我们没有读到"上帝说，要有地，就有了地"，"上帝说，要有水，就有了水"这样的经文？或者，如果整个低级造物界都包含在一个行为里，《圣经》就应该这样记载："上帝说，要有地和水，就有了地和水。"

第十四章 "天和地"必是指无形式的质料

世界从上帝所造的无形式质料里造出来

有了地和水之后，为何经上没有说"上帝看着是好的"？

28. 很显然，一切可变的事物都是从某个无形式之物中造出来的；而且我们的大公教信仰宣告，正当的理性也教导：若不是出于上帝，不可能有任何事物存在，不论它是什么，上帝是一切已经形成或者将要形成之物的主和造主。当这位受圣灵感动的作者说到上帝"从混沌质料中创造世界"时，① 他指的正是这种无形式的质料。由此，我们应该得出这样的结论，一个属灵的人——他字斟句酌，精挑细选，找到适合未经训练的读者或听众的措辞——他的话指的就是这种质料；他在列举日子之前，先说"起初上帝创造天地"，等等，然后以"上帝说"这样的句式开头，一一列举所造的世界的各个部分。

---

① 《所罗门智训》十一章18节。

第十五章　无形式的质料在起源上而不是时间上先于被造的事物。作者在第 2 节指的是无形式的质料

事物的质料和形式是同时造的

29. 但我们不能认为未成形的质料在时间上先于形成的事物；事实上，被造的事物和被用来创造事物的质料，两者是同时创造的。[①] 就如同声音是形成话语的质料，话语显示了所形成的声音；但说话者不会先发出无形式的声音，然后再把它结合起来形成话语。同样，创造主上帝不是先造出无形式的质料，然后——似乎进一步思考之后——根据创造工作的顺序使它成形；他创造的就是有形式的质料（formatam materiam）。不过，由于从材料中能造出某物，所以虽然不能说材料在时间上有优先性，但在一定意义上，可以说它在起源上（origine）先于被造的事物。因此，尽管上帝并没有在时间上分开创造，但《圣经》作者能够将创造行为分开叙述。如果有人问，我们是从话语中产生声音，还是从声音中产生话语，你很难发现有人会愚蠢到无法回答，不知道话语是从声音中产生的。虽然说话者是在同时发出两者，但思考片刻就会知道哪个是产生事物的材料。

上帝同时创造了他要用来创造事物的质料以及用质料创造出来的事物。《圣经》必须记载两者，但不可能同时提到两者。那么应该首先提到

[①] 参见奥古斯丁《忏悔录》13.33.48，"来自同样受造的，即来自你同时创造的质料。" 见第 23 页注①。普罗提诺《九章集》4.3.9 也指出，在单独说到质料时，我们只是在字面上和思维里将它与事物分离，事实上它们必然是同在的。见 Wytzes（第 26 页注①16）144。

哪个，是创造之工所要用到的质料，还是从质料中造出来的作品？答案是显然的。当我们谈到质料和形式时，也明白它们是同时存在的，但我们必然分别来称呼它们。尽管我们发出这两个词只需一瞬时间，但我们总要一个先说，一个后说。同样，在详尽记载中，虽然如我已经说过的，上帝是同时创造了两者，但总要一个先记，一个后记。所以，在创造工作中起源上在先的那个在叙述时也放在前面说。对于两个在任何方面都没有先后之分的事物，即便同时说出两者的名字都不可能，更不要说同时描述它们了。因此毫无疑问，这个无形式的质料，不论多么微小，几近虚无，只能是由上帝创造的，是与从它形成的作品一起创造的。①

《圣经》如何暗示无形式的质料

30. 现在我们可以推测，以下这话"地是空虚混沌，渊面黑暗，上帝的灵运行在水面上"指的就是这个未成形的质料。除了提到上帝的灵之外，我们可以肯定地推断，整段话指可见的造物界，但采用了适合未经训练者的措辞来表明它的未成形状态。因为土和水这两种元素在工匠手里比其他东西更可塑，所以用这两个词非常恰当地表明事物的未成形的原质。

第十六章　反驳光的弥散和收缩观点

关于昼夜产生的另一观点：或许是光的发散和收缩

如果这个解释可以接受，那就没有任何大规模的块体形成，使得光照射这一边，黑暗笼罩另一边，从而夜晚接着白昼的脚踵而至。

---

① 按照 E, Nov, Lau and z 是"从它形成"；按照 P, R, C, Par, Pal, Bod, and m 是"从它而造"。

31. 另一方面，也找不到充分的理由把昼夜理解为光的发散和收缩。① 当时还没有生命造物，需要为它们的安宁提供光暗的更替；生命物是后来创造的，由太阳的环行为它们提供光暗，就如我们今天看到的那样。此外，我们也无法提供任何类比来证明光的发散和收缩可以解释昼夜的更替。从我们眼睛射出的肯定是一种光束。② 当我们专注于靠近眼睛的事物时，这光可以收敛；当我们凝视远处的事物时，就把光发散出去。但是即使把光束收起来时，它也并非完全不看远处的物体，当然，它此时看远处物体比集中凝神看要模糊得多。然而，根据权威观点，眼睛里的光极其微小，若没有外来光的帮助，我们不可能看见任何东西。此外，它也难以与外界的光相区分，所以就如我所说的，很难找到一个类比使我们能够表明光的发散产生白昼，收缩产生夜晚。

第十七章　光就是对理智造物的光照。暗表示未成形的造物

灵性的光，最初被造的光，照亮属灵的理性造物

32. 如果当上帝说"要有光"时所造的光是灵性的光，那就不能把它解释为与父同为永恒的真光——那真光，万物藉着他所造，他照亮一切世上的人③——而应理解为经上说的"智慧在一切之前被造"④ 的那

---

① 奥古斯丁这里似乎想到了圣巴西尔的观点，他很可能是在欧斯塔修斯的译本中读到的。巴西尔《创世六日布道书》2.8（TU 66.38 Amand de Mendieta – Budberg；MG 30.890B）。
② 奥古斯丁采纳某些医学作家的观点，认为光线是从眼睛里发出，如他本人所说的，上面 7.13.20。亦见 4.34.54 以及 12.16.32，还有《三位一体》9.3.3（CCL 50.296；ML 42.962 – 963）。
③ 参见《约翰福音》一章 3，9 节。
④ 《便西拉智训》一章 4 节。

个智慧。因为永恒不变的智慧不是被造的（facta），而是被生的（genita），当他进入属灵的理性造物界，就如他常常进入圣洁的灵魂那样，① 他的光把它们照亮；然后在已经被照亮的理性里，引入了一种新的状态，这可以理解为当上帝说"要有光"时所造的光。当然这就假设了灵性造物已经存在，当《圣经》说"起初上帝创造天地"时，"天"这个词就是意指它们，这不是指物质的天，而是天外之天，非物性的天。② 这天高于一切物质事物，不是位置上高超，而是本性上卓越。至于被照亮的心灵与光照本身如何同时产生——尽管在叙述时有先后之分，光照放在后面——这个问题我在讨论质料的创造时已经作了解释。③

从寓意解释光与暗的分开

33. 但是我们该如何理解紧随光后面的傍晚（晚上）和夜晚？《圣经》既说"上帝就把光暗分开了"④，就是说光可以与暗分开，那我们是否可以在这个暗里找到答案呢？难道能设想当时就有罪人和偏离真理之光的愚人，上帝要将他们与留守在光里的造物分离，似乎将他们分别为光与暗，称光为"昼"，称暗为"夜"，从而表明他不是恶的始作俑者，而是根据功过管理的统治者？这显然是不合理的。或许"日"这个词包含了整个时间，世代的整个卷轴都包含在这个词里，所以它不是被称为"第一日"，而是"一日"，如《圣经》所说："有晚上，有早晨，是为一日。"按照这种解释，创造晚上可以理解为产生理性造物的罪，创造早晨则指他们的更新。

---

① 引自《所罗门智训》七章 27 节。
② 就如空气高于地，同样，天使高于空气，由此它们被称为天外之天。见前面注释 33。
③ 见前面 1.15.29 – 30.
④ 《创世记》一章 4 节。

光与暗的分离表明了什么

34. 但是这就需要提出寓意和预言的解释，而我在本书中并不打算做这样的解释。我这里确立的讨论《圣经》的原则是根据史实自身的意义，不是根据它们对将来事件的预示。① 那么，在创世和事物形成的故事中，我们如何能在被造的灵性之光里找到晚上和早晨呢？光与暗的分开是否标志着成形的造物与未成形的相分离？"昼""夜"是否用来表示一种有序的安排，表明上帝没有让任何事物混乱无序；无定形状态本身——即事物在时间中流逝，从一种形式变成另一种形式——也是计划的一部分？这句话是否暗示造物在时间长河中的消长衰荣有助于世界整体的美好？② 可以肯定，构成夜晚的暗是井然有序的。

关于灵性之光的难题，晚上和早晨如何在它里面

35. 因此，造出光之后，经上说"上帝看光是好的"。这话似乎应该在同一日的所有工都完了之后说，也就是说，《圣经》是否应该先记载："上帝说，'要有光'，就有了光……上帝将光与暗分开；上帝称光为昼，暗为夜"，然后才可以说"上帝看着是好的"，再后说"有晚上，有早晨"？在造其他作品——都一一给予命名——时就是按这样的顺序记载的。但这里却没有按这样的顺序写，因为那个未成形的世界（informitas illa）要与成形的世界分开，这样就不会认为创造终结于某种未成形的状态，而是把它留到后来，通过属体世界的其他被造物形成。因此，如果《圣经》在记载其他造物时先通过那种分离和命名将它们作了区分之后，才说"上帝看着是好的"，那么对此我们应当这样理解，当它们这样被造（作了区分和命名）之后，不需要再增加任何

---

① Futurarum。
② 同样的思想出现在 Aug., *De nat. boni* 8（CSEL 25.858, 22 – 28 Zycha; ML 42.554）。这是新柏拉图主义的一个观点，见 Plotinus, *Enn.* 3.2.5，以及 Wytzes, op. cit. 141 – 142。

东西来完善它们的类别了。但是因为上帝只是对光作了这样完整的构造，所以"上帝看光是好的"，然后通过真实的分离和命名将光与暗相区别。不过《圣经》并没有接着说"上帝看着是好的"。因为未成形的世界还没有清晰地分别出来，仍然有其他存在者可能从它形成。当我们非常熟悉的夜晚——它是因太阳的环行在地上产生的——因天体的分布而与白昼相分别，日夜的分开完成，于是《圣经》说"上帝看着是好的"①。因为这个夜并非还要从中造出其他存在者的未成形实体；它乃是一个空虚的空间，只充满空气，没有白昼的光，不需要为了让它成为更有形式或者更有特点而对其类别添加什么东西。至于晚上，或许可以作这样合理的解释，它可能是指在天体被造之前的这三日里各个完成之工的终点，而早晨可能标示着接下来的工。

第十八章　灵运行或者孵化在水面上。在晦涩的问题上我们不可太固执于自己的观点

上帝通过自己永恒之道的范式以及圣灵的爱作工

36. 但我们首先要谨记，就如我尽最大努力表明的，上帝并不是像人类和天使那样，在时间之中通过身体和灵魂的运动做工，而是通过与他同为永恒的道之不变的、恒定的范式，以及——可以这么说——同样与他同为永恒的圣灵的类似于孵化（fotu）的行为来做工。希腊译本和拉丁译本都说圣灵"运行在水面上"，但在叙利亚译本——那是最接近希伯来语的译本，译文不是"灵运行（superferebatur）在水面上"，而是"孵化（fovebat）在水面上"（据说这是一位叙利亚的基督徒学者的

---

① 《创世记》一章 18 节。

一种解释)。① 这个行为不同于人恰当使用冷水或热水来护理身体上的炎症或伤口，更像是鸟孵蛋，母鸟通过自己的体温帮助自己的蛋孵化成雏鸟，这体现了一种类似于爱的情感。② 因此我们不能用人类的方式思考这个问题，似乎上帝的话是在创造之工展开的那几天时间里说的。因为上帝的智慧亲自披戴上我们软弱的本性，来将耶路撒冷的孩子聚到他的羽翼之下，就像母鸡把自己的幼仔笼在翅膀下，③ 并不是为了让我们永远是小孩子，而是——虽然在恶意上仍然是婴孩——让我们在思想上不再是孩子。④

在解释《圣经》时应当谨慎

37. 在晦涩难懂、无法破解的问题上，即使我们可以在《圣经》里

---

① 奥古斯丁使用的 OL《创世记》经文译为 "Et spiritus Dei superferebatur supper aquam"。这里的解释借用叙利亚作者的观点，用 "fovebat"（温暖、养育）代替 "superferebatur"（运行、活动）。这种基于叙利亚译本的解释也可见于 Ambrose, *Hexaem.* 1. 8. 29（CSEL 1/1. 28 – 29 Schenkl；ML 14. 139）。圣巴西尔在《创世记》布道书里也基于叙利亚译本提出这种解释，见 Basil, *Hexaem.* 2. 6（SC 26. 168 Giet；MG 29. 44 A—B）。奥古斯丁写作《创世记》注释时，可以找到欧斯塔修斯的巴西尔作品的拉丁文译本，仔细比较奥古斯丁、欧斯塔修斯、安波罗修可以看出，奥古斯丁的资源很可能是欧斯塔修斯，而不是安波罗修（尽管他当时很可能也知道安波罗修的作品）。见 Berthold Altaner, "Eustathius, der lateinische Ubersetzer der Hexaemeron – Homilien Basilius des Grossen", in *Kleine patristische Schriften*（TU 83, Berlin 1967), pp. 437 – 447, reprinted from ZNTW 39（1940）161 – 170; B. Altaner, "Augustinus und Basilius der Grosse: Eine quellenkritische Untersuchung", in *Kleine patristische Schriften*, pp. 269 – 276, reprinted from *Revue Benedictine* 60（1950）17 – 24; Pierre Courcelle, *Late latin Writers and Their Greek Sources*（Cambridge, Mass. 1969), p. 203. 欧斯塔修斯译本的最新版 Emmanuel Amand de Mendieta and Stig Y. Rudberg, *Ancienne version latine des neuf homelies sur l' Hexaemeron de Basile de Cesaree*（TU 66, Berlin 1958); see p. 26; 也可见于 MG 30. 869 – 968, 见 col. 888B – C. 根据 Altaner 在他上面引用的关于欧斯塔修斯的文章（TU 83, 441 n. 3), 巴西尔引用的这位叙利亚学者很可能是圣以法莲（Ephraem）。

② 要准确译出这个句子的意思是不可能的。奥古斯丁讨论 "fovere" 这个动词的用法，它的一般意思是 "温暖、珍惜、关爱、支持"。特定时候可以指 "看护、照料"（比如通过恰当的治疗看护伤口）或者 "孵化"（比如母鸡孵蛋），但英语中没有哪个动词同时包含这两种意思。

③ 参《马太福音》二十三章 37 节。

④ 参《哥林多前书》十四章 20 节。

找到有关经文，也时常会出现多种不同的、但对我们所接受的信仰并无损害的解释。如果遇到这样的情形，我们不可一味冒进、固守一方，否则，在探求真理过程中的进一步讨论若是正好推翻了这个观点，那我们也就随之倒下。那样的争战，不是为《圣经》的教义，而是为我们自己的观点，是指望《圣经》的教义确证我们的观点。然而，我们应当本着这样的愿望：让我们的观点去确证《圣经》的教义。

第十九章　解读圣作者的思想。基督徒不可对非信徒说无聊的话

对《圣经》晦涩的经段，不可草率提出任何观点

38. 我们不妨设想，在解释"上帝说要有光，就有了光"这句经文时，有人认为它是指属体的光被创造，也有人认为这是属灵的光。关于灵性之光[①]在一个属灵世界里的真实存在，我们的信仰对此确定无疑；至于物质之光，若说它存在于天上或天外，甚至在诸天之前有一种可以与夜更替的光存在，这样的假设与信仰也没有任何相左之处，除非明白无误的真理证明它不实。果真出现那样的情形，这种教义就绝不会是《圣经》的主张，而只是人因无知而提出的观点。然而，如果理性证明这个观点毫无疑问是对的，那么圣作者记载上面所引用的这话时所表达的究竟是这个意思，还是另外同样正确的意思，仍然不能确定。如果从经段上下文的大意推断圣作者并没有意指这种教导，那么另一种，也就是作者本人所意指的，并不因此就是错的。事实上，后者应是正确的，也更值得知道。然而，如果《圣经》经文的要义不影响我们把这种教导理解为作者的思想，我们仍然必须探讨，他是否还可能意指另外的意

---

① "灵性之光"奥古斯丁意指使人圣洁的恩典。

思。如果我们发现他可能还意指另外的意思，那他本人倾向哪一种仍然并不清楚。如果两种意思都有上下文的明确指示，那么也可以认为他希望读者接受两种理解，这不是什么困难的事。①

39. 通常，即使是一个非基督徒，对天地，对这个世界的其他部分，星辰的运行和轨道，甚至它们的大小和相互位置，对日食、月食，年岁和四季的循环更替，对各种动物、植物、石头等等，都会有所了解，他认为这种知识出于理性和经验，是确定的。但是，如果一个基督徒根据《圣经》里的话在这些话题上对一个非信徒随意谈论，在其听来荒谬可笑，完全错误，并受到无情嘲笑，那就是一件可耻而危险的事，我们应当尽一切办法防止这样一种令人尴尬的情形出现。一个无知的人受到嘲笑并不那么可耻，但是让信仰之外的人们认为我们的圣作者持有可笑的观点，那是极其可耻的；那些我们为其得救而努力的人，指责我们的《圣经》作者，视之为无知之人而加以拒斥，这对他们来说是巨大的损失。如果他们在某个自己非常熟悉的领域看到基督徒主张的观点是错误的，听到基督徒谈论我们圣书的言论很愚蠢，那他们怎么会去相信那些书卷所讲的死人复活、对永生的盼望、天国这些话题？因为他们认为这些书在他们自己从经验和理性之光得知的事实上充满错误。草率而无能的《圣经》诠释者给他们明智而审慎的弟兄带来了无穷无尽的麻烦和伤害，因为当这些人陷入自己某个有害的错误观点中，受到那些不相信《圣经》权威的人驳斥时，为了捍卫他们完全愚蠢、明显错误的观点，他

---

① 这里奥古斯丁似乎主张经文可以包含作者不只一种字面意义。但是在后面1.21.41他显然认为，我们应当努力找到作者意指的那一种意思。但是他指出，如果我们无法找到它，也可以从某种与信仰吻合的解释中吸取一些益处。在《论基督教教义》3.27.38（ML 34.80）以及《忏悔录》12.31.42中，他说，在某些经段，上帝（很可能也包括作者）预见并希望敬虔的读者能作出多种与所启示的真理相吻合的不同解释。在读奥古斯丁这里的话"也可以认为他希望读者接受两种理解，这不是什么困难的事"时应当记住这些解释：一位著作者可能希望自己的文字提供几种不同的理解，即使他本人在写作时只有一种字面意思。见Francois Talon, "Saint Augustin a-t-il reellement enseigne la pluralite des sens litteraux dans l'Ecriture?" *Recberches de science religieuse* 12 (1921), pp. 1-28.

们会想方设法诉诸《圣经》证据，甚至背诵他们认为支持这些观点的记忆中的许多经段，尽管他们"不明白自己所讲说的，所论定的"①。

第二十章　我们应当记住，《圣经》里即便含义晦涩的段落，也是为滋养我们的灵魂写的

奥古斯丁对如何诠释《创世记》提出了多种观点，但没有冒然确定任何一种

40. 因此，我尽我所能以多种方式作出并呈现对《创世记》书卷②的解读；在解释那些用词晦涩以便激发我们思考的句子时，我没有草率地采纳单方面的观点，拒斥另一种完全可能更恰当的观点。③ 我认为每个人都应当根据自己的理解能力选择自己所能把握的解释。当他不理解《圣经》的时候，就让他荣耀上帝，④ 保持敬畏⑤。但是由于我所讨论的经文可以在多种意义上理解，所以那些以属世知识自诩的评论者应有自知之明，不要把这些为滋养所有敬虔灵魂而写的话攻击为无知的粗言陋语。这样的批评就如没长翅膀的造物，匍匐在地上，就算飞也高不过青蛙一跳，却嘲笑高处鸟巢里的飞鸟。⑥

---

① 《提摩太前书》一章7节。
② Libri，另有版本为 Librum。
③ 在《基督教教义》2.6.7（ML 34.38）中，奥古斯丁主张上帝明智地在《圣经》里提供了晦涩之处，以便遏制我们的骄傲，激发我们对启示真理的渴望。亦见《上帝之城》11.19 以及 Maurice Pontet, L'Exegese de s. Augustin predicateur（Paris 1944），p. 133。
④ 这里采用 scripturam Deo，没有采用 scripturae Dei。
⑤ 这不是卑怯的畏，而是圣洁的畏，是爱和智慧的源泉。见 Enarr. in Ps. 149.15（CCL 40.2188 – 2189；ML 37.1958）；De diversis quaestionibus LXXXIII 36.4（ML 40.26）；In epist. Ioannis ad Partbos 9.5（ML 35.2049）。
⑥ 飞鸟象征高高飞向天空的敬虔灵魂；它们的巢就是教会；它们的翅膀就是爱，它们得到纯正信仰的滋养。见《忏悔录》4.16.31, cf. *Enarr. in Ps.* 83.7（CCL 39.1151；ML 37.1060）。青蛙象征胡言乱语的虚妄，见 *Enarr. in Ps.* 77.27（CCL 39.1087；ML 37.1000）。

而更危险的是某些软弱弟兄的错误，他们听到这些不信教的批评者满腹经纶、滔滔不绝地谈论天文学理论或者有关这个世界的元素的任何问题，就眩晕了；他们在惊叹中视这些人为高人，敬其为老师，仰之弥高；回过头来对为他们的灵魂之善好而写的书卷嗤之以鼻；他们原本应当从这些书中吸取美味，现在却几乎不愿拿起来。他们嫌弃地离开平淡的麦田，迷恋荆棘丛中的鲜花。因为他们没有空闲去看看主的滋味有多甜美，[①] 他们在安息日没有饥饿。因此他们慵懒迟钝，尽管他们得允从主摘取麦穗，用手研磨它们，筛扬它们，直到获得滋养人的麦粒。[②]

第二十一章　研读《圣经》——即使作者的意思无法确定——的益处

在或明显或隐晦的观点中应选择哪种理解

41. 有人会说："经过这部作品的打磨，你提供了什么谷？找到了什么麦？筛选了什么粮？为何一切似乎都隐藏在问题之下？请你采纳众多解释中你认为最有可能的一种。"对这样的人，我的回答是：我已经找到滋养人的粮，因为我知道了一个人可以根据自己的信仰毫无困难地反驳（这是他应该做的）那些企图污蔑《圣经》的人。当他们能够从可靠的证据证明某个物理学的事实时，我们会表明，它与我们的《圣经》并不矛盾。当他们根据他们的什么书提出与《圣经》相左，因而也与大公教信仰相左的理论时，我们会有某种能力表明那是完全错误的，或者至少我们自己会毫不犹豫地这样认定它。让我们紧紧依靠我们

---

① 参见《诗篇》三十三篇 9 节（参和合本三十四篇 8 节"你们要尝尝主恩的滋味"——中译者注）。

② 参见《马太福音》十二章 1 节。

的中保（Mediatorem），"所积蓄的一切智慧知识，都在他里面藏着"①，这样我们就不会被错误哲学的雄辩误导，也不会被错误宗教的迷信吓倒。当我们根据这种丰富多样、博大精深的真教义——源于文本的寥寥数语，也基于坚实的大公教信仰的根基——来研读这些灵启的书卷时，让我们选择那个显然是作者本意的意思。如果作者的意思不明确，那么我们至少应当选择与《圣经》上下文一致并且与我们的信仰相吻合的解释。如果不能根据《圣经》上下文来学习和判断句子的意思，至少我们应当只选择我们的信仰所要求的那个意思。因为无法辨认作者的原意是一回事，离开宗教信仰的标准是另一回事。如果这两种困难都避免了，读者就能从阅读中收获满满。做不到这样，甚至作者的意图都无法确定，那我们会发现，选取一种与我们的信仰一致的解释也是有益的。②

---

① 《歌罗西书》二章 3 节。
② 参见第 50 页注①这里奥古斯丁似乎主张经文可以包含作者不只一种字面意义。但是在上面 1.21.41 他显然认为，我们应当努力找到作者意指的那一种意思。但是他指出，如果我们无法找到它，也可以从某种与信仰吻合的解释中吸取一些益处。在《论基督教教义》3.27.38（ML 34.80）以及《忏悔录》12.31.42 中，他说，在某些经段，上帝（很可能也包括作者）预见并希望敬虔的读者能作出多种与所启示的真理相吻合的不同解释。在读奥古斯丁这里的话"也可以认为他希望读者接受两种理解，这不是什么困难的事"时应当记住这些解释：一位著作者可能希望自己的文字提供几种不同的理解，即使他本人在写作时只有一种字面意思。见 Francois Talon, "Saint Augustin a‑t‑il reellement enseigne la pluralite des sens litteraux dans l'Ecriture?" *Recberches de science religieuse* 12（1921），pp. 1–28.

第二卷

第二日、第三日和第四日的工

第一章 诸水之间的空气

诸水之间的空气是什么意思

1. "上帝说：'诸水之间要有空气，将水分为上下。'事就这样成了。上帝就造出空气，将空气以下的水、空气以上的水分开了。上帝称空气为天。上帝看着是好的。有晚上，有早晨，是第二日。"①

关于上帝说的句式"……要有空气"，关于他看着是好的，很满意，以及关于晚上和早晨，第1卷已经解释，这里就不再赘述。后面不论哪里再出现这样的话，就暂且按前面所提出的解释理解它们。② 那么这空气（firmamentum）是什么呢？是延伸到气的整个领域之外并在气所能到达的最高端——就是第四天要有光体和星辰出现的地方——之上

---

① 《创世记》一章 6-8 节。奥古斯丁的旧约经文采用的是七十子希腊文本，有两处与希伯来原文有出入：（1）"事就这样成了"这句话在七十子希腊文本中位于 6 节末，而在希伯来原文中放在 7 节末；（2）"上帝看着是好的"一句在七十子文本中有，但希伯来文本中没有。下面 2.6.10 奥古斯丁引用的 6 节和 7 节经文有微小差异，但都只是措辞上的。

② 见第一卷各处，尤其是第二、八、九、十、十一、十二、十六、十七章。

的天吗？或者被称为空气的就是气本身？这是我们这里必须关注的问题。

有些人否认星空之上有水

2. 许多人认为，这里提到的诸水按其本性不可能在星空之上（super sidereum coelum），因为它们有自身的重量，这使它们或者流到地上，或者成为雾气在地表附近的空中活动。我们不能援引上帝的全能——在他一切都是可能的——来反驳这个观点，说，尽管那水有重量，就如我们所知道所看到的水一样，但我们都应当相信（因着上帝的大能）它必流淌在繁星点缀的天上。因为现在我们的任务是根据《圣经》记载探求上帝是如何创造世界的，而不是探求他凭自己的奇异大能想要在自然界或者从自然里造出什么。如果上帝想要让油在水之下，当然没有问题，这样的事也会成。但我们不能由此无视油的本性，我们仍然应当知道，油的本性总是使它趋向自己应有的位置，即使被倾倒在水的下面，也会上升浮在水的上面。现在我们要探求的是，造主——"规定了一切事物的大小、数量和重量"① ——为水体安排的独特位置是否不只是在地表周围，还有诸天之上的另一个地方，一个向四周伸展并且超越于气之范围的区域。

上面那些人提出的论证

3. 那些否认这个观点的人将他们的论证基于元素的重量。他们说，无论如何不可能有固态的天，像路基一样在上面伸展来支撑水体；他们指出，这样的一种固态事物只能存在于地上，不论它的本性如何，不会是天，只能是地（土）。他们接着表明，各元素的区别不只是所处的位置，也在于它们不同的性质，每一个元素所处的位置是与它独特的性质

---

① 《所罗门智训》十一章 21 节。

一致。水在土之上；如果它在地下停留或者流动，比如在岩穴和洞穴的深处，那不是它上面的地支撑它，而是它下面的地。因为如果有一块土从上面掉下来，它不会停在水面上，而是破碎下沉，落到水底，在那里停留，因为那是它的地盘，水在上，土在下。由此可见，当土在水之上时，并不是水托住土，而是构成洞室拱形结构的坚实的土支撑上面的土。

《圣经》和教义论事物本性

4. 这里提醒读者谨防我在第一卷里告诫的错误，并非不合时宜。① 我们不能因为《诗篇》作者说上帝"铺地在水以上"②，就认为我们必须用《圣经》的这一证据来反驳这些致力于元素重量之学术讨论的人。他们并不受制于我们的《圣经》权威，并且由于他们对这类经文的含义不了解，所以更可能是他们讥笑我们的圣书，而不是我们推翻他们通过严密的论证获得或者由明确的经验证实的知识。

对于《诗篇》作者的话，我们有充分理由在比喻意义上理解。由于"天""地"经常意指教会里属灵的人和属肉的人，所以当他说"那用智慧造天的"③ 时，他认为"天"是指对真理的深沉领会。而"地"，如《诗篇》作者所表明的，是指"小子们"的单纯信仰，它不是一种基于神话和猜测的可疑的、骗人的东西，而是一种建立在众先知和福音书的教导之上的坚不可摧的认同，是经由洗礼确认的信仰，因此《诗篇》作者又说："他铺地在水以上。"④

但是如果有人坚持要在字面意义上理解这句经文，那么他很可能把

---

① 见前面 1.19.39。
② 《诗篇》一百三十五篇 6 节（参和合本一百三十六篇 6 节）。
③ 《诗篇》一百三十五篇 5 节（参和合本一百三十六篇 5 节）。
④ 奥古斯丁可能认为，这里我们可以把水理解为洗礼。见 *Enarr. in Ps.* 135.8（CCL 40. 1961–1962；ML 37. 1759）。

水以上的地理解为耸立在水面上的岬角，不论是陆地上的，还是岛屿上的；或者是依靠在坚实支撑物上、突出在水面上的洞穴顶部，这听来也不无道理。由此，即使在字面意义上解释，我们也不能认为他"铺地在水以上"这话是指在自然界中一个水体被置于一块地之下，由水来支撑地。

第二章　气位于水之上

气在水之上

5. 不过，气的位置在水之上（尽管因为水分布的领域非常宽广，也可以覆盖干地）。这从以下例子得到明证：一只倒置水中的瓶子是不能装满水的，由此清楚地表明，气按其本性要寻求一个更高的位置。瓶子看起来是空的，但当它倒立在水中时，就可以明显看出它其实充满了气。由于气在瓶子上部找不到出口，按本性又不能突破下面的水，从底下冲出去，所以它就充满了整个容器，挡住水，不让它进来。但是如果瓶子不是倒置，而是斜放，空气就逃逸出去，水就流进底部。

另外，如果将瓶子开口直立，把水灌进去，气就从底部通过还没有被水填满的地方上升，留出空间让水流进去。如果用强力把瓶子按入水中，这样水瞬间从两边或者上面流入，完全封住瓶口，瓶底的空气就破水冲出，把底部的空间留给水。因为瓶口小，气无法一下子冲出去，只能缓慢逸出；当气穿过水流时，就搅动水，在瓶子里发出汩汩声。同样，如果气在强力推动下穿过水体，就会把水分开，即使水在流动。而水受到气流冲击，泡沫四起，并通过汩汩的水泡释放空气。这样，气就冲向它自己的领域，把空间留给水，让它流到底部。但是如果你试图把倒立在水中的瓶子里的空气强力推出，希望气离开，瓶中灌满水，那你会看到，它四周都被水包围，但没有一滴水能找到途径进入倒立的瓶口。

第三章　火位于气之上

火在气之上

6. 火高高升起，按它的特性，甚至可以上升到气之上，如我们经常可以看到的。如果你拿一个燃烧的火把，把它倒过来，火焰顶端仍然往上蔓延。但在它上升过程中，被强势的气熄灭，因为气在它上面和四周挤压着它。火被数量更大的气元素控制，于是它的性质发生变化，呈现出气的性质。因此火不可能一直持续到跃过高处的所有空气。

鉴于此，他们说气之上的天是纯火（purus ignis），由此推测星辰和天体是这样产生的：把发火焰的光聚集并排列成我们看到的样子。我们知道，气和水要让路给由土构成的重物，它们在气和水中下落，落至地上。同样，气无法承受水的重量，水在气中必然下落，落至地上或水里。由此他们指出，如果设想有人把一撮气扔进上面广袤的高天里，它必然因重量而下落，落至下面气的区域。由此推出的结论是，既然比水轻得多的气都不可能停留在那火天（igneum coelum）之上，更不可能设想水会在那里有一席之地了。

第四章　气态的水可以在气之上占据一席之地

为何某位注经家认为气在一定意义上可称为天和空气

7. 某位注经家[①]通盘考虑了这些观点之后，作出可嘉的尝试，努力

[①] 圣巴西尔《创世六日布道书》3.8（SC 26.230－232 Giet；MG 29.72－73）。奥古斯丁很可能读过欧斯塔修斯版拉丁文的巴西尔注释。见第38页注①、第44页注①、第48页注①。

表明水可以存在于诸天之上，从而以自然界看得见摸得着的现象来支持《圣经》的话。首先，他确立论证中最容易的一步，即指出我们周围的气也被称为"天"或"天空"。这不仅可见于我们的日常话语，比如我们会说"晴朗的天"或"多云的天空"，而且在《圣经》用法中也如此，比如经上提到的"天上的飞鸟"①（显然飞鸟在我们周围的空气中飞行）；而我们的主，当他谈到云时曾说："你们知道分辨天上的气色。"② 我们还经常看到云层聚集在近地的大气中，甚至停留在山坡上，于是大部分山峰就高耸在云层之上。

上面提到的这位注释家证明了我们周围的大气也被称为天之后，还希望用"空气"（firmamentum）这个术语来称谓它，理由就是，他认为它的范围处于气态水和流到地上的液态水之间。根据那些穿越山间云雾的人们的见证，云就有这种气态，其实就是由极细小的水珠聚合在一起形成的。如果出现进一步的凝结，许多小水珠聚合成一个大水珠，气就无法支撑它，它的重量就穿过气层下坠到地上，这就形成了雨。因此，我们的注释家根据存在于水汽之间的气形成上面的云和下面伸展的海，来表明水与水之间有一个天。在我看来，这样苦心孤诣的探求值得大加赞美，因为他提出的观点与信仰并不冲突，而且通过众所周知的证据解释使人容易接受。

水在气-天（caelo aereo）之上

8. 任何人都可以清楚地看到，微粒形式的水可以存在于我们之上的气里，元素的重量也不能阻止它甚至上升到高天之上。虽然气重于它之上的天，属于较低的位置，但毫无疑问它轻于水，然而处于气态的水不会因其重量而无法上升到气之上。同样，更稀薄的水汽以更微小的水

---

① 《马太福音》六章 26 节。
② 《马太福音》十六章 4 节。

珠分布在高天之上，从而不会因其重量而下落。进一步细致地讨论可以表明，没有哪种物质粒子，不论多小，只能有限分割，相反，它们全都可以无限分割，因为一个物体的每一部分都是物体，每个物体都可以在量上一分为二。因此，如果水——很显然——可以分割成极小的水珠，小到成为水汽上升到气之上，本性上比水更轻，那么它为何不能以更小的粒子、更轻的薄雾形式存在于高处更纯的天之上呢？

第五章　有的水甚至在星空之上

水在星空（caelo sidereo）之上

9. 甚至有一些信奉我们信仰的著作家，也试图反驳那些认为元素的自身重量使水不可能存在于星空之上的人。他们的论证基于星辰的特性和运行。他们说，那个称为土星的星球是最冷的星球，它在天上环行一周需要三十年，因为它位置更高，因而走过的路更长。太阳环行一周是一年，月球更短，只需一个月，他们解释说，因为天体在天上的位置越低，环行的时间就越短。因此时间的长度与空间的宽度成正比。

然后这些著作家要遇到这样一个问题：为何土星是冷星。按理说，它的温度应该更高，因为它在天上的位置更高，旋转的速度更快。可以肯定，当一个球体旋转时，靠近中心的部分转得较慢，接近边缘的部分转得更快，所以不论距离大小，可以同时处于同一种循环运动中。我们知道，一个物体速度越大，热量就越多。所以，这个星球应当是热的，而不是冷的。诚然，它因自身的运动，走过一个很大的空间，用了三十年完成一周环行，但是由于诸天的运动，它又从相反方向快速旋转，而且应该每天都穿越这个行程（所以他们说，天的每次旋转相当于一天）；因此，它更大的速度应当产生更大的热量。那么毫无疑问，结论就是，它被诸天之上那靠近它的水冷却了，尽管这些水的存在被那些人否定——我在上面简略概括了这些人对天和星辰的运动提出的解释。

我们的一些学者根据这种推理来反驳那些虽然主张运行轨道在高天上的那颗星是冷的、但拒不相信诸天之上有水的观点的人。这样的推论使这些人不得不承认，那里的水不是气态，而是固态的冰。但是，不论那水的本性是什么，它的形态是什么，我们绝不能怀疑它确实存在于那个地方。在这个问题上《圣经》的权威大过一切人的聪明才智。

第六章　为何一切都在上帝的道里被造

"要有""他就造出"以及"成了"这些话是什么意思

10. 有些注释家①提出一个观点，我想我不应该略而不谈。在他们看来，当上帝说"诸水之间要有空气，将水分为上下"②时，作者没有满足于说"事就这样成了"，还进一步说"上帝就造出空气，将空气以下的水、空气以上的水分开了"③，这并非毫无理由。这些注释家解释说，"上帝说：'诸水之间要有空气，将水分为上下。'事就这样成了，"这些话是指着父的位格说的。然后他们认为，为了表明子做成了父说要做的工，就加了下面的话"上帝就造出空气，将……分开了"。

"要有"和"他就造出"这些话是仅指父的位格，还是也暗示子的位格？

11. 但是当前一句话说"事就这样成了"，我们认为是谁做成了这工呢？如果是子，那何必再说"上帝就造了……"等等？如果我们认为"事就这样成了"是指父做的工，那我们就不再意指父说话，子做

---

① 比如圣安波罗修 *Exameron* 2.5.18（CSEL 32.57 Schenkl；ML 14.154B）。
② 《创世记》一章 6 节。
③ 《创世记》一章 7 节。

工；而是意指父做工可以不需要子，从而子做的可以不是父的工，而是另外类似的工。然而这样的理解违背了我们的大公信仰。但是如果"事就这样成了"这话所指的工，与"上帝就造出……"所指的是同样的工，那我们为何不能认为发出命令的那位成就了所命令的事？或许注释家们并不是要我们留意"事就这样成了"这句话，而是要我们留意重复的两句话"上帝说：'诸水之间要有空气'"，"上帝就造出空气"，把第一句理解为意指父的位格，第二句意指子的位格。

另一种观点：创造难道不是整个三位一体的工作吗？

12. 我们可以进一步发问，从《圣经》的话"上帝说要有空气"，我们是否必须推断父似乎向子发出了一个命令？不过，为何《圣经》没有努力表明圣灵的位格？在诸如"上帝说要有空气"，"上帝就造出空气"，"上帝看着是好的"这些话里是否就指明了"三位一体"？[①] 但是这样的三位一体很不得体：子似乎是根据命令成就他的工，而圣灵却不需要任何命令，随意地认为所成就的工是好的。既然子是父最初的话（道），万物藉着他而造，那父能用什么样的话来命令子做工？

或许我们应当说，《圣经》的话"要有空气"是指父的道（话），他的独生子，一切被造的事物甚至在被造之前就已经在他里面存在。在他里面的就是生命。因为凡是藉着他被造的，就是他里面的生命。可以肯定，这是创造性的生命，而造物依赖于他。因此，在一种意义上，一切由他创造的事物都存在于他里面，因为他统治并维持一切；在另一种意义上，存在于他里面的就是与他等同的。他就是生命本身，这生命存在于他里面，与他完全等同，因为他就是生命，照亮人类的光。[②] 没有事物能够在时间产生之前被造（所以凡是被造的事物都不是与造主同为

---

① 上面1.3.9-1.6.12 奥古斯丁认为创世故事隐晦地揭示了创造之工中的三位一体。
② 《约翰福音》一章4节。

永恒），或者在时间的开端或者在时间的进程中被造，除非它的理性①（如果称之为理性［ratio］是正确的）拥有与圣道同为永恒的生命，这道与父同为永恒。因此《圣经》在遵循创造秩序、介绍每个创造之工前，先关注上帝的道，说："上帝说：'要有'"这样一个造物。因为上帝创造事物不需要理由，仅仅因为他在自己的道里发现事物应该被造。

每个造物都在道里拥有自己的理性（rationem）

13. 因此，尽管经文里频繁提到"上帝说"，但上帝并没有总是说"要有这种或那种造物"。他生出一个道，在具体的事物被造之前，先在这个道里面说了一切。只是受圣灵感动的作者在叙述时俯就小子们的理解能力，把问题降到他们的水平。于是，在一个一个引出各种造物时，作者不断回顾每个类别在上帝道里的永恒理性。所以，尽管作者频繁使用"上帝说"这个句子，但对那永恒理性并没有任何重复。我们不妨设想，作者原想先写"诸水之间就有了空气，将水分为上下"。此时如果有人问他这是如何成就的，他会正确地回答说：因为"上帝说：'要有'"。也就是说，它的被造原因在于上帝的永恒之道。因此在记载每个创造之工时，他就采用这个开头语，如果有人问他怎么造的，他就会以这样的话来回答。

道里的被造物藉着上帝圣灵的善（bonitate）而存在

14. 因此，当我们听到"上帝说：'要有'"，我们应该明白，一个事物被造的原因在于上帝。当我们听到"事就这样成了"，我们知道被造物没有越过在圣道里为它的类别设立的界限。最后当我们听到"上帝看着是好的"，我们认识到上帝那充满恩慈的灵也赞同这创造之工；圣灵喜悦这工不是因为它具有被造之后为人所知的那个样子，而是因为

---

① 这里的"理性"（ratio）是指上帝道里的永恒形式或摹本。见第 25 页注②。

63

它藉着那圣善（in ea bonitate）而存在，就是原先为它被造而喜悦的那个圣善。

第七章　第 7 节为何重复第 6 节的内容？

"他就造出"是什么意思

15. 还有一个问题需要考察。《圣经》作者说"事就这样成了"，表明工作完成，然后又说"上帝就造出空气"，这是为什么？很显然，通过"上帝说……要有空气……事就这样成了"这些话，上帝在他的道里发了话，工作通过道成就了。这里，除了父的位格外，还可以看到子的位格。

如果同一个意思再说一遍，加上"上帝就造出空气"的话，是为了要显明子的位格，那他在第三天聚合水使旱地露出来，难道不是通过子做成的吗？因为在描述那天的工时，作者没有说"上帝就使水聚合"或者"上帝就聚合了水"。然而，即使在那里，"事就这样成了"之后，也有重复的话说"天下的水就聚在一处"①。

同样，光难道不是通过子创造的吗？但这里完全没有重复。作者完全可以这样记载："上帝说'要有光'，事就这样成了。上帝就造出了光，他看着它是好的。"或者至少他可以像记载水的聚合那样描述，不是说"上帝就造出了光"，而只是重复前面的话："上帝说，'要有光'，事就这样成了，就有了光；上帝看着光是好的。"但事实上这里没有重复。《圣经》是这样记载的："上帝说，'要有光'"，然后"就有了光"，没有再说其他。再接着记载的是，上帝悦纳光，将光与暗分开，

---

① 《创世记》一章 9 节。奥古斯丁的旧约第 9 节经文采用七十子希腊文本，译文是这样的："上帝说：'天下的水要聚在一起，使旱地露出来。'事就这样成了。天下的水就聚在一处，旱地就露出来了。"希伯来原文里没有最后一句。

给它们命名，就是这样。

第八章 解释对每个创造之工的叙述方式

叙述光时，为何不像叙述其他造物一样加上"上帝就造出"这样的话

16. 那么在叙述创造其他造物时的这种重复是什么意思呢？或许我们这里可以看到一种暗示：在第一日，就是创造光的那日，藉着"光"这个词显明了灵性和智性造物的被造，我们把他们理解为所有圣天使和属天界者（virtues）①。这样说来，作者只说"要有光"，并没有重复说"创造了光"，是因为这些理性造物并非在自己被造之前就知道自己的构造（conformationem），而是在它们被造的过程中知道，也就是说，在他们所转向的真理之光照中得知。② 但后来的其他事物则是这样创造的：它们先在这些理性造物的思想（cognitione）中被造，然后在它们各自的存在秩序中产生。因此，光先是按照形式或理性（rationem）——它据之被造——存在于上帝的道里，也就是与父同为永恒的智慧里；③ 然后根据自然（naturam）——它被造在这自然里——存在于被造的光里。在上帝里面，它不是被造，而是被生；在造物界里，它是被造的，因为它从无定形的事物中形成。"上帝说，'要有光'，就有了光"，所以，原本存在于道里的，现在才能出现在这创

---

① "virtues"这个词在《圣经》里指属天界者，即天使。见《以弗所书》一章 21 节。奥古斯丁已经提出这样的观点：《创世记》一章 1 节"上帝创造天"是指上帝创造了天使，《创世记》一章 3 节"要有光"意指上帝照亮了天使，他们之被照亮就在他们被创造的瞬间发生。见第一卷，尤其是 1.4.9 – 1.5.10，1.9.15 – 17，1.17，32。那么，这里"灵性和智性造物的被造（conditio）"是指天使的被造和得光照。
② 灵性造物因上帝的光照转向造主时就"形成"了。见第 22 页注②。
③ 每个造物模仿上帝心里的永恒形式或理念。见上面 1.4.9。

造之工里。

关于天①的创造是这样的：它首先根据被生的智慧存在于上帝的道里，然后存在于灵性造物中，也就是在天使的心里（思想里）产生，因为天使拥有被造的智慧；然后天被造出来，从而被造的天存在于它自己的秩序中。对于水和地的分离和显现，树木和菜蔬、天上的光体，以及从水里和土里产生的生命物，都可以这样说。②

天使在事物本身被造之前就知道它们的形式或理性（rationes）

17. 天使关于物质事物所拥有的知识不同于兽类的知识，兽类只拥有身体感官。即使天使使用这类感官，那也只是为了认定他们更完全的内在知识，这知识存在于上帝自身的道里，这道光照他们，并把智慧的生命赐给他们。因为在他们里面有最先被造的光，如果我们可以说那日所造的是灵性之光的话。

因此，在造物本身实际被造之前，先有形式或理性（ratio）——造物是根据它被造的——存在于上帝的道里。同样，关于这种形式的知识先在于还没有被罪玷污的理智造物中，然后再造出造物。我们追求智慧，通过被造的事物明白并理解上帝不可见的事物，③ 但天使从被造的那一刻起就在圣洁而敬虔的凝思中享有永恒的道本身。于是，当他们俯视我们的世界时，就根据他们内视的知识判断一切，称颂美德，惩戒罪恶。

---

① 这里的"天"指"空气"。
② 奥古斯丁的观点是，"事就这样成了"这话表明，上帝首先把每个要造之物的理念或形式注入天使的心里。在叙述中，他区分了四个步骤，阐明几类作品的创造。就空气来说：（1）"上帝说：'……要有空气'"表明上帝父在他永恒生育的道中发出命令，要求根据上帝心里本有的摹本样式创造一个作品；（2）"事就这样成了"表明上帝把这个要创造的作品的理念注入天使的心里；（3）"上帝就造出了空气"表明实际的作品造出来了；（4）"上帝看着是好的"表明上帝对他的作品很满意。关于他对这一观点的进一步发展，见下面4.22.39。
③ 《罗马书》一章20节。

上帝向天使显明他想要创造的事物

18. 毫不奇怪,当圣天使在最先创造的光里形成之后,上帝首先向他们表明,他将要创造后面那些作品。事实上,若不是上帝亲自向他们显明,他们不可能知道上帝的心思。"谁知道主的心?谁作过他的谋士呢?谁是先给了他,使他后来偿还呢?因为万有都是本于他、倚靠他、归于他。"① 因此,当关于随后要创造什么的知识浇灌在天使心里,当他们后来又在被造物自身中获得关于它们的知识时,他们都得到了上帝的教导。

总结:关于创世叙述中所采用的模式

19. 于是我们可以总结如下:先是创造了光,由此我们明白理性造物由永恒之光形成。关于造物界其余作品的创造,当我们听到"上帝说'要有'"时,我们必须明白,圣作者的意图是要引导我们的思想朝向上帝的永恒之道。当我们听到"事就这样成了"时,我们要知道,在被造的理智造物(creatura intellectuali)即天使中,产生了这样一种知识——它关涉将要创造之世界在上帝道里的本质(rationis,或理性、摹本)。因此,被造之物在一定意义上先造在天使的本性里,天使通过某种神秘的活动先在上帝之道里看见这个将要被造的世界。最后,当我们听到重复的话"上帝就造出",我们要明白,被造之物本身此时出现在它自己的存在秩序中。此外,对于"上帝看着是好的"这话,我们要这样理解:上帝的圣善悦纳创造之工,因而上帝乐意创造的作品作为一个造物持续存在,就如"上帝的灵运行在水面上"这话所表明的。

---

① 《罗马书》十一章 34–36 节。

第九章　天的形状

《圣经》不希望教导人天的形状，它对人的得救没有任何益处

20. 还有个问题不断被问起：根据《圣经》，我们应该相信天的样式和形状是什么。许多学者对这些问题展开长篇大论的讨论，[①] 但我们的圣作者们却以更大的智慧对此略而不谈。因为这样的话题对那些追求幸福生活的人没有什么益处。更为糟糕的是，它们会占去大量宝贵时间，而这些时间应当用来从事对灵性有益的事。其实，我所关心的只有一点：天是像一个球体，稳定地悬在宇宙中间，并且把地团团包住；还是像一个盘子，[②] 在地之上，覆盖地的一边？

但是这涉及对《圣经》的信心问题，如我不止一次表明的。[③] 一个人若不了解《圣经》的表达方式，不明白神圣的启示，当他在我们的《圣经》里发现了什么，或者听到了什么，与他既有的知识似乎相冲突时，这个人就很可能对《圣经》在其他问题上提出的有益的告诫、叙述或宣告都全然不信。因此我必须简洁地指出，在天的形状这个问题上，圣作者们其实是知道真理的，但上帝的灵，就是藉着这些作者说话的圣灵，不希望教导人这些对他们的得救毫无益处的事。

《圣经》不可能自相矛盾，也不可能与在考察真理中获得的教导相违背

---

① 希腊人和罗马人通常都认为天是球形的，地位于这个大球的中心，两极住着我们未曾接触的族类。见柏拉图《蒂迈欧篇》33b，亚里士多德《论天》286a10 - 12 以及 297a8，西塞罗《论共和国》6.17.17；6.20.21，拉克唐修 Div. inst. 3.24（CSEL 19.254 - 257 Brandt - Laubmann；ML 6.425 - 428）主张这个观点；奥古斯丁《上帝之城》16.9 拒斥有人居住两极的观点，因为这似乎与人类的统一性不相融。

② 盘子论显然是个通俗观念。见 Agaesse - Solignac 48.598。

③ 比如上面 1.19.39。

21. 但是有人会问："我们的《圣经》上既说'铺张穹苍，如铺皮子'①，它难道不反对那些主张天是球体的人吗？"如果那些人的说法是错的，当然要反对他们。真理在上帝所显明的启示里，而不在软弱的人所推测的论断里。如果他们能够通过无可辩驳的证明确立自己的理论，那我们必须表明，《圣经》关于皮子的话与他们得出的真理性结论并不矛盾。（有人又会说，）即便如此，它仍可能与《圣经》里另一段经文所说的天如穹庐的话②不一致。因为平铺开来的皮子与弯曲的穹庐全然不同，怎能一致？如果必须——这是肯定的——解释这两段话，表明它们并不矛盾，而是一致的，那也必须表明这两段话与那些认为天完全弯曲像一个球形的理论并不矛盾，只要有真实确凿的证据支持它，证明它。

如何理解表示天的两个比喻：穹庐和皮子。

22. 我们把天描绘为穹庐，即使从字面意义理解，也与天是球体的观点毫不矛盾。我们完全可以相信，《圣经》在说到天的形状时，想描绘的是悬在我们头顶的那一部分。因此，如果天不是球体，就它覆盖在地上那一部分来说，它是一个穹顶；如果它是一个球体，那它整个就是穹庐。至于皮子的比喻，似乎提出了更大的难题，我们要表明的不是它与球的观点（因为那只是人想象出来的观点）一致，而是与《圣经》的穹庐论一致。我关于这个经段的寓意解释可见于《忏悔录》十三卷。③ 不论天像皮子一样铺展这个描述是否应当按我在那里提出的方式理解，或者应当以其他方式理解，这里我必须考虑到那些顽固地坚

---

① 《诗篇》一百零三篇 2 节（参和合本一百零四篇 2 节"铺张穹苍，如铺幔子"）。
② 《以赛亚书》四十章 22 节。奥古斯丁的旧约采用七十子希腊文本。
③ 《忏悔录》13.15.16。奥古斯丁这里对上面引用的说到皮子的经文（诗 103.2）与《以赛亚书》三十四章 4 节"天被卷起，好像书卷"作了比较；他还注意到，上帝用皮子做衣服给堕落、可朽的人穿（创 3.21）。他以微妙的比喻方式总结说："因此，你如用羊皮一般，展开了你《圣经》的天，把你的融合无间的圣训通过必死的人递相传授，展开于我们上空。"

持字面解释的人，① 从感官的见证提出我认为对每个人来说都一目了然的事。皮子和穹庐或许都可以理解为比喻，但如何在字面意义上理解它们，必须加以解释。如果一个穹不仅可以是弯曲的，也可以是平展的，那么可以肯定，同样，一张皮子不仅可以伸展在平面上，也可以铺陈在一个球体上。比如，皮制的瓶和充气的球都是皮子做的。

第十章　天的运动和空气的含义

天的状态和"空气"的名称

23. 关于天的状态，一些基督徒著作家探讨它究竟是静止的还是运动的。② 他们说，如果它是运动的，那它在什么意义上是空气（firmamentum）？如果它是静止的，那些被认为固定在它上面的天体如何从东走到西，在北极附近的北斗七星如何完成它们的小环行？他们这样描绘天：如果有另一根我们看不见的轴从另一个轴点伸展③，那么天应该像一个球体旋转；如果没有这样的另一根轴，那它应该像一个盘子旋转。对此我的回答是，为了对这件事获得真实的观点，需要对这些问题作大量精细的学术探讨，但我没有更多时间考察、讨论这些问题，他们——我希望看到他们在自己的得救上获得教导，在教会所必不可少的、有用的装备上得到教导——应该也没有时间。他们必须在心里牢记，"空气"这个词并不要求我们把天想象为静止的；我们应该明白，之所以称它为"空气"（firmamentum），不是因为它静止不动（stationem），而是因为它

---

① 奥古斯丁可能想到了圣巴西尔，他拒斥对空气之上的水和之下的水作奇异的寓意解释，认为那是胡说八道、无稽之谈。见 Basil, *In Hexaem.* 3.9（SC 26.236 Giet；MG 29.76A）。
② Lactantius, *Div. inst.* 3.24（CSEL 19.255 Brandt – Laubmann；ML 6.426 – 427）反对天运动的观点。
③ 奥古斯丁的话"我们看不见的另一根轴从另一个轴点伸展"，让我们想起西塞罗在 *De nat. deor.* 2.41.105 中所引的 Aratus 的话："轴两端最远的轴点就是所谓的地极。"

坚固（firmitatem），或者因为它在上水和下水之间构建了一个不可穿透的界限。再者，如果有证据表明天确实是静止不动的，星辰的环行也不会妨碍我们接受这样的事实。正是那些全力研究这个话题的学者得出这样的结论：即使天是不动的，唯有星辰有运动，所有在星辰旋转运动中观察到的已知现象也完全可能发生。

第十一章　为何 9-10 节谈的是水的聚合和地的显现，而不是它们的被造？

关于水与地的分开以及它们的无定形。

24. "上帝说：天下的水要聚在一处，使旱地露出来。事就这样成了。天下的水就聚在一处，旱地就露了出来。上帝称旱地为地，称水的聚处为海。上帝看着是好的。"①

我们已经在第一卷讨论另一个问题时充分论述了这个神圣之工。②这里我们只简单地补充一点。如果有人没有想到要问水和地何时在它们自己的秩序里被造，他可能会推测，这一日没有创造什么东西，只是将这两种低级元素分开而已。但是也有人可能想知道为何光和天是在确定的日子创造，而水和地的创造却在所有日子之外或者之前；为何光和天根据上帝的话创造——"上帝说，'要有……'"就证明这一点——而水和地显然只是藉着上帝的话分开，而非被造。③

---

① 《创世记》一章 9-10 节。"天下的水就聚在一处，旱地就露了出来"这句话在七十子希腊文本中有，但在希伯来文本中没有。
② 见第一卷第一章 12 节和 15 节。
③ 问题产生于以下事实：第 3-5 节对光的被造有详尽描述，同样第 6-8 节详细描述了天（空气）的被造。奥古斯丁已经对每个事物的被造过程区分了四个阶段（2.8.19），"要有"：发布神圣命令要根据上帝道里的摹本之因创造。"事就这样成了"：将它显明给天使的理智。"上帝就创造"：该事物真实地造出。"上帝看着是好的"：上帝对被造之工喜悦。但第 9 节这里，将水与地分离，似乎少了第一阶段（"要有"）。见上面 2.8.19。

71

这个问题可以依据我们的信仰来解决。《圣经》在列举各个日子的创造之前有话说"地是空虚混沌",由此解释了上帝所造的地是哪类事物。因为它前面已经说过"起初上帝创造天地"。圣作者希望通过这些话表明,处于未成形状态的不是别的,就是物质性的质料,他选了一个大家熟悉的术语("地")称呼它,免得意思含糊不清。但是对于无识别能力的读者来说,由于《圣经》在叙述时将质料与形式分开,所以他们很可能会试图在时间中将两者分离,似乎先有质料存在,一瞬之后再把形式加到它上面。其实上帝同时创造了它们,他创造的质料是已赋予形式的。质料的未定形特性在《圣经》里被称为"地"和"水"。事实上,这地和水,即使当它们已经如我们看见的那个样子存在,因其具有极易败坏的特点,仍然可以说比天体更接近无定形状态。我们知道,按《圣经》的描述,特定几日的创造工作就是事物从未定形状态成为有定形状态,圣作者也说过,天是由物质性的质料构成的(当然,它的形式与地上物体的形式大相径庭)。[1]

在描述存在秩序中最低等级的事物如何从这质料中形成时,《创世记》作者不想用描述被造物整体时所用的措辞"要有"(fiat)来描述。因为这种一直存在的无定形质料要接受的不是天所获得的形式,而是低一等的形式,更容易败坏,更接近无形式。于是,"天下的水要聚在一处,旱地要露出来",说这话时,两种事物接受了各自特有的形式,是我们非常熟悉的,我们的感官能感知到的:水是流动的,地是坚固的。因此,对于水,说的是"要聚集",对于地,说的是"要露出来",因为水要涨落、流动,地则稳定不动。

---

[1] 奥古斯丁指第6-7节可见空气的被造。

第十二章　为何菜蔬、树木的创造要与地的创造分开

生命物的创造

25. "上帝说：'地要发生青草和菜蔬，自结种子，各从其类；并结果子的树木，果子都包着核，各从其类。'事就这样成了。于是地发生了青草和菜蔬，自结种子，各从其类；并结果子的树木，果子都包着核，各从其类。上帝看着是好的。有晚上，有早晨，是第三日。"①

这里我们必须注意世界治理者的创造计划。由于被造的菜蔬和树木在类别上不同于地和水，也不能算作元素中的一员，因而让它们从地里发出来的命令是单独给的，描述它们被造的惯用语是单独记载的。然后《圣经》说"事就这样成了"，然后复述所成就的一切。再就是单独提到上帝看着是好的这一点。但由于这些造物扎根于地，与地紧密相连，所以上帝希望它们与地属于同一日的造物。

第十三章　六日工作置于一个合理而匀称的秩序中

为何光体在第四日创造

26. "上帝说：'天上要有光体，可以照地上，定（inchoationem）昼夜，分昼夜，作记号，定节令（tempora）、日子、年岁，并要发光在天空，普照在地上。'事就这样成了。于是上帝造了两个大光，大的管

---

① 《创世记》一章 11–13 节。这几节经文与下面 5.4.9 略有出入。

（定）昼，小的管（定）夜，又造众星，就把这些光摆列在天空，普照在地上，管理（确立）昼夜，分别明暗。上帝看着是好的。有晚上，有早晨，是第四日。"①

关于第四日，我们要考察这样一个计划究竟是什么意思：先造出或分开水和地，先让地上发出果实，然后再造天上的众星。我们不能说，更优秀的造物被挑选出来占据创造序列中更重要的位置，即被置于最后和中间的位置，以显出它的独特性。没错，第四日在七日时间中处于中间，但我们不能说它在创世时间中处于中间，因为第七日并没有造出任何造物。或许我们可以说，第一天的光对应第七天的休息。按这种说法，创造秩序就是这样安排的，一端对应另一端，天上的光体就位于中间占据重要位置。

但是如果第一日对应第七日，那第二日就应该对应第六日。只是天上的空气与按照上帝的形像造出来的人之间有什么相似之处？是否可以说，天占据宇宙中整个较高区域，而人享有较低区域的统治权？那么我们如何解释同样于第六日在地上出现的各从其类的牲畜和野兽呢？它们与天之间又如何对应呢？

创造这个世界的计划和秩序

27. 或许我们应当说，最先提到的光要理解为属灵造物（spiritalis creatura）的形成，② 后来才产生属体造物（corporalis creatura），即这个可见世界。所以，这个宇宙是在两日内创造的，因为它由两大部分构成，即天和地。我们也在类比意义上把整个属灵世界称为天，属体世界

---

① 《创世记》一章 14－19 节。奥古斯丁的旧约拉丁文本基于七十子希腊文本，"大的管（或创建）昼，小的管（创建）夜"。拉丁文本用 inchoatio 来翻译希腊文 αρχη，这个词的意思是开始或者管理。根据希伯来原文，它应该是后一种意思。奥古斯丁并非没有注意到这个问题。见 2.15.32。

② 见上面 1.17.32；2.8.16－19。

称为地。① 因此，即便是这个空气流动剧烈的球体，也被认为是宇宙的属地部分，因为它有雾样的水汽，所以有属体的性质。而充满和平安宁之空气的区域，风暴不可能呼啸的地方，就是宇宙的属天部分。这个属体世界作为整体就位于它被创造的那个地方；当它被造之后，接下来我们是否应当期待它的整个广阔空间将充满按各自本性从此处到彼处运动的事物？植物和树木不属于这一类。它们靠根固定在地上；虽然有生长的运动，但它们不能靠自己的任何力量离开给定的位置。它们种在哪里就在哪里汲取营养、生长发育，所以它们比那些在水里和地上活动的种类更属于土地。

因而，用两日时间造出了可见世界，即天和地。接下来三日就用来创造这个世界里活动的、可见的部分。② 因为天是先造出来的，所以必须先给它配上活动的部分。于是第四日就创造了众星，普照在地上，甚至照亮这个低级居所，免得它的居住者陷入黑暗之地。居住在这些低级区域的软弱造物活动后需要休息来恢复体力，因而当太阳环行，昼夜交替，它们就相应地定下休息与活动的周期。夜晚并非没有自己的美好，月光和星光为那些因生计所需不时劳作到晚上的人提供安慰，为某些无法忍受阳光的动物提供适当的光亮。

---

① 在《忏悔录》12.2.2，奥古斯丁说，整个可见宇宙，包括点缀众星的天，相对于属灵的天，即天使或理智的世界所构成的"天外之天"（caelum caeli），就是"地"（terra）。于是我们就有以下这个世界图式，1. 天：属灵的天，"天外之天"。2. 地：属体世界。包括，(1) 天，可见的空气；(2) 地，我们居住的地方，包括周围的大气。见 1.9.15；1.17.32 以及本书第 32 页注②。

② 奥古斯丁的问题是要找出这六日创世的逻辑结构。这六日不是时间周期，而是向天使显明的整个创世的各个部分，在呈现中必然有某种计划。奥古斯丁已经（26 节）思考第一日（光照）与最后一日（安息）以及中间的天上光体之间的平衡，但是他没有找到第二日与第六日之间的任何对应关系，之后，就放弃了这种思考。现在他看到这样一种结构，作者在第二日和第三日呈现宇宙的主要区域，上面的天和下面的水和地。这样就可以明白，接下来的三日创世就是在上帝创造的属体世界中造出活动的可见造物。

第十四章　天上的光体是定节令、日子、年岁的记号

如何理解光体定时间、昼夜

28. 对于经上的话"作记号，定节令、日子、年岁"，如果我们把它理解为时间从第四日开始，就会产生很大的困惑，似乎前面三日过去了却不是时间的流逝。没有人能设想那三日在时间开始之前如何过去，因为按经上的记载这时间从第四日开始。或者谁能说清究竟是否有那三日经过呢？

对此可以提出各种不同的解释。有人可能会说，"昼"指被造物的形式，"夜"指形式的缺乏，因此，无形式的质料——其他事物要从它形成——被称为夜。同样，即使在形成的造物中，心灵能够根据它们可变的本性领会到一种无定形质料的存在。但这质料不能独立存在，不能说它在空间上更前面，时间上更早。

还有人认为也可能是这样的：被造物中的可变性或者毁灭的可能性被称为夜，因为在造物中，即使它们可能不变，也存在变化的可能性。就此而言，晚上和早晨就不是表示时间的来去，而是表示存在一种固定的界限，心灵据此看见一种事物存在的幅度有多大，也就是另一种事物的存在从哪里开始。① 对这段话继续深入考察或许还可以找到另外的解释。

应该如何理解星宿为"记号"

29. 当上帝说众星要"作记号"时，谁会轻率地扎进这个深不可测

---

① 这种解释在下面 4.1.1 再次提出。

的奥秘之中，搞清楚那是指什么记号？他肯定不是指毫无意义的记号，而是对实际生活有益且必不可少的记号，比如水手航行时要观察的记号，普通人为识别春夏秋冬气候变化所需要的记号。显然，星辰引起的变化称为"时令"（tempora 这里指季节），① 不是指时间周期，而是指天象变化、季节轮换。因为如果天体创造之前就有属体或属灵运动，并且引起某物从将来经过现在走到过去，那么不经历时间的流逝它不可能发生。谁能证明这样的事在星辰被造之前没有发生呢？但是我们所熟悉的时令、日子、年岁不可能没有天体的运动。

那么我们不妨认为，时令（tempora）、日子、年岁可以理解为我们通过时钟②计算时间长度的方式，或者根据太阳从东升到中天再走向西的过程中产生的熟悉的天象计算时间周期的方式。我们也可以观察月亮或者日落之后随即从东升起的其他天体；当它们升到中天时，我们知道时间到了半夜；当太阳升起黎明开始时，它们就落山了。我们把太阳从东到西的行程算为一个整天。年岁则有两类。通常的年岁由太阳的旋转作标记，不是它每日的从东到西再回到东的过程，而是它再次回到原先在众星中占据的那个位置的时间。这个过程需要 365 天 6 小时，即四分之一天。这个小数积累四倍之后，就必须另外加上一天，罗马人就称之为闰，③ 这样我们可以再次对应太阳的旋转计算时间。此外还有更大的神秘的年岁，据说是根据其他星辰完成环行的时

---

① 要表明奥古斯丁的观点，不得不提到拉丁词 tempus，它既有"季节"的意思，也有"时间"的意思。这个词的含糊性导致解释创 1.14 "作记号，定时令（tempora）、日子、年岁"这句话的困难。
② 古代世界计算一天时间的最常用装置就是水钟。奥古斯丁在《忏悔录》11.2.2 提到这种装置，谈到"一点一滴的时间"（stillae temporum）。
③ 拉丁语是 bissextus（字面意思"两次第六"）。闰年的这额外一天之所以这样称呼是因为它插在 2 月 23 日与 24 日之间；因此闰年里有两天被称为"三月前的第六天"。奥古斯丁这里指的是公元前 46 年朱利安凯撒修订的罗马历法。

间计算的。① 这样，如果我们在这个意义上理解季节、日子和年岁，没有人会怀疑它们依赖于天上的光体。但是在这个问题上，《圣经》的话"作记号，定时令、日子、年岁"是指让所有天体都来作时间的记号，还是只叫太阳标记日子和年岁的流逝，而其他天体用来标记时令和季节，我们无法确定。

第十五章　月亮在最初被造时是满月还是新月

月亮被造时是哪种月相

30. 关于月亮最初的形状，许多学者展开冗长的讨论。但愿他们作为探求者讨论，而不是摆出教训者的姿态！他们说，月亮被造时是满月，因为如果上帝在那个经上记载说创造了天体的日子里造出某种未完成的事物置于天体中间，那是不适宜的。② 但反对他们的人说："若是那样，就应该把满月那天称为月初，而不是月半。另外，是谁开始这样

---

① 希腊天文学家说的"大年"（magnus annus）是这样一个时间周期，"太阳、月亮和五大行星完成行程回到各自原先的相对位置"（西塞罗 De nat. deor. 2. 20. 51）所花的时间。奥古斯丁在《〈创世记〉字疏未完本》13. 38（CSEL 28/1. 487 Zycha；ML 34. 236）中指出："或许当所有星辰回到原先位置的时候，大年就完成了，这是个许多著作家提出过各种不同观点的问题。"柏拉图《蒂迈欧篇》39d 提到这个大年；柏拉图《理想国》546b 里有个含糊晦涩的段落，有些人认为它把大年的长度定为 36000 年。A. E. Taylor, *A Commentary on Plato's Timaeus*（Oxford 1928），p. 216 说："五世纪时对于大年的长度显然一直没有确定的说法。有些人定为 8 年，有些定为 19 年，还有的定为 59 年。"西塞罗的 Hortensius 对年轻的奥古斯丁有过影响，它的一个残篇（Tacitus, Dial. 16. 7 引用）提出大年的长度是 12954 年。Macrobius, *Commentary on Somnium Scipionis* 2. 11. 11 认为这个年数是 15000。柏拉图的大年之数的含糊性是众所周知的，如西塞罗 Ad Att. 7. 13. 5："我没有明白 Velia 的 Oppii 谜，它比柏拉图的数更难解。"这种众所周知的含糊性可以解释奥古斯丁为何说它是神秘的年，并且他使用了比较级"更大的年"（maiores anni），而不是常用的"大年"（magni anni），可能意在暗示学者们对此提出了各不相同的估算。
② 叙利亚的圣以法莲和加巴拉（Gabala）主教塞维里安（Severian）都持这种观点，见 Agaesse - Solignac 48602 - 3。这不是说奥古斯丁早就读到这些作者的作品，而是说在教父时代，关于《圣经》有一套共同的学术注释和观点在东方和西方传播。

计算的？"在这场争论中，我保持中立，① 但我要毫不犹豫地说，不论上帝最初创造的月亮是待满的还是圆满的，他所造的都是完美的月亮；因为当上帝创造时，他创造每个事物特有的本性。要知道，一个造物在其自然发展中无论何时以适当的过程展露并显现某种完全，这种完全都是原本就隐藏在造物里面的，即使不是以可见、可感知的方式，至少也是通过一种自然力量和秩序存在。否则，我们岂非得说，一颗树到了冬天果实落尽、枝叶凋零，就是不完全的，或者在它生长的早期阶段，果实未结、枝叶未发，它的本性就是有缺陷的。但这样论断树木甚至种子显然是完全不正确的，种子里隐在地包含了整体的所有元素，随着时间的推移，它们要一一生发出来。然而，如果有人说上帝造的某物起先不完全，后来使它们完全，谁能指责这样一个观点呢？只是若有谁说由上帝最初创造的工后来由他者加以完全，那就可以理所当然地谴责他。

如何解释月相的变化

31. 因此，既然那些诠释者对经上记载的话——上帝最初创造天地时，地是空虚混沌，后来到了第三天，它才变得可见、有形——无可指责，那他们对月亮的被造为何争论不休，似乎它是一个不可解的奥秘似的？或者，他们既然明白经上所描述的创世过程并不是时间中展开的一个进程，而只是叙述中的一种进程而已，因为上帝创造世界的同时创造了质料；那么就月亮来说，它也是一个可见的物体，为何他们就没有认识到，不论它如何

---

① 在《〈创世记〉字疏未完本》13.40（CSEL 28/1.488 Zycha；ML 34.236），奥古斯丁表明了立场："昼的开始（initium diei）和夜的开始（initium noctis）的含义马上就会清楚。……有些解释者主张，《圣经》暗示月亮被造时是满月，因为夜开始时，也就是太阳落山不久，升起来的是满月。但是如果说我们不是从新月的第一天开始算，而是从第十六天或十五天开始算，岂不是很荒谬。至于这个光体被造时应当处于完全状态的观点也不会使我们困扰。每天它都是完全的，但只有当它处于与太阳相对位置时它的完全才为人所见。"当奥古斯丁在上面 2.13.26 引用创 1.14 时，他在拉丁文本中使用的是 inchoatio，而这里用了 initium。关于对 OL 本的这段话的注释，见本书第 24 页注①，以及奥古斯丁自己在 2.15.32 的论述。

阴晴圆缺，即使当它以弯刀的形相普照大地的时候，它也拥有完全的整体，它独特的圆形毫不减损？这样说来，如果月亮有时满盈有时亏损，那不是因为天体本身发生了变化，而是它被光照的表面发生了变化。我们不妨设想，它球体的一部分始终是光亮的。就此而言，当它开始将这部分转向地球，一直到这部分完全转过来，看起来它发光的部分似乎就从月初的新月到了月半的满月；但它始终是满盈的，尽管在地上的居民看来并非如此。即使它是被太阳的光照亮的，也可作同样的解释。根据这样的假设，当它靠近太阳，它可能只显现为弯刀形，因为它的其余部分，完全被光照亮的部分，没有面朝地球，我们看不到。只有当它与太阳的位置刚好在地球两侧时，我们才能看到它被照亮的整个表面。①

对《诗篇》一百三十五篇 8–9 节的解释

32. 有人说，他们认为上帝最初造的月亮是月半时的满月，并不是因为我们必须相信它被造时是满盈的，而是因为《圣经》里有上帝的话，说造月是"为开启夜晚"（in inchoationem noctis）。② 这样说来，夜晚刚刚降临时，月亮是以满盈的形相出现的，那它从缺变圆的过程就发生在白天，而从圆变缺则出现在夜晚，夜越深入，月越亏缺。然而，如果把"inchoatio noctis"这个短语只理解为"管夜"（而不是理解为"开启夜晚"，因为希腊词 ἀρχὴν 更普遍的意思就是掌管，在《诗篇》

---

① 直译为："……只有当它位于太阳的对面时，它被太阳照亮的整个面才为地上的人所见。"……奥古斯丁这里想要说明，不论我们是推测月亮有自己的光，还是主张它的光取自太阳，看到的都是月亮的表面。这个解释也可见于奥古斯丁给 Januarius 的信中，*Epist.* 55.4.6–7（CSEL 34.175–177 Goldbacher；ML 33.207–208），并在 *Enarr. in Ps.* 10.3（CCL 38.175–176；ML 36.131–132）中有更详尽的阐述。Agaesse–Solignac 48.604–607 提出了有说服力的证据支持这样的观点：Vitruvius, *De architectura* 9.2 是奥古斯丁天文学思考的资源。Vitruvius 引用巴比伦天文学家 Berosus 的话支持月亮有自己的光的观点，又引用 Aristarchus of Samos 支持月亮的光来自太阳的观点。
② 经文出自 OL，很明显误解了 LXX 的文本。见奥古斯丁后面的解释，亦参前面 2.13.26 的注释。

里清楚地写着"日头管白昼……月亮星宿管黑夜"①），那就不必从月半开始计算，也不必断然否定月亮最初被造时是新月的形相。

第十六章　日月星辰具有同样亮光吗？

众星的光辉是同等的吗？

33. 某些人也常常问，天上的光体，即日月星辰，本身是否同等明亮，只是因为它们与地球的距离不同等，才导致它们在我们眼里显现的亮度不一？持这种观点的人毫不犹豫地说，月亮的亮度不如太阳；他们还说，月亮是被太阳照亮的。关于星辰，他们甚至极为大胆地认为，许多星跟太阳一般大，甚至比它更大，只是因为它们的距离更远，所以看起来比较小。② 对我们来说，所有这些说法不论哪个是对的，只要明白上帝是天体的创造者，应该就够了。

但我们必须坚持圣使徒的权威宣告："日有日的荣光，月有月的荣光，星有星的荣光，这星与那星的荣光也有分别。"③ 当然人们可以回答说："它们的荣光在地上的人眼里看来才各有不同。"这种说法与使徒的话并不矛盾。或者，保罗说这话是为了用星宿来比拟人复活的身体——它们看起来的样子与它们真实的本性不可能不一致——所以人们可以说："即使星宿本身在荣光上各有分别，有些仍然甚至比太阳更大。"

不过，主张这种观点的人得说明他们为何可以赋予太阳这样大的能力和权力，让某些星宿并且是他们在祷告中特别尊敬的更大星宿，在运

---

① 《诗篇》一百三十五篇 8－9 节（和合本一百三十六篇 8－9 节）。
② 关于太阳的大小，尤其是与地球相比的大小问题，是希腊和罗马著作家们，包括异教徒和基督徒，不断思考的问题。见 A. S. Pease (ed.), Ciceronis De natura deorum (Cambridge, Mass. 1958) 2., pp. 777－778 n. 提供的参考资料。奥古斯丁的 Epist. 14.3（CSEL 34.33－34 Goldbacher; ML 33.79）指出，我们对远处看见的事物总是会作出错误判断。
③ 《哥林多前书》十五章 41 节。

81

动中受阻于太阳光，并导致从它们正常的轨道后退。① 因为更大的星宿或者即便是体积同等的星宿，不太可能被太阳的光控制。如果他们争辩说，更高更大的星是构成星座的星，比如大熊星座的星，它们不受太阳的这种力量影响，那他们为何更崇敬那些穿越这些星座的星宿呢？为何他们认为那些星宿支配着星座？虽然一个人可以主张说，星宿的倒退运动，或者我们可以说它们之所以放慢运动，不是由太阳引起的，而是另外的神秘力量导致，但从这些著作者所写的书中可以清楚地看出，在他们荒谬地提出的关于命运之力量的错误理论中，他们赋予太阳最大的权力。

星与星有分别

34. 那些不认识我们天父的人，他们想对天说什么，就让他们去说吧。就我们而言，我们有更重要更精深的问题需要讨论，纠缠于星宿的距离和大小问题，或者把时间花在讨论这样的问题上，既无必要，也不合适。我们最好相信这两个光体比其他的都大，因为经上说"上帝造了两个大光"。当然，这两个光体并不同等，因为经上指出它们胜过其他光体后，又接着说它们彼此有分别，"大的管昼，小的管夜"。他们肯定会承认，至少在我们看来，这两个光体显然更加明亮地普照在地上，白昼完全由太阳的光普照，而繁星点缀的夜如果没有月亮就不如有月光时那样明亮。

第十七章　要避开占星家

关于命运，占星家如何通过观察星宿蒙骗人

35. 在与命运相关的事上，我们要忠实于真信仰，彻底拒斥占星家

---

① Vitruvius, *De architectura* 9.12 提到这种太阳影响星辰的观点。

的种种诡诈，以及他们所谓的科学观察（或者用他们的行话说 $απoτελὲσματα$）。① 他们企图用这样的讨论削弱我们在祷告中的信心根基，他们在处理理应受到谴责的恶行时非常任性和不敬，似乎人不是自己罪行的发动者，上帝作为众星的造主倒要受指责。② 但是，我们的灵魂在本性上并不受制于身体，甚至不受制于天体，这一点他们从他们自己的哲学家那里就可得知。在他们所说的意义上，天体并不比地上的物体更有力量，这一点从观察就可清楚知道。当许多不同类别的物体，不论动物、菜蔬、树木，在同一瞬间受精，又在同一时间大量繁殖时，不仅分布在不同区域，甚至在同一地方，它们的生长、活动和承受都大大不同，只要占星家们对这个问题想一想，就会让星宿停止发功——如果可以这样说的话。

通过双胞胎的例子反驳占星家：他们出生时属于同样的星座，却过完全不同的生活

36. 认同了以上论证之后，如果还要说星宿的力量只对人的生命有影响，那不是可笑愚蠢至极吗？举双胞胎的例子就可以驳倒这样的观点。双胞胎因生活在不同的环境里，一个顺利，一个不幸，死亡的方式也各不相同，但往往拥有同样的星座。③ 虽然从母腹出来的时间有一点不同，但有时候这种不同太小，占星家在推测时根本无法考虑。当以扫和雅各

---

① 希腊词 $απoτελὲσματα$ 的意思是"星宿的某些位置对人的命运产生的影响"，见 LSJ 222 s. v. 奥古斯丁这里谈到"科学的观察"（documentorum experimenta），是指从具体例子引出的证据。亦见《忏悔录》7.6.8，他在同样的意义上使用 experimenta 这个词。
② 奥古斯丁在寻求恶的问题的答案时，也涉猎了占星学，如他在《忏悔录》第四卷和第七卷告诉我们的。
③ 《忏悔录》7.6.8 中，奥古斯丁举了一个有趣的例子，一个出生高贵的年轻人，一个奴隶，两人在同一个地方几乎同一个时刻出生，但过着完全不同的生活。这个例子有助于他证明占星术的荒谬。

出生时，雅各双手抓住先他出生的兄弟的脚跟。① 因此两人来到这个世界就好比一个孩子以两倍的正常时间出生，他们的所谓的星座应该不会有任何差别。所以，哪个占星家看着这同样的星座，同样的星相，同样的月相，却说一个为他母亲钟爱，一个不为母亲所爱，那岂不是可笑至极？如果他说的与此不符，那么他就说错了；如果他正是这样说的，他说得倒对，却不是基于从他的星相学书本中学会背诵的愚蠢法则。

如果有人不愿意相信这样的故事，因为它出自我们的书，那他们如何解释在自己身边看到的双胞胎证据？他们说，如果他们能找到受孕的时间，就绝不会出错。那好吧，就让他们去考察人的真实生命，去找出双胞胎的受孕时间吧。

为何占星家的预言有时会应验

37. 因此我们必须承认，当占星家说出事实时，他们是依赖于某种神秘的本能——它在人不自知的时候激发他的思想——说话。如果他这样说是为了欺骗人，那是邪灵在作工。这些灵获得某些关于暂时秩序的真理性知识，部分原因是他们有敏锐而细致入微的感知能力，因为他们的身体要比我们的灵敏得多；② 部分是因为他们在长期生活中积累的经验使他们更加精明；部分是因为善良天使把自己从全能上帝获得的知识向他们显明了——这甚至是出于上帝的吩咐，他以隐秘的公正原则奖惩人的功过③。但这些恶灵有时会假装有预言能力，把他们自己想要做的事当作预言来宣告。因此，一个敬虔的基督徒必须避开占星家和不敬的

---

① 《创世记》二十五章 25 – 26 节。这个例子在《忏悔录》7.6.10、《基督教教义》2.22.33（ML 34.52）、《上帝之城》5.4 中都有引用。

② 奥古斯丁倾向于认为，天使（好的和坏的）有精致的身体和属灵的本性，他把人复活之后的身体比作他所设想的天使的身体。但最后他对天使是否有身体的问题多少有点犹豫不决。见 *Epist*. 95.8（CSEL 34.512 – 513；ML 33.355）；*Enarr. in Ps*. 85.17（CCL 39.1190；ML 37.1094）；*De Trin*. 3.1.4 – 5（CCL 50.130 – 131；ML 42.870 – 871）；*De civ. Dei* 15.23.1；21.10.1.

③ 这里采用 Z 的句式，因为它合乎逻辑。

预言家，尤其是当他们说出真理时，免得他的灵魂误入歧途，与鬼魔为伍，陷入这样的罗网之中。①

第十八章　天体由灵掌管吗？

常问的问题：众星是灵还是体

38. 人们常问的一个问题是，天上那些明亮的光体只是形体，还是里面有灵在掌管它们？如果它们拥有这样的灵，那它们是否因这灵而成为生命物，就如同肉身因灵魂而成为生命那样，还是只拥有灵，没有生命联合体。② 这个问题不容易解答，但我相信在注释《圣经》经文的过程中，会找到适当时机根据《圣经》解释法则来讨论这个问题，提出某种可以接受的结论，尽管可能无法证明它是确定无疑的。同时我们应当始终遵守一个敬虔而严肃的人应有的克制以及在晦涩难解的问题上不盲信。否则，如果后来发现另一种解释的证据，我们可能会因为固守于自己的错误而鄙弃它，即使这种解释无论如何都与《圣经》的旧约和新约不相冲突。现在我们要开始本文的第三卷。

---

① 奥古斯丁在 De doctr. Christiana 2.23.35–36（ML 34.52–53）非常热切地告诫读者要警惕说预言者的危险，尤其是当他们预言了真理的时候。
② 柏拉图认为，每个星辰是由神圣的灵魂赋予生命的，因而星辰实际上是诸神，见《蒂迈欧篇》41a–e（奥古斯丁在《上帝之城》13.16 引用了这段话）和《法篇》898c–899b。亚里士多德《形而上学》1073a34–39 教导，星辰是永恒的，每个星都有自己的推动者，这推动者是永恒的。然而，这推动者外在于星辰，不具有灵魂的功能。普罗提诺《九章集》2.9.8 以及 3.2.3 采纳柏拉图的观点，说善良灵魂住在天上，把生命注入星辰，星辰就是诸神。奥利金根据杰罗姆（Jerome）Liber contra Ioannem hierosolymitanus 17（ML 23.369），主张"日月和整个天使合唱团都是理性、属灵造物的灵魂，它们现在从属于虚空，即那些火样的形体，我们因为无知称之为世界的光体，它们必将从败坏的奴役中被解放出来"，获得上帝之子的自由荣光。亦见奥利金《论首要原理》1.7.4，鲁菲努译（GCS 22.90–91 Koetschau；MG 11.176）。奥古斯丁 Ad Orosium contra Priscillianistas et Origenistas 9.12（ML 42.676–677）以及 De civ. Dei 11.23 拒斥奥利金的观点。但在他宣称自己对于日月星辰是否算有福的天使一族不那么确定。

第三卷

第五日和第六日的工

第一章　靠近地的大气有时称为天或诸天

从水和地生发的生命；从水到气，从气到天的推导

1. 上帝说："诸水要多多滋生有生命的游行物，要有雀鸟飞在地面以上、天空之中。"事就这样成了。上帝就造出大鱼和水中所滋生各样有生命的动物，各从其类；又造出各样飞鸟，各从其类。上帝看着是好的。上帝就赐福给这一切，说："滋生繁多，充满海中的诸水；雀鸟也要多生在地上。"有晚上，有早晨，是第五日。①

正是这个时候，那有灵的、能移动的生命物在宇宙中较低区域被创造出来，首先是那些水里的活物，因为水这种元素性质上与气最为相似。而气非常接近光体所在的天，甚至也被称为天，但我不知道它是否也可

---

① 《创世记》一章 20-23 节。奥古斯丁的旧约经文依据 LXX 文本，从这个文本来看，飞鸟是从水里滋生的（但奥古斯丁所不知道的希伯来原文并没有这样说）。在后文中以及在《〈创世记〉字疏未完本》14.44（CSEL 28/1.489-490 Zycha；ML 34.236）中，奥古斯丁试图解决这个难题，指出地面附近的大气中充满水气，因此他推断，"诸水"这个词可能包括空中的水气。

称为天空（firmamentum 或空气）。① 然而，复数的诸天与这里单数的天完全是同一个意思。虽然本卷中单数的"天"是指将上面的水与下面的水分开的事物，然而《诗篇》作者说："天上的水……要赞美主的名。"② 如果我们把"天外之天"（coelos coelorum）理解为较高区域的众星之天高于较低区域的气之天，这样的理解是正确的；如果我们认为这两个天与同一《诗篇》里读到的"天外之天"③ 是同一个意思，那么显然，靠近地的大气不仅被称为天，也被称为诸天，正如在拉丁语里我们用复数的"地"所指的意思与单数的"地"没有任何分别，比如"地的轨道"可用复数"orbis terrarum"，也可用单数"orbis terrae"。

第二章　当气转为水，"天"毁于大水。最初的生命物从水里产生

应如何理解天毁于大水

2. 我们在《圣经》正典的一篇书信里读到，我们的气所在的这个气——天（aerios coelos）曾经毁灭于一次大洪水。④ 其实这种潮湿的元素，尽管因高度凝聚而变成水，一直上升到最高山峰之上，比山高过十五肘，⑤ 但它不可能到达星辰之天。只是因为它充满了所有或者几乎所有潮湿空气的区域，即飞鸟所飞的地方，而这个区域也称为天，所以书

---

① 在前面 2.4.7 中，奥古斯丁引用并赞同这样的观点：云层所在的大气层可称为"空气或天空"。在《〈创世记〉字疏未完本》14.45（CSEL 28/1.490 – 491 Zycha；ML 34.238）中他说，我们可以引申"空气"这个词，包括从云层到星空的所有区域；他又说，飞鸟属于云层下面的区域，即潮湿大气，也可称为水。因此他认为飞鸟在天空之下（sub firmamento caeli）飞过地；但本书中他的文本是"在天空之中"（secundum firmamentum caeli）。
② 《诗篇》一百四十八篇 4 – 5 节。
③ 《诗篇》一百四十八篇 4 节（和合本英文为"highest heavens"——中译者注）。
④ 《彼得后书》三章 5 – 6 节。
⑤ 《创世记》七章 20 节。

信谈到曾经发生过天的毁灭。在我看来，这事只能理解为地周围较重的气变成了水，否则是不可思议的。若不是这样，就不能说天（isti coeli）毁灭，事实上只是水占据了它们的空间，把它们抬到更高的区域了。因此，我们依据这篇书信的权威，更倾向于认为那些天毁灭了，另外的天（如圣作者所写的）通过水元素的增加和扩张仍然"存留"，① 而不是指那些天被抬升，高天（superioris coeli natura）让位给它们。

水与气的本性相近

3. 因此在创造注定要居住在宇宙较低区域——它的整体往往用"地"这个词来表示②——的事物时，先从水里滋生出活物，再从地里生发出生命，这是完全合宜的。因为气与水非常接近，与气态的水混合它就变得稠密，从而可以产生风暴（spiritum procellae），也就是风，也可以使云层凝聚，可以支撑鸟类飞翔。有位异教诗人说得没错，他说："奥林匹斯山升到云端之上"，"高耸的事物平安和睦"，③ 因为据说，在奥林匹斯山顶上的大气非常稀薄，乃至没有云层笼罩它，也没有风暴干扰它，④ 没有鸟类能在那里飞过，人就算能爬上去也吸不到一口平时呼吸的那种空气。然而，那里的大气还是气，它可以从那里倾泻而下，就像大水倾泻那样。因此也可以认为在大洪水时期它变成了潮湿的水元素。因为当水上升到众山之上，甚至没过最高山峰时，我们仍然不应设想它能占据星空的哪个区域。

---

① Repositos。这个词出自《彼得后书》三章7节的经文"但现在的天地还是凭着那命存留"。但奥古斯丁显然没有注意到这句经文并不是指洪水（如5-6节那样），而是指与基督再临（Parousia）相关的宇宙事件。
② 奥古斯丁指地及其周围的大气。
③ 卢坎（Lucan）《内战记》（*De bello civili*）2.271–273.
④ 参见荷马《奥德赛》6.42–45 的描述，卢克莱修《论物性》（*De rerum nat.*）3.18–22 模仿它，阿普列乌斯（Apuleius）《论世界》（*Liber de mundo*）33亦引用。亦见奥古斯丁《〈创世记〉字疏未完本》14.44（CSEL 28/1.490 Zycha；ML 34.238）的描述。

第三章　一种元素变为另一种元素的问题。《创世记》没有忽略气这种元素

关于元素可以相互转化的观点

4. 可以肯定，关于元素之间相互转化的问题，即使在非常仔细、认真思考的研究者中间，也不是一个无足轻重的小问题。有些人说，任何元素都可变，并且相互转化；也有些人说，每种元素都有自身独特的东西，具有不可能完全转化为另一种元素的性质。[1] 关于这个问题，如果上帝愿意，我们可以在后面有机会时再作更深入探讨。[2] 就我们目前的研究目标来说，我认为只要介绍一下这些观点，让我们知道这里自然的秩序是如何得到保存的就够了——这种秩序要求在描述创世时先描述水里的活物，再描述地上的造物。

---

[1] 根据阿那克西美尼（Anaximenes），气是原初的实体，在适当的条件下它可以变为另外的实体，比如火、云、水、土以及石头（Diels Vorsokr. 1.92, no. 13A7）。在赫拉克利特的理论中，三大世界物质是火、水和土，三者以这样的顺序相互转化，见 G. S. Kirk, Heraclitus: *The Comic Fragments* (Cambridge 1954), pp. 325–344, nos. 31 and 36。恩培多克勒认为，四根（元素）即火、气、土、水是永恒的，不变的；而这些不灭的元素相互结合可以解释运动和变化。见 John Burnet, *Early Greek Philosophy* (4th ed. London 1948), pp. 228–234。柏拉图《蒂迈欧篇》49a–50b 解释一种元素如何通过凝聚、消散、加热或压缩变成另一种元素。亚里士多德《论生灭》（De gen. et corrup.）331a–b 坚持认为，元素的变化是转变为对立面，或者从对立面中产生。关于柏拉图和亚里士多德的元素之间的相互转化，见 W. K. C. Guthrie, *A History of Greek Philosophy* (Cambridge 1965) 2., p. 143. 奥古斯丁很可能通过阅读科奈利乌·塞尔苏斯（Cornelius Celsus）的哲学百科全书熟悉这些理论，他在 *De haeresibus*, praefatio (ML 42.23) 中提到过这部作品。见 H. Hagendahl, *Augustine and the Latin Classics* (Studia graeca et Latina Gothobur-gensia 20. 1, Goteborg 1967) 1., pp. 34–35, and OCD (2nd. 1970) s. v. "Celsus (2),", p. 218.

[2] 奥古斯丁没有机会再次讨论这个话题，但他确实在后面 3.7.9 中不经意地提到，据说火产生于土和水的活动，然后又转变为气。

关于四大元素

5. 《圣经》的这段经文在描述天、水、地时似乎没有提到气,但我们绝不能仅仅因为这一点就认为它忽略了一般设想的构成世界的四大元素中的一种。《圣经》作者的写作惯例是,提到世界时有时用"天地"这个词,有时也用"天""地""海"这些词。也就是说,气或者属于天,在天的上层区域保持宁静和安详;或者属于地,包括动荡不安、迷雾朦胧的大气及其浓厚的湿气(事实上,这种大气也常常称为天)。因此,经上没有说"水要多多滋生有生命的物,气要生出雀鸟飞在地面以上",而是把这两类生命物描述为都是从水里生出的。因此有的水处于液态的流动状态,有的水以稀薄的气态分布在空中。两种形式都归于这种潮湿元素,一种分配给地上爬行的活物,一种分配给天上飞翔的活物。

第四章 四大元素如何与五官相关联

有人提出人的五官与世界的四大元素相对应

6. 也有著作家提出极为精致的理论,将身体的五官与这四大元素联系起来。① 他们说,眼睛与火对应;耳朵与气对应。而嗅觉和味觉则与潮湿元素相关联:嗅觉与充满雀鸟飞行的这个空间的湿气相关;味觉与液态的及(我们完全可以说)物质状态的水相关。因为凡是入嘴品尝的都与口水混合,这样才能品尝食物,即便它入嘴时看起来很干。然而,火渗透所有物体,为它们提供运动之源。② 当热量消失时,水汽就

---

① 比如柏拉图《蒂迈欧篇》65b–68d;亚里士多德《论灵魂》(De an.) 416b–424b。
② 见西塞罗《论神性》(De nat. deor.) 2.9.23。

冷却；虽然其他元素可以受热变暖，但火不可能变冷。把火熄灭，让它不再是火倒更容易，让火保持冷却或者接触冷的东西而变冷就难了。第五种感官触觉与土紧密关联；而一个生命物主要是由土构成，所以完整地接触它，就可获得对它的感知。

他们说，没有火就看不见任何事物，没有土就不可能触及任何事物，因此所有元素都存在于一切事物中，但每个事物根据它的主导元素来命名。① 所以，他们说，当身体变得极度寒冷时，由于缺乏热，感觉就迟钝了；因为那时身体的活动渐渐停止。身体活动是由火产生的，火作用于气，气作用于水，水作用于土。总之，较精细的物质渗透于较粗糙的物质。

7. 要知道，属体世界里越是本性精致的事物，越是接近属灵世界；但是这两个世界在本质上迥然不同，一个是属体的，另一个不是。

第五章　灵魂通过身体感官藉着火元素认知

五官中的感知能力分别对应四大元素

其实，感觉并不属于身体的功能，而是灵魂通过身体在运作。② 因此，虽然有人可以通过巧妙的推论证明，感官分配在身体各处，通过不同的物质元素发挥作用，但唯有灵魂拥有藉着感觉感知的能力，只是由

---

① 阿那克萨哥拉（Anaxagoras）是希腊哲学家中第一位提出这样观点的：任何事物里都有其他任何事物的一部分。见 Diels Vorsokr. 2.35，nos. 6 and 37，nos. 11–12。
② 参见后面 12.24.51："不是身体感知，而是灵魂藉着身体感知。"奥古斯丁一贯主张这种积极的感觉论（这一点与普罗提诺《九章集》3.6.1 及 1.1.6–7 一致）。他之所以坚持这种观点，原因在于，身体不可能产生任何灵性的东西，因为灵高于体（见下面 12.16.33）。他艰难地描述感觉，通常得诉诸否定性陈述，如他在《论音乐》（De Musica）6.5.10（ML 32.1169）中说，身体上发生的事灵魂是知道的（non eam latere）。在《论灵魂的大小》（De quant. animae）25.48（ML 32.1063）中，他把感觉定义为"不向灵魂掩藏的身体感受"。见 Kalin 14，3 及各处；Bourke 111–112。

于灵魂不是物质,所以它通过某种相当精致的物质元素产生这种感觉活动。它从精致的火开始各种感官活动,但它在每种感官上产生的结果并不一样。比如,在视觉上,灵魂遏制火的热量,转向自己的光。在听觉上,它通过火的热量渗透液态的气(liquidiorem aerem)。在嗅觉上,它穿过纯净的气,走向潮湿的水汽——构成我们周围的大气。在味觉上,它越过这水汽,到达湿润的物质实体。当它继续前行,到达沉重的土元素时,引发最后的感觉即触觉。①

第六章 《创世记》作者在叙述元素时没有忽略气

气如何对应天和水

8. 因此,《圣经》作者在描述宇宙中那些可见事物——按其本性在各元素之间运动变化——的被造时,并没有忽略元素的本性和顺序,他先是描述天上的光体,然后描述水中的活物,最后是地上的生物。他也没有忽略气,只是把那些充满纯净而宁静之气的区域,就是他们说没有雀鸟能飞的地方,与更高的天相联系(《圣经》里称之为天),把它理解为宇宙的高远部分。而"地"一般适用于整个低级区域,包括依次向下的"火、雹、雪、冰、狂风以及一切深洋",②一直到严格意义上称为"地"的这个干燥元素。因此,升到高处的气体,事实上属于宇宙中被称为天的区域,并没有被忽略,因为已经通过天的名称包含在内;或者由于它没有可见居住者,就像这部分经文所描述的那些可见居住者,所以在描述生命物的创造中就不包括它。但是处于低级区域的

---

① 奥古斯丁的感觉生理学借用了医学家的理论,以及新柏拉图主义的"普纽玛"(pneuma)学说,更多的细节见后面 7.13.20,7.15.21,12.16.32。关于医学家观点的概述,参见《〈创世记〉字疏》(下)第七卷的注释。
② 参《诗篇》一百四十八篇 7–8 节。

气，接纳来自陆地和海洋的潮湿水汽，足够稠密，能支撑雀鸟展翅飞翔，所以它接受的活物全是从水里滋生的。因为它的湿元素在高处支撑飞鸟，它们在空中用翅膀飞行，就如同鱼类在水中用鳍游泳。

第七章　广义上地包括地周围的大气，有时称为天的区域

为何《创世记》说雀鸟从水里滋生

9. 因此受圣灵感动的作者以一种真正属神的知识说，雀鸟从水里产生。① 这些水分布在两个地方，低的在地上，在江河海洋里；高的在空中，在气流中。前者是鱼类之所，后者是鸟类之所。同样清楚的是，生命物被赋予两种与水元素对应的感官，一种是嗅觉，探查气态水；一种是味觉，探查液态水。我们之所以通过触觉感知水和风，乃是因为土元素混合在其他所有元素之中，但是在厚实的物体中，对土的感知会更加真切，所以我们可以通过触摸很好地感知它们。

这样说来，就"地"（土）这个词的广义来说，它包括地上和周围的大气里找到的元素。因此我们熟悉的《诗篇》作者说"从天上赞美主"，然后列举天上的各种造物；又说"从地上赞美主"，② 然后列举地上的诸样造物。地上的造物还包括狂风、一切深洋，以及触碰可燃烧的火。③ 所以这些都归入"地"这个词，因为火源于土和水的活动，它本

---

① 事实上，《圣经》并没有说上帝从水里造出雀鸟。见本书第 86 页注①。
② 参《诗篇》一百四十八篇 1 – 12 节。
③ 也就是说，《诗篇》作者把气、水、火包括在一般的"地"这个概念里。

身就转变为气。① 虽然火表明它的本性倾向是上升，但它不可能触及高天上平和的区域，因为周围大量的空气遏制了它，使它变成气，从而熄灭。因此，在世界的这个粗糙而可朽坏的部分里，有各种剧烈的运动可以让火燃烧，也可以让它熄灭，对人既可能有利，也可能产生致命的危害。

为何《圣经》称雀鸟为"天上的飞鸟"（caeli volatilia）。

10. 虽然触觉专门属于土元素，但仍然可以通过触觉感知到水的流动、风的吹拂，所以源于水的生命物，尤其是飞鸟，以地上的食物为生；它们还在地上停留栖息，繁殖后代，因为以气态上升的那一部分水汽也扩展到整个地上。因此，当《圣经》说"诸水要多多滋生有生命的游行物，要有雀鸟飞在地面以上"，又非常强调指出"天空之中"（secundum firmamentum coeli）。这段经文开始时似乎还有点含糊难懂，现在就相当清楚了。《圣经》没有说"天上要有"，就如创造天体时那样，而是说"要有雀鸟飞在地面以上、天空之中"，也就是接近天的区域。究其原因，这个区域有湿气和薄雾，是雀鸟飞翔之所，它与另一区域接壤，② 就是那个没有雀鸟能飞的区域，因为那个区域宁静、平和，属于天。因此，雀鸟在天空中飞，但这个天空是指靠近我们的这个区域，我们上面引用的《诗篇》把它归入"地"这个范畴。《圣经》许多地方都谈到天上的飞鸟（caeli volatilia），这里的"天"（coelum）指的就是这个区域，其实飞鸟是在"天边"（或近天区域，secundum firmamentum）飞，而不是在天上（in firmamento）飞。

---

① 奥古斯丁很可能想到金属摩擦时产生火花，据说海洋深处的水猛烈撞击时发出热量（见西塞罗《论神性》2.9.25）。至于火变为气，奥古斯丁在下一句话里作了解释。
② 云层与星空之间的区域。见本书第 87 页注①。

第八章　在什么意义上把鱼类称为有生命的游行物

为何把鱼称为"有生命的游行物"。第一种观点

11. 有些人认为，这里使用"有生命的游行物"（reptilia animarum vivarum），而不是"生命物"（anima viva），是因为它们感觉迟钝。① 然而如果是因为这个原因，那鸟类就应当被称为"生命物"。但事实上，鸟类被称为飞行物（volatilia），就如鱼类被称为游行物（reptilia），它们都隶属于生命物。因此我认为，我们必须把这个术语理解为"生命物中那些爬行的和飞行的造物"。同样，当提到人时我们有时会说"卑微的人"（ignobilia hominum），意思是人类中那些卑微的个体。②

当然，有一些居住在干地上的动物在地上爬行；但更多的动物是用足行走，在地上爬行的是少部分，数量可能与水中用足行的动物差不多。

其他观点

12. 但有些人认为，之所以没有把鱼称为"生命物"，而称为"有生命的游行物"，恰恰是因为它们没有记忆，没有类似于推理这样的生命活动。但是这些著作家没有注意到一些经验事实，有作者记载过在鱼

---

① 这是巴西尔的观点，奥古斯丁从欧斯塔修斯的译本读到他的观点。见 Basil, *In Hex.* 8.1 (SC 430-433 Giet; tr. By Eustathius, TU 66.100, 4-27 Amand de Mendieta – Rudberg)。

② 在这个惯用语中（ignobilia hominum），一个中性的形容词（ignobilia）加一个属格名词（hominum）表示所属的部分。但在许多例子中，这个部分特点变得模糊，更多的是直接由一个名词和相应的形容词来表述（比如 angusta viarum，"狭窄的街道"，Virgil, *Aen.* 2.332）。卢克莱修和维吉尔经常使用这样的用语。见 Cyril Bailey（ed.）, Lucretius, *De rerum natura*（Oxford 1947）1., pp.91-92；R. G. Austin（ed.）, *P. Vergili Maronis Aeneidos liber secundus*（Oxford 1964），p.149. 李维（Livy）和塔西陀（Tacitus）笔下也经常看到这样的用法，见 Othon Riemann, *Etudes sur la langue et la grammaire de Tite-Live*（2nd ed. Paris 1885），pp.102-104；A. G. Draeger, *Uber Syntax und Stil des Tacitus*（Leipzig 1868），pp.25-26。

塘里观察到的许多令人吃惊的现象。① 不论对这些记载的真假作何评论，有一点是不容置疑的，那就是鱼类有记忆。我本人注意到这一事实，任何人有机会且愿意去观察，都可以看到。在布拉雷吉亚（Bulla Regia）有一个大型喷泉，泉里的鱼成群结队。② 只要观鱼的游人从高处扔进去什么东西，鱼群就会一齐游过来争夺，或者在争夺中把它撕碎。习惯了这种喂食方式后，凡是有人走过喷泉旁边，鱼群就会成群结队地跟随行人来回游动，它们知道有人出现，期待他们来喂食。

因此，在我看来，把居住在水里的生命物称为游行的活物，就如把鸟类称为飞行的活物，是完全合理的。如果认为鱼类没有记忆或者感觉迟钝，所以就不称之为"生命物"，那我们应该称鸟类为"生命物"，因为我们明明看到鸟类有记忆，能叽叽喳喳发出声音，有高超的筑巢技能，还能训练幼鸟。

第九章　某些哲学家给每种元素分派生命物

某些哲学家给每种元素分派各自的生命物

13. 我知道有些哲学家③给每种元素都分派了各自的生命物。他们说，不仅那些地上爬的、走的属于土，鸟类也属于土，因为它们飞倦了

---

① 鱼塘（vivaria）在罗马数量众多，受人欢迎。见 G. Lafaye, DarSag 5（1915）s. v. "Vivarium"，959 - 962。根据 Pliny, *Hist. nat.* 9.170，鱼塘最早由 Lucius Murena（约在西塞罗之前一个世纪的时间）引入。在奥古斯丁时代它们很可能是北非的一种常见现象。在谈到记载鱼类奇异习性的作者时，奥古斯丁很可能想到了 Pliny, *Hist. nat.*, Book 9 和 Ambrose, *Examenon* 5.1.1 - 5.11.35（CSEL 32.140 - 169 Schenkl；ML 14.205 - 222）。

② 布拉雷吉亚是希波东南部的一个内陆城市，位于从希波到迦太基的路上。见 H. Dessau, *Pauly - Wissowa - Kroll* 3.1（1897）s. v. "*Bulla la*"，1047.43 - 1048.14；S. A. Morcelli, *Africa Christiana*（Brescia 1916—1917）1.108 - 109。一则属于戴克里先时代的铭文表明，它并非没有豪华的公共建筑（Dessau ILS 9358）。

③ 参 Apuleius, *Liber de deo Socratis* 8 - 9.137 - 141。奥古斯丁《上帝之城》8.14 和 9.8 认为这个观点出于 Apuleius 的该作品。

之后就栖息在地上；属气的生命物是鬼灵（daemones）；属天的生命物就是诸神（我们所说的诸神，有些是天上的光体，有些是天使）。① 他们还把鱼类和海怪分配给水，这样每一种元素都有了自己独特的生命物。但是他们显然忘了水下面还有地，而且也无法证明鱼不是在水底的地上休息，然后重新获得力量游行，就如鸟类为飞行养精蓄锐。当然，鱼这样做的几率比鸟更小，因为水比气更易飘浮，因而地上的生命物也可以在水里游泳，无论它们是通过练习学会这种技能，比如人，还是天生就有这种能力，比如四足动物和蛇类。如果这些哲学家不认为鱼是属地动物，因为它们没有足，那就可以推出，海豹不是水里的动物，蛇和蜗牛不是地上动物，因为海豹有足，而蛇和蜗牛没有足，不仅栖息在地上，而且几乎不离开地。据说龙没有足，潜伏在洞穴里，在气中游行，② 虽然很难看到它们，但不论是异教作家的作品中，还是我们自己的圣书里，都有提到这种动物。③

第十章　关于堕落天使居住在地周围的迷雾大气里的观点

鬼灵的"地方"是什么

14. 我们不妨假设，鬼灵（daemones）是居住在气中的生命物，有气一样轻飘的身体，这些身体不会朽坏，不会灭亡，因为它们里面占主导地位

---

① 见本书第 85 页注①。
② 奥古斯丁还在 *Enarr. in Ps.* 148.9（CCL 40.2172；ML 37.1943）中提到这种普遍信念，Cassiodorus, *Exp. in Ps.* 148.7（CCL 98.1318；ML 70.1044D）也提到它。
③ LXX 用"大龙"这个词翻译希伯来文本中的几个不同术语，这些词都是指真实的动物（比如豺、蛇、鳄鱼），而不是指在空中腾云驾雾的想象怪物。见 H. Lesetre, *Dict. Bibl.* 2（1899）s. v. "*Dragon*"（2）, pp. 1503 – 1504；G. f. Post, Hastins DB 1（1899）s. v. "*Dragon*", pp. 620 – 621.

的是活跃的肯定元素,而不是被动的消极元素。① 在它下面有两种元素,水与土;在它上面有一种,即星空的火。水和土属于被动的消极元素,另外两种,气与火则是活跃元素。即使这一切假设都是对的,对元素的这种划分与《圣经》的记载——经上记载雀鸟从水里而不是从气中滋生——也并不冲突。因为必须承认,分配给雀鸟的居所充满精细的、渗透整个大气层的气态水(无论如何都是真实的水);而气从星空的边际向下伸展到流动的水和固态的土。然而,气态的水并没有渗透这个区域的全部,它只是上升到我们大气层的边界,就是包括在"地"这个术语里的区域,如《诗篇》作者说到"地上的要赞美主"② 所指的。这个边界之上的区域,即气的上层部分,是全然的安宁,与天共享和平,并与天接壤,因此也得称为天。

如果我们可以接受这样一种观点,即犯罪天使与他们的首领——就是现在所说的魔鬼,当时曾经的天使长(虽然有些基督徒作家认为他们并不是天上或者高天上的天使)③ ——堕落之前居住在这个最高区

---

① 根据柏拉图主义者,鬼灵是处于诸神与人类之间的居间存在者(有善有恶),拥有飘忽不定的身体,居住在空中或者游荡在地上。见 M. P. Nisson, *Greek Piety* (Oxford 1948), pp. 170 – 173。许多早期基督徒作家认定堕落天使就是这些存在者,因而 daimon 这个词变成仅指邪灵,不再包括善灵。其中有些作家因受伪经《以诺书》(*Book of Henoch*)的影响,把《创世记》6.2 解释为某些天使因与女子交媾而堕入罪里。见 Lactantius, *Div. inst.* 2.14 (al. 15) (CSEL 19. 162 – 163 Brandt – Laubmann; ML 6. 330 – 331);亦参见 Tertullian, *Apol.* 22.3 (CCL 1. 128; ML 1. 463 – 465)。拉克唐修告诉我们,从这种不洁的结合中生出一个处于较低等级的鬼灵族,它们就是试探人的不洁的灵。奥利金拒斥《以诺书》里过分夸张的神话传说,他之后的大多数教父都试图以《圣经》正典为基础确立他们的鬼灵论。在《上帝之城》15.23 里,奥古斯丁把《以诺书》排除在《圣经》正典之外,并反驳关于堕落天使与人间女子生出后代的神话传说。关于教父们对这个问题的看法的全面考察,见 E. Mangenot, DTC 4 (1911) s. vv. *Demon d'apres les Peres*, 339 – 384。
② 《诗篇》一百四十八篇 7 节。
③ 在《〈创世记〉字疏》(下) 十一卷第 16 – 23 章,奥古斯丁讨论背叛天使暴乱之前的天使及其状态。他提到可能存在两类天使:天上的(supercaelestes)和世俗的(mundani),堕落天使属于第二类或低级天使的观点。这些低级天使经过一个试炼期,有可能获得"幸福生活",而天上的高级天使已经确定拥有这样的生活。但是奥古斯丁找不到《圣经》依据来支持这一观点,所以他不愿意凭推测作出这样的区分,或者假设无特惠一族经过一个对自己的福祉无法确定的阶段,他更愿意说,魔鬼及其天使在他们被造之后就堕落了。见 11. 19. 26 及 11. 23. 30。

域，那么不必吃惊，当他们堕入罪之后，就被驱赶到了下面多雾的大气层。① 没错，这里有气，但这里的气充满水汽，一搅动就产生风；如果受到猛烈搅动，就产生雷和电；如果聚集成团，就产生云；如果凝聚，就产生雨；当云层冷却，就产生雪；厚实的云层结成坚硬的冰，就产生雹；当气变稀薄，就出现清澈的天空，所有这些都在上帝不可探测的大能下产生，他统治着这个他所创造的世界，从最高造物到最低造物。因此，《诗篇》作者先是罗列了"火与雹，雪与冰，狂风"，然后为了防止有人以为这些变化的产生不是出于上帝的神意，紧接着又说："成就他命令的……"②

关于鬼灵的属气身体（aeria corpora）

15. 如果堕落天使在堕落之前拥有属天的身体（coelestia corpora），那么，这些身体若因受到惩罚而变为气元素，从而很可能经受本性更高的火元素的烧灼之苦，就没有什么可惊奇的了。③ 然后，他们不能再在上面那个纯净之气的领域享有一席之地，只能居住在近地的这个多雾区域，这里对他们来说如同一座监牢，但与他们的本性一致，直到审判的日子。④ 此外，如果对堕落天使还有问题需要更加深入地探讨，《圣经》里会有其他段落更加适合这个目标。目前我们只要注意一点就够了：如果这个充满风暴的区域——向下延伸到地以及它的海洋河流——可以依

---

① 阿萨那戈拉斯（Athenagoras）、亚历山大里亚的克莱门（Clement of Alexandria）、奥利金以及许多早期基督徒作家都认为，堕落天使居住在近地的大气中。见 Mangenot, *op. cit*（第 98 页注②）344-352。
② 《诗篇》一百四十八篇 8 节。
③ 关于奥古斯丁对天使"属灵身体"的观点，见第 84 页注②。奥古斯丁这里提出的观点，火高于气，在他的思想中非常重要，因为他经常宣称这样的原则：一个作用于对象的主体必然优越于被作用的对象。见下面 12.16.33 以及《论音乐》（De musica）6.5.8（ML 32.1167—1168）。
④ 奥古斯丁的意思不是说，堕落天使在审判的末日会停止受苦，"……最后审判时，甚至要把他们丢入第二次死刑里，那不是说到了那时他们就被剥夺生命了，因为当他们遭受痛苦时，他们不会丧失感觉"。（*De civ. Dei* 13.34）

靠它的气支撑属气的身体，那它也可以靠它的水汽支撑从水里滋生的雀鸟。这些气态的雾渗透在包围旱地和海洋的气中，所以属于近地的低级区域；它们与气流结合，因吸收水份而变重，到了晚上就降为微露；如果天气寒冷，它们就冻结，成为晶莹的白霜。

第十一章　关于各种被造动物的讨论

关于地上被造的各种生命物

16. "上帝说：'地要生出活物来，各从其类；四足动物（quadrupedia）、昆虫、野兽、牲畜，各从其类。'事就这样成了。于是上帝造出野兽，从各其类；牲畜，各从其类；地上一切昆虫，各从其类。上帝看着是好的。"[①]

现在叙述开始完全转向专门意义上的地，即这个低级区域的另一部分，在《圣经》的另外地方，这个区域连同海洋江河和云雾状的气，[②]都被囊括在"地"这个术语里。圣作者现在开始描述上帝如何为我们这个地提供独特的生命物。当然，地按上帝的命令产生了各类动物，这没有任何疑问。但是因为"牲畜"（pecora）和"野兽"（bestiae）这些词一般都用来指非理性的动物，所以有理由提出这样的问题：这里的"野兽"指什么动物，"牲畜"又指什么动物。至于地上爬行或游行的活物，即昆虫，经上无疑是指一切蛇虫类（serpentes），尽管也可以称它们为野兽，但"牲畜"这个词通常不包括这类动物。另外，狮子、豹子、老虎、豺狼、狐狸，甚至狗、猿以及其他此类动物，一般都叫野兽。但是"牲畜"这个词更严格地限用于家养的动物，帮助人干活的

---

① 参《创世记》一章 24－25 节（和合本无"四足动物"一词——中译者注）。
② 见前面 3.7.10。

动物，比如牛、马等等；或者为人提供毛线或食物的动物，比如羊和猪等。

关于四足动物

17. 那么四足动物是指什么呢？上面提到的所有动物，除了某些爬行动物外，都用四足行走，所以作者若不是用这个词来意指某类特别的动物，肯定不会在这里加上"四足动物"这个词，尽管在第二次列举时他并没有提到这类动物。

我们或许可以说，这里涉及雄鹿、黄占鹿、野驴、野猪这类动物，因为它们与狮子这类野兽显然不是同类，倒更像农场动物，尽管它们不是家养的，因此我们可以认为这里的"四足动物"专门是指它们而言的。按照这种观点，这些动物应该成为单独一类，用一个在一般意义上可用于所有四足动物、但在特定和限制意义上专指它们的名称来称呼。或者我们可以这样推断，因为作者说了三次"各从其类"，目的就是要我们注意三类不同的动物。第一类是四足的、爬行的动物，各从其类。这里我认为他指明了他所说的四足动物意指什么，即那些属于爬行类的动物，比如蜥蜴、蝾螈等等。因此在重复提到各类动物时，作者并没有重复"四足动物"这个词，显然是因为他把它们都包括在"爬行类"（昆虫）了。因此，他并不是简单地说"爬行类"（昆虫），而是说"地上一切昆虫"。加上"地上"是因为水里也有爬行类的，加上"一切"就把所有那些用四足行走的，就是上面专门用"四足动物"这个词意指的那类也包括在内了。第二类是野兽，也"各从其类"，它们包括爬虫之外的所有那些拥有尖牙利爪的动物。第三类是牲畜，"各从其类"。这类动物没有野兽那样的攻击性和凶残性，尽管有些也会用角攻击。

以上我已表明，在最宽泛的意义上，"四足动物"这个词显然适用于所有四足行走的动物，而"牲畜"和"野兽"有时包括所有非理性的动物。但是在拉丁语里，ferae（野兽）一词也在后一种含义上使用。不过，我想我们不能忽略一点，圣作者把这些词用在这里固然有特定的目的，但它们自身还有各自专门的含义，与我们通常惯用的方式别无二致。

第十二章 "各从其类"的含义

重复提到的"各从其类"以及永恒理性（rationes aeternae）

18. 读者很可能还想知道，"各从其类"这个词是随意使用的、含义并不严格，还是出于某种特别的理由，暗示动物在经文记载的最初被造之前就已经存在。或许应该认为它们的"类"（genus）意指更高的、属灵的理性，地上的事物都是依据它们造的。果真如此，同样的用语也应该用于光、天、水和地以及天体。因为所有这些造物哪一种没有永恒的、不变的理性住在上帝的智慧——"她的大能渗透到每个角落，她将一切管理得井井有条"[1]——里？圣作者先是在描述菜蔬和树木的被造时引入"各从其类"的表述，继而将它用来描述地上动物的创造。虽然最先提到水里滋生的造物时没有使用这个表述，但在复述创造时引入了这样的话："上帝就造出大鱼和水中所滋生各样有生命的动物，各从其类；又造出各样飞鸟，各从其类。"[2]

其他可能的解释

19. 或者是否有可能是这样的：由于这些造物已经被造，其他造物就可以从它们而出，通过代代相传，就可以把最初给予的形式保存下

---

[1] 《所罗门智训》八章 1 节（根据英文和拉丁文直译——中译者注）。
[2] 《创世记》一章 21 节。

来，因此"各从其类"这个术语就是指繁衍后代，也就是说它们一旦被造之后就可以通过繁衍一直存续？但是，为何在讲到菜蔬和树木时，不仅有"各从其类"的话，还有"按其样式"（secundum similitudinem）的话？要知道，各种动物，不论是水生的还是地上的，也都按各自的样式产生。或许因为样式服从种类，所以作者不想在每个地方重复同一个词。就如同他没有每一次都重复"种子"（semen）这个词，事实上所有菜蔬和树木都有种子，动物也同样有种子（精子），尽管并非所有动物都有。（人们已经注意到，有些水生和陆生动物并非性交之后才生育，所以种子不是在它们里面，而是在产生它们的元素里。）因此，"各从其类"指种子具有在必死之造物的后代中繁殖一个样式（similitudo）的力量，因为它们没有哪一个被造之后的存在是一次性的：或者一旦产生就永远存活，或者没有结果就独自灭亡。

《圣经》为何没有把这个词用在人的创造上

20. 那么在造人时，它为何没有说"我们要按我们的形像和样式造人，各从其类"？因为显然，人也是自我繁殖的。一种可能的解释是，上帝所造的人，如果能谨守上帝的诫命，是可以不死的，所以不存在父辈死去之后要由子孙来传承的必要性。但是人堕落之后，"已与无知觉的兽类为伍，变得与它们相像"，① 所以现在属世的子孙繁衍生息，好叫必死的人代代相传，保存族类。那么人被造之后，所得赐的祝福"要生养众多，遍满地面"② 又是什么意思呢？这样的命令不是只能通过生育活动执行吗？或许我们这里不应草率地作出任何解释，而应等到我们在《圣经》里遇到某段经文，要求对这些问题作出更透彻的考察时再作讨论。这里只要注意到一点就够了，即"各从其类"这个词不

---

① 《诗篇》四十八篇 13 节，据 OL。希伯来文本的意思是"如同死亡的畜类一样"（《诗篇》49.12　RSV）。
② 《创世记》一章 28 节。

用于人是因为只有一人被造，女人从他而出。所以人没有很多种类，不像菜蔬、树木、鱼类、鸟类、昆虫、牲畜和野兽那样，就这些事物来说，我们认为"各从其类"是表明这样一些大的类别，同类的个体彼此相似，有共同的起源，即出于同一个种子，与其他类别的个体相区别。

第十三章　为何生养众多的命令只给鱼类、鸟类和人

为何只有水生动物得到与人一样的赐福

21. 读者还想知道的是，为何水里的造物①在造主眼里如此重要，唯有它们得到与人同样的祝福；因为上帝也用这样的话祝福它们："滋生繁多，充满海中的水；雀鸟也要多生在地上。"② 一种可能的解释是，这祝福必须先对某一类造物明确表达出来，然后可以认为它也适用于其他各类自我繁殖、生养众多的造物。如果是这样，那应当对第一类被造时赋有繁殖能力的造物，也就是菜蔬和树木表达这样的祝福。对于这个难题，我们可以这样回答，菜蔬和树木类造物对繁殖自己的后代没有任何冲动（affectum），虽然能自我繁殖，却没有任何感知，所以被认为不配得到"滋生繁多"这样祝福的话；而那些获得了这样一种本能冲动的造物，也就是属地的动物，上帝最先对它们说祝福的话，好叫它们明白，尽管不能用语言表达。但是对人，必须重提祝福的话，免得有人说生育孩子的活动中有什么罪，就如通奸或者使用不当婚姻时的荒淫行为那样。

---

① 即飞鸟与鱼类，根据奥古斯丁，两者都是从水里产生的。见第三卷第一章和第二章。
② 《创世记》一章22节。

第十四章　生于腐烂物的微小动物的被造

探讨虫类的被造

22. 关于某些微小动物有这样一个问题：它们是从最初被造的事物中产生的，还是后来从可朽之物的腐烂中产生的。因为其中大多数或产生于生命体的败坏部分——比如它们的排泄物、呕吐物，或产生于腐烂的尸体——有些产生于腐烂的树木和植物，还有些产生于变质的果实。而我们不能否定，上帝是所有这些动物的造主。每一类造物都有其本性独有的特定之美，当人充分思考这个问题，这些造物就会使他深深敬仰、热烈赞美它们全能的造主。因为一切都是藉着他的智慧造的，[1] 他智慧的大能渗透到每个角落，将一切管理得井井有条。[2] 就是他那最微不足道的造物，按其本性是可朽的，它们的分解在我们处于堕落状态的人看来是可厌的，因为我们自己也是必朽的，但造主并没有任其处于未定型状态；他创造它们身体微小，感觉敏锐，充满生命，因此我们可能对飞行中蚊子的灵敏性比对行走中负重野兽的体型感到更大的惊异，对最小的蚂蚁的工作比对骆驼所负的重量更为敬佩。

虫子如何被造，关于其他从动物尸体中产生的微小动物该说什么

23. 不过，如我所说的，我们是否必须认为这些微小动物也是《圣经》里叙述的六日创世中被造出来的，或者是后来可朽身体腐烂分解时滋生出来的，这是个问题。我们肯定可以说，源于水和土的这些动物中的最小动物是在最初创世时被造的。那些从与最早的地一起生发的造

---

[1] 参见《诗篇》一百零三篇 24 节。
[2] 参见《所罗门智训》八章 1 节。

物中产生的动物也可以算在这类里面,这并非不合理。因为这些造物①不仅先于动物的被造,也先于天上光体的被造,它们在旱地出现的那天就从地生出,扎根于地,所以显然,与其说它们算为地上的居民,不如说它们应该算为可居住之地的一个附属部分。

至于其他从动物身体,尤其是从尸体滋生的微生物,若说它们在动物被造时就被造了,岂不荒谬至极,除非这意思是说,一切生命体从起初就存在一种自然力量,而且我可以说,以后要呈现的动物的生殖原则与这些身体交织在一起,②这些动物将从腐烂的身体中生发出来,各从其类,各具特色,这一切依赖于不变造主的神奇权能,他是他所造的一切造物的最初原因。

第十五章 有毒的危险动物之创造问题

为何造出有毒有害的动物?

24. 关于有毒的危险动物的问题也时常有人提出。创造它们是人堕落之后对罪的一种惩罚吗?或者它们最初被造时是无害的动物,③ 只是后来才开始折磨有罪的人?

它们最初被造时是无害的动物,这一设想并非没有道理。在今生今世,生命充满困惑和烦恼,没有人敢问心无愧地声称自己是完全的。圣保罗也坦然承认说:"这不是说我已经得着了,已经完全了……"④ 此

---

① 第三天创造的植物和树木。
② "这个原则根植于每个身体的质料中,在这个原则中显然交织着——如果我可以这样说——还不存在,或者更准确地说,还看不见的,但将来在时间的进程中必然存在,或者必然出现的事物。"这段话出自《上帝之城》,奥古斯丁是在解释成人的所有发育完全的肢体都潜在地包含在婴孩的因果原则里。这一原理适用于这里注释《创世记》时考虑的问题。
③ 我采用 m 的解释,"最初被造时",得到 P, R, S, Par, Bod, Lau, Pal 证实。
④ 《腓立比书》三章 12 节。

外，人要在此生操练德性（能力，virtue），要"在软弱上显得完全"，为此，肉身的磨难和困窘是必不可少的，如圣保罗再次阐明的，他说，为了防止他因得了甚大的启示而过于自高，有一根刺加在他肉体上，就是撒旦的差役要攻击他；当他向主求了三次，叫这刺离开他，他听到主的回答："我的恩典够你用的，因为我的能力是在人的软弱上显得完全。"①

然而，圣但以理在狮子中间安然无恙、毫无畏惧；② 当他向上帝祷告，承认自己的罪以及他百姓的那些罪时，他肯定没有向上帝说谎；③ 圣保罗亲手抓住一条致命的蛇，并没有受到任何伤害。④ 因此，即使这些造物，如果不是为了恐吓或惩罚有罪的人，或者试炼并成全人的能力，那也可能全然无害。因为通过它们树立忍耐的榜样，有益于其他人，因此，个人在试探中也获得更深的自我认识；永恒的救恩因人的自我享乐⑤而可耻地丧失，但通过勇敢地忍受痛苦就能重新获得，这是完全正当的。

第十六章　为何野兽彼此伤害

为何造出野兽彼此伤害？

25. 有人可能会问，为何野兽会彼此伤害？因为它们既没有犯任何罪需要这样的惩罚，也没有任何德性（能力）需要通过这样的操练来获得。毫无疑问答案当然是：一种动物是另一种动物的食物。我们不能

---

① 《哥林多后书》十二章 7-9 节。
② 《但以理书》六章 22 节，十四章 39 节。
③ 《但以理书》九章 4-20 节。
④ 《使徒行传》二十八章 3-6 节。
⑤ E2、R2、Rod、Lau 以及 m 译作 per voluptatem（享乐），E1、R1、P、Par、Pal 以及 z 译作 per voluntatem（愿望）。

说但愿不要一个动物吃另一个动物，这是不合理的。因为所有造物，只要存在，都有自己的尺度、数目和秩序。① 合理思考就会发现，它们全都值得赞美，发生在它们身上的一切变化，甚至一个变成另一个，都由一个隐密的计划统率着，这个计划维护整个世界的美，调整每个事物各从其类。虽然愚拙人不知道这个真理，但良善人能隐约领会，而在完全人看来，这是一清二楚的。事实上，低级被造物中进行的这种生存竞争只是为了告诫人，为了人自己的好，要让他明白他必须坚决地为属灵而永恒的生命而斗争，这是使他高于所有野兽的地方。因为人可以看到，所有的动物，从巨型的大象到微小的虫子，它们都在尽最大努力，或者通过攻击性行为，或者通过小心避让，来保护自己短暂的物质性生命，因为它们处于造物界的低级区域，所以得赐这样的生命。这是显而易见的，比如当一个动物力图吞食另一个动物充饥，受到攻击的一个会想方设法保护自己，积极抵抗，无论是逃跑，还是躲藏。任何动物身体上的痛苦都会以奇异而有力的方式影响到灵魂。因为灵魂通过它神秘的生命力将整个生命体联结起来，成为一体，一旦它感到这个统一体将要衰亡和消解，它不会漠然忍受，而是——几乎可以说带着义愤——以它的方式奋力保守这个属于它本性的统一体。

第十七章　我们该如何看待动物吃人的尸体？

关于动物食人尸体的一点疑惑

26. 有人可能会对我们解释动物伤害人的方式感到困惑：如果在人的有生之年，它们惩罚他的罪，锤炼他的德性，为使他得益而试验他，

---

① 这个观点不断出现在奥古斯丁的作品里，只要他讨论造物与造主的关系，就提出这一观点，在第四卷第三至六章有详尽的阐述，见本书第127页注①。

或者在不知不觉中让他得到一定教训，那为何在他死后还要吞食他的尸体？事实上，在自然的神秘转化中我们的尸体变成哪种状态，其实对我们并没有什么分别。在我们造主的令人敬畏的大能下，身体必被重新塑造，起死回生。但即使在这一点上，对智慧人也有一定的教训，即教导他们将一切交托给造主的神意，他以隐秘的大能管理一切大大小小的事物，甚至我们头上的毛发也被他数得一清二楚。① 因此，无论我们对无生命的尸体有什么忧虑，都不应畏惧任何形式的死亡，而应怀着敬虔和勇气，毫不犹豫地作好一切预备，应对任何需要面临的事。

第十八章　荆棘和蒺藜的创造

关于荆棘和蒺藜的问题

27. 关于荆棘和蒺藜以及一些不结果实的树，人们也常常会问，为何或者何时创造它们，因为上帝说的是："地要发生青草和结种子的菜蔬，并结果子的树木。"② 但是提出这个问题的人表明他们不知道一个熟悉的法律概念"使用权"（ususfructus），这个术语表明果子即"fructus"都有某种益处（usus）。③ 所有那些扎根于土、从地获得滋养的造物提供了怎样的益处，不论是显然的，还是隐秘的，这些人可以自己看见，也可以从其他有经验的人那里得知。

对上述问题更准确的回答

28. 关于荆棘和蒺藜，我们可以提出更明确的回答，因为在人堕落

---

① 《路加福音》十二章 7 节。
② 《创世记》一章 11 节。
③ 《查士丁尼法学总论》（Justinian *Institutiones*）2.4："使用权就是使用别人的财产使自己得益而不损害财产本身的权利。"

之后，上帝才对人谈到地说："地必给你长出荆棘和蒺藜来。"① 但是我们不可匆忙得出结论说，只有到了那时这些植物才从地里长出来。因为也可能是这样，鉴于不同类别的种子有许多益处，这些植物早就在地上占有一席之地，而不对人构成任何不利。只是由于它们开始在田地里生长，而人又在这田地里劳作，以惩罚他所犯的罪，所以可以设想，此时它们就成了惩罚人的一种方式。不然，它们很可能生长在别的地方，滋养鸟类和兽类，甚至也为人所用。

无论如何这种解释与经上所说的话"地必给你长出荆棘和蒺藜来"并不冲突，因为我们是这样理解的：在人堕落之前，地长出这些植物来并不是要困扰人，而是为某些动物提供专门的食物，因为有些动物发现干枯而柔软的蒺藜既好吃又有营养。但只有当人犯了罪开始在这地上劳作之后，地才开始长出这些植物加深人劳苦的命运。我不是说这些植物原本长在其他地方，只是后来人在田地劳作收割庄稼之后才长在田地里。不论是在这之前还是之后，它们都在同样的地方，但原先它们与人无关，后来则是为人长的。这就是"给你"这个词所要表达的意思，上帝不是说"地要长出荆棘和蒺藜来"，而是说"地必给你长出荆棘和蒺藜来"，也就是说，从此以后它们长出来就是为了增加你的劳苦，而以前它们长出来只是作为其他生命物的食物。

第十九章　"圣三一体"隐含在上帝造人的命令里

为何只在造人时说"我们要……造"

29. "上帝说，'我们要照着我们的形像，按着我们的样式造人，使他们管理海里的鱼、空中的鸟、地上的牲畜和全地，并地上

---

① 《创世记》三章 18 节。

所爬的一切昆虫。'上帝就照着上帝的形像造人,乃是照着他的形像造男造女。上帝就赐福给他们,又对他们说:'要生养众多,遍布地面,治理这地;也要管理海里的鱼、空中的鸟,和地上各样行动的活物。'上帝说:'看哪,我将遍地上一切结种子的菜蔬,和一切树上所结有核的果子,全赐给你们作食物。至于地上的走兽和空中的飞鸟,并各样爬在地上有生命的物,我将青草赐给它们作食物。'事就这样成了。上帝看着一切所造的都甚好。有晚上,有早晨,是第六日。"①

后面会有更多时间详尽讨论人的本性问题。这里,包括对六日创世之工的考察,我必须简略地指出很重要的一点:在创造其他造物时,经上记载的是,"上帝说,'要有……',"而这里记载的是,"上帝说:'我们要照着我们的形像,按着我们的样式造人。'"这里的人称用了复数,《圣经》是要以此表明(造人的是)圣父、圣子和圣灵。但圣作者随即告诫我们要坚持神性的统一性,他说,"上帝就照着上帝的形像造人。"他没有说父按着子的形像造人,或者子按着父的形像造人;否则,人若只是按着父的形像或者子的形像造的,"我们的形像"这个词就不准确。《圣经》说的是"上帝就按着上帝的形像造人",意思是说上帝是按着他自己的形像造人。《圣经》这里说"上帝的形像",而上面说"我们的形像",这是向我们表明,虽然用了复数的人称,但我们绝不能说,也不能信或者以为有多个神,我们只能承认,父、子和圣灵是同一位上帝。因为有三个位格,所以说"我们的形像";因为只有一位上帝,所以说"上帝的形像"。

---

① 《创世记》一章 26 – 31 节。

第二十章　人：上帝的形像。记载人的被造

人的哪一部分是按上帝的形像造的

30. 在这一点上我们也必须注意，上帝在说了"照着我们的形像"之后，马上又说"使他们管理海里的鱼、空中的鸟"以及其他缺乏理性的动物。由此我们可以明白，正是人本性里按上帝形像造出来的那一部分，使他超越于野兽。这一部分当然就是他的理性或心灵或理智，或者其他更适当的称呼。因此圣保罗说："又要将你们的心志改换一新，并且穿上新人，这新人是照着上帝的形像造的。"① 他通过这话表明了人的哪一部分是按照上帝的形像造的，因为它不在于身体的任何特征，而在于得到光照的心灵里某种可理知的形式（forma intelligibili）。②

在造人时为何不说"事就这样成了"

31. 于是，这里所说的类似于前面最初的光被造时所说的——如果我们可以把这光理解为理智之光，在永恒、不变的上帝智慧上有分的光。③ 这里，《圣经》没有说"事就这样成了"，然后"上帝就造出了光"，因为（如我已经力图解释的）最初的创造并非先形成对上帝之道的某种知识（cognitio Verbi Dei），然后根据这种知识——也就是道的范式——造出具体的造物。④ 事实上，那首先被造的光已经包含

---

① 《以弗所书》四章 23－24 节。
② 见本书第 22 页注③。
③ 见前面 1.3.7，奥古斯丁在那里指出，"上帝说，'要有光'，就有了光"这话是指创造理智造物，也就是天使。
④ 见本书第 66 页注②，解释创世故事里的四步骤。在创造天使时，奥古斯丁认为第二步和第三天合在一起了，因为上帝通过光照他们这个行为本身，在他的道里赋予了天使自我知识（见前面 2.8.16）。

关于上帝之道的某种知识，这光就是由这上帝之道创造的；这种知识本身就在于这个造物从未定形状态转向创造它的上帝，就在于它被创造、得形成的存在之中。但后来，在叙述其他造物的被造时，《圣经》说，"事就这样成了"，意思是说，在那光里，也就是在理智造物里，最先产生了关于圣道的知识；然后说："上帝就造出这个或那个"，这个句型表明原本由上帝之道说出来、预定要被造的事物此时被真实地创造出来。

这样的解释在关于人的创造中得到证实。因为上帝说："我们要照着我们的形像，按着我们的样式造人"等等。然后圣作者并没有接着说"事就这样成了"，而是直接说"上帝就照着上帝的形像造人"。因为这种造物的本性是理智性的，就如前面提到的光，所以它的被造等同于它对上帝之道的认识，它是藉着上帝之道被造的。

"事就这样成了"是什么意思

32. 如果《圣经》先说"事就这样成了"，然后说"上帝就造出"，那我们要作这样的理解：这种事物首先在某个理性造物的心灵里被造，然后在现实中被造，就如非理性的造物。但是作者所谈到的人，是理性的，通过上面所说的这种知识本身得以完全。正如原罪之后，人在关于上帝的知识上依据他造主的形像得到更新；同样，在他因罪变成旧人之前，他就被造在那种他后来藉此得以更新的知识里。

但有些造物被造却完全没有那种知识，或者因为它们是形体，或者是非理性的灵魂；就它们而言，这种知识首先由圣道形成在理智造物里，圣道说"要造出它们"。有了这种知识，《圣经》就宣告说，"事就这样成了"，由此向我们表明，关于要被造的那个事物的知识已经形成在那个能够知道它首先存在于上帝之道里的造物里面。然后物质性的、非理性的造物被造出来，所以《圣经》接着就说:"上帝就造出。"

第二十一章　人被造时是不朽的,在乐园里为何要给吃的呢?

关于不朽的人为何需要食物这个难题的解答

33. 人既然被造为不朽,为何还要赐给其他生命物、长核的植物、结果子的树木以及青草菜蔬作为食物呢?要解释这个问题很难。如果他是因为罪才变成可朽的,那么可以肯定在犯罪之前他并不需要这些食物,因为他的身体不会因为缺乏食物而衰亡。

因为经上写着:"要生养众多,遍布地面。"① 这样的事,没有男女身体的结合显然是不可能实现的,因此这里也表明他们的身体是可朽的。但是有人会说,不朽的身体也可能结合,那是一种完全不同的结合,在这种结合中,生育后代完全出于虔诚之爱的情感,丝毫没有与我们败坏肉体相关的情欲。父母既然不会走向死亡,这些后代继承父母的不朽,也不会死。因此,最后地上就会满是不朽的人,当这个公义而圣洁的社会形成之后——我们相信它在复活之后必会实现——生育后代就会终止。这样的观点可以提出讨论,但是它能否解释所有疑问,那是另一个问题。至少没有人敢说,除了可朽的身体之外,还有另外的身体也需要食物提供营养。②

---

① 《创世记》一章 28 节。
② 奥古斯丁并没有超出他的结论,即唯有可朽的身体才需要食物作为营养,但他似乎暗示,不朽的身体也可能需要食物,不是作为营养,而用于另外的目的。

第二十二章　女人就她拥有理性心灵来说，是按上帝的形像和样式造的

一种观点："Et fecit" 指创造灵魂，"Et finxit" 指塑造身体

34. 有些人推测，此时所造的是内在的人，① 而他的身体是后来造的，也就是当《圣经》在后面说到"上帝用地上的尘土造（finxit）人"② 时造的；这样，我们就要把"fecit"理解为上帝创造人的灵；而"finxit"指塑造他的身体。但是这些人没有认识到，除了身体有男女之别外，其他方面没有男女之分。当然，更为精致的理论会认为，人的心灵是理性生命的形式，正是就这个部分而言，他是按上帝的形像造的；它的一部分用来沉思永恒真理，一部分用来管理短暂事物，因此在某种意义上，它既是阳性的，又是阴性的，阳性部分是筹划者，阴性部分是遵从者。但上帝的形像并非显现在这双重功能上，而是显现在致力于沉思不变真理的那个部分。使徒保罗正是想到这种象征意义，所以宣告说，唯有男人是上帝的形像和荣耀，然后又说："但女人是男人的荣耀。"③

因此，男人和女人身体上和外在特征上的区别象征着两种角色，心灵被认为在男人里面。然而，女人——纵然就她的所有身体属性而言是一个女人，实际上她的理智之灵在上帝的知识里依据她造主的形像得到更新，因而在那里没有男女之分。女人当然不会被排除在这种更新的恩典之外，同样要按上帝形像的重塑，尽管在身体上，她们的性别特征可

---

① 因此，比如 Origen, *In Genesim hom.* 1. 13（GCS 29.15, 11 – 13 Baehrens；MG 12.155D）说："那照着上帝的形像造的是我们里面的人，不可见的、非物质的、不朽不灭的。"
② 《创世记》二章7节。
③ 《哥林多前书》十一章7节。

能会让人不以为然，认为只有男人才是上帝的形像和荣耀。同样，在人的最初被造中，女人作为一个人，肯定拥有心灵和理性灵魂，因而她也是按着上帝的形像造的。但是因为亲密的纽带把男人和女人连在一起，所以《圣经》只说"上帝按上帝的形像造人"。而且为了避免有人以为这只是指创造男人的灵，《圣经》接着说"乃是照着他的形像造男造女"，以此表明身体也是在此时创造的，尽管按照上帝的形像创造人只是指他的灵而言。

此外，为避免有人以为这种创造使两性出现在同一个人身上（就如我们所说的雌雄同体，有些物种就是这样的），圣作者指出，他用单数是因为男女之间有统一的纽带，因为女人是从男人造的，就如稍后要表明的，这段简短的叙述将在那里得到更详尽的展开。所以他随即就加上复数说："他就造他们……赐福给他们。"但如我已经指出的，我们将在后面详尽探讨关于创造人的其余经文。

第二十三章　30 节的"事就这样成了"意指人领会上帝刚刚显明的计划

如何理解 30 节的"事就这样成了"

35. 这里我们必须注意，《圣经》在说了"事就这样成了"之后，随即又说："上帝看着一切所造的都甚好。"通过这话让我们明白，人获得了权力（potestas）和能力（facultas），可以拿田里的菜蔬、树上的果子作食物。这段经文以"上帝说：'看哪，我将遍地上一切结种子的菜蔬'"等等开头，到这里圣作者以"事就这样成了"作结。如果我们认为"事就这样成了"是指上面所说的一切，那我们就得承认，人在这一日，即创世的第六日就生养众多、遍布地面，然而我们从《圣经》的叙述知道，这样的事要到很多年之后才会发生。

这样说来,"事就这样成了"应该是指人获得了准吃权,以及人从神圣启示中获得关于这一事实的知识。也就是说,当上帝显明这事后,人就知道了这一点,在这个意义上事已经成了。如果他立即着手去做这事,也就是,如果他把赐给他的东西拿来作食物吃了,那么《圣经》在叙述时就应该使用它的惯用模式,先说"事就这样成了"——这话用来表明对一件工作的先在知识,然后描述工作本身,《圣经》就应该说:"他们就拿起这些东西吃了。"[1] 即使不再提到上帝,这样的描述也是符合《圣经》惯例的。比如,在描述第三日的工作时,经上说:"天下的水要聚在一处,使旱地露出来,"然后说"事就这样成了";再往后《圣经》没有说"上帝就成就它",而是重复这样的话"水就聚在一处",等等。

第二十四章　谈到人时为何上帝没有单独说他看着是好的

关于人,为何没有像对其他造物那样单独说"上帝看着是好的"

36. 在谈到人的被创时,《圣经》没有像叙述其他事物的被造时那样,单独说"上帝看着这造物是好的"。当人被造出来,获得治理权和饮食权之后,它只是一般性地谈到整个创造,"上帝看着一切所造的都甚好"。为何这里没有专门针对人说呢?(按照《圣经》的叙述模式,)它应该先是单独对人的被造表示满意,就如前面对其他造物一一表示满意那样,最后再说,上帝看着他的所有造物,"都甚好"。

一种可能的解释是,第六日一切都完成了,因此有必要说到所有造

---

[1] 这里奥古斯丁的讨论依据前面提出的一个观点,即在叙述每个创造之工时分为四个步骤。见本书第66页注②。

物,"上帝看着一切所造的都甚好",而不是专门针对那一日他所造的造物。但是牲畜、野兽和昆虫同样属于第六日的造物,为何就专门针对它们说了这样的赞许之话?难道是因为它们既值得专门宣告是好的,也值得与其他造物一起得到一般性的赞赏,而按着上帝的形像造的人,却只配得到与其他造物共有的一般性赞赏?肯定不是!当然你可以这样解释,说那时人还未完全,因为他还未被安置在乐园。但是当他被安置在乐园之后,这里所忽略的赞赏可有补偿给他?

即使造物因犯罪而丧失美好,包括它们在内的整体仍然是美的

37. 那我们该说什么呢?或许可以这样解释,上帝知道人将会犯罪,不会保守上帝完全的形像,所以不想专门说到他是好的,只想将他与其他造物放在一起说好的,由此暗示将来要发生的事。因为当造物保守在被造状态,拥有所领受的完全时,不论它们自愿避开罪,还是不可能犯罪,就它们每一个来说都是好的,就它们全体来说则是"甚好"。加上"甚"这个字并非没有意义,因为全体合起来使整个有机体更加美不胜收。比如,眼睛是讨人喜欢、值得赞美的事物,但如果我们将它与身体分开来看,我们就不会说,它的美与当它作为身体的部分和其他肢体一起在整个身体上各司其职时的美可以相提并论。

然而,因犯罪而丧失自己独特之美的造物绝不会影响这样的事实:他们作为由上帝之神意统治的世界的组成部分,放在整个造物界里看仍然是好的。因此,人在堕落之前,即使与其他造物分开来看,也是好的,但《圣经》没有说这样的话,而是说了另外预示将来的话。它关于人所说的话并没有错。因为如果个体是好的,当他与整体结合在一起时,必是更好的。但是不能倒过来推论说,当他与整体结合时是好的,个体就必然是好的。《圣经》说话稳妥,说的是当时确定的事,但暗示了上帝的预知。因为上帝是全善的造主,同时又是犯罪之造物完全公义的统治者。因此，不论这造物何时因罪丧失其个体的美好，包括他们在内的整个造物界仍然始终是美好的。接下来我们要开始下一卷的讨论。

| 第 四 卷 |

对创世之日以及上帝安息的思考

第一章 我们是把"日"理解为时间还是其他含义；必须思考数字六

如何理解六日

1. "天地万物都造齐了。到第六日，上帝造物的工已经完毕，就在第七日歇了他一切的工，安息了。上帝赐福给第七日，定为圣日，因为这日上帝歇了他一切创造的工，就安息了。"①

靠我们人的理解力要参透圣作者关于这六日问题的含义，实在是艰苦而困难的事。这六日再加上第七日是否全都是过去的时间，现在当我们回顾这些过去的时间，就是在回忆某种只存在于名义上而不是现实中的事物？因为在整个时间流逝过程中，有许多日子过来，有许多日子过去，但没有哪个日子会与过去某个日子是同一个日子。

那么这六日是否就在时间中过去了呢？或者那些日子始终真实地

---

① 《创世记》二章1-3节。

与我们同在，就如我们的日子，同样的名称，同样的数目，在时间进程中每日行进？换言之，我们在理解"日（昼）"这个字——不仅包括创造天体之前的三日，也包含其余三日——时，是否应该认为它是指一切被造物的形式，而夜则指这种形式的缺乏或消失？不论你喜欢用什么词来描述这种形式的丧失，它的意思是说，某种变化把一物从形式变为无形式。就每个造物来说，这种变化或者是一种可能，没有真实地发生，就如高天上的造物；或者是一种事实，在低级造物中产生短暂秩序之美，这是由可变本性中生灭循环产生的，就如我们在一切属地的可朽事物身上看到的。这样说来，"晚上"在这个意义上可能就是每个造物完全性的一种界限，"早晨"应该就是造物开始的原初状态，因为每种被造本性都被限制在各自固有的从开端到结局的界限之内。①

然而，对于这些问题，我们很难找到最终的答案。另外，不论我们是接受这种解释，还是那种解释，或者还可以找到第三种、第四种方案——在我们的讨论过程中可能会出现——来解释那些"日"里的晚上和早晨，我们若是在数字本身的内在本性中思考六这个数字的完全性，也并不是不着边际的事。因为正是在用心灵思考这些数字的过程中，我们甚至把那些我们通过身体感官感知到的对象也用数字来计算和排列。

---

① 奥古斯丁先是思考可以把"日"理解为通过天地运动标出的时间段，然后在这段话里指出，也可以把它理解为意指形而上的造物结构。在这个观点中，日（dies）＝被造物的形式（species），夜（nox）＝缺乏或缺失（privatio vel defectus），晚上（vespera）＝被造物之完全的某种界限（terminus），早晨（mane）＝被造物的开端（exordium）。这种解释在上面的 1.17.35 和 2.14.28 就有提到，奥古斯丁还在 *De Gen. c. Man.* 1.14.20（ML 34.183）中提到这种观点，但最后他在后面 4.26.43 中拒斥了它。

第二章 创世六日对应六这个完数的各整除数的顺序

关于六这个完数

2. 我们发现了六是第一个完数，因为它是它各部分的总和。① 当然，还有其他数基于其他理由、出于其他原因也是完全的。我们把六称为完数，是基于这样的一点，即它是自己各个部分相加之和；也就是说，这些部分相加之和就是这个数本身。

一个数的这种部分被称为整除数。当然，六的二分之一即三，不只是六的一个部分，也是所有比它大的数的部分，比如，三是四和五的较大部分，因为四可以分为三和一，五可分为三和二。三也是七、八、九和所有后面的数的部分，但不是较大的部分，也不是半数，而是较小的部分。七可分为三和四，八分为三和五，九分为三和六。但三不能被称为这些数的整除数，除了九之外，三是九的三分之一，正如它是六的二分之一。因此，在我所提到的所有这些数中，除了六和九，其他数都不是三的倍数，唯有六是三的两倍，九是三的三倍。

---

① 这里的"部分"奥古斯丁是指整除部分。完数就是等于该数的各个整除数之和的数。第一个完数是 6（等于 1+2+3 之和）；第二个完数是 28（等于 1、2、4、7 以及 14 相加之和）。第三个是 496，第四个是 8128。在 1968 年时，已知的完数有 23 个，其中三个是在 1963 年发现的，见 Ralph G. Archibald, *An Introduction to the Theory of Numbers* (Columbus, Ohio 1970) 85, p. 256 n. 11。奥古斯丁对这个数论的兴趣可能是由 Nicomachus of Gerasa 的 *Introductio arithmetica*（《算术导论》）引发的，该书由 Apuleius 译为拉丁文。见 Thomas Heath, *A History of Greek Mathematics* (Oxford 1921) 1. p. 97。奥古斯丁认为上帝在六这个完数的日子里完成创造之工，具有重大意义。这个观念亦见 *De Trin.* 4.4.7（CCL 50. 169；ML 42. 892）；*De civ. Dei* 11. 30。参见 Philo, *De opificio mundi* 3（LCL 1. 12 – 13 Colson – Whitaker）。

数字六是第一个完数

3. 因此，如我一开始指出的，六这个数由它的各部分相加之和构成。其他有些数各部分相加之和小于这个数，也有一些各部分相加之和大于这个数。我们若顺着数往上看，就会发现那些完数——即各部分相加之和既不大于也不小于、恰恰等于这个数本身的那些数——按一定的间距出现，但越往上这个间距越大。

第一个完数就是六。没有部分的数是一。因为在用来计算的数中，一被认为既没有一半，也没有部分，而是真正的、纯粹的、绝对的一。二有一个部分，数字一，即一半，但没有其他部分。三有两个部分，数字一是它的整除数，因为一是三的三分之一；另一个较大部分二不是它的整除数。因此，三的各部分不属于我们所讨论的整除数。四有两个整除数，数字一是四的四分之一，二是四的一半。但一和二两个数加起来是三，不是四。因此四不是各整除数相加之和，它们加起来的和小于它本身。五只有一个整除数，即一，它是五的五分之一；因为二，构成五的较小数，与三，即构成五的较大数，都不能称为整除数。

而六有三个整除数，它们分别是它的六分之一、三分之一、二分之一，即一、二、三。这三个数相加总和为六。

奥古斯丁考察其他数

4. 七只有一个整除数，即它的七分之一或一。八有三个，它的八分之一，四分之一，二分之一，即一、二和四；但这些数加起来只有七，不到八。九有两个，九的九分之一，即一、九的三分之一，即三，两数加起来是四，远不够九。十有三个整除数，一（十分之一）、二（五分之一）和五（二分之一），各数加起来的总和是八，不是十。十一只有一个,即它的十一分之一,正如七只有七的七分之一,五只有五的五分之一,三只有三的三分之一,二只有二的二分之一。在这些例子中,整除数是一。十二的各个整除数加起来不等于十二,而是大于十二的数,即十六。

完数、亏数和盈数

5. 简单地说,如果我们无限地追溯数字序列,就会发现,许多数字除了一之外没有其他的整除数,就如三、五等等一样;许多数尽管有这样的整除数,但各个整除数相加之和小于数本身,比如八和九,等等;还有许多数整除数相加之和大于数本身,比如十二和十八,等等。这三类数出现的频率多于那些被称为完数的数,也就是一个数等于它的各整除数之和。

六之后的下一个完数是二十八,它有五个部分:它的二十八分之一,十四分之一,七分之一,四分之一,二分之一,即一、二、四、七和十四,这些数相加刚好等于二十八。再往前穿过数字长河,我们看到完数与完数——也就是各部分之和相加等于数本身的那些数——之间的距离越来越大。而各部分之和不等于(小于)数本身的数称为"亏数"(imperfecti),各部分之和超过数本身的,则称为"过剩数"或"盈数"(plus quam perfecti)。

创造的秩序对应数的顺序

6. 因此,上帝在六日这样一个完数内完成了创世之工。如经上所记载的:"到第六日,上帝造物的工已经完毕。"当我思考创造之工的顺序时,更是对这个数字充满了兴趣。[①] 因为创世之工的顺序

---

① 奥古斯丁这里指出,6 的各个整除数(1,2,3)与创造顺序之间有一种对应关系:一日创造光,二日创造宇宙的上下区域,三日创造在这两个区域里活动的可见存在物。

就像六这个数字本身，分三步从它的各部分中产生，一、二、三依次推进，不可能有任何别的数插入，而这三个数就是构成六的部分：一就是它的六分之一，二是它的三分之一，三是它的二分之一。

因此，第一日造出光，随后两日造出这个宇宙：一日用来造上面部分即天空，另一日用来造下面部分，即海和地。上帝没有把任何物质造物分布在上面部分作为营养，因为他不打算在那里放置任何需要食物的造物。但在下面区域，他要装点有生命的造物，各按其位，所以他首先慷慨地赐给它们生计所需的各种事物。在剩下的三日里，他创造那些可见并且按自己的方式活动的事物，它们分布在这个宇宙即由各种元素构成的可见世界里。他先是在天上放置了天体，因为天是最先创造的；然后在低级区域造了生命物，如秩序本身所要求的，一日造水里的生物，再一日造地上的活物。没有人会愚蠢到竟敢说，上帝即使愿意也不可能在一日内创造一切；或者在两日内创造：一日创造属灵世界，一日创造物质世界；或者一日创造诸天及天体，一日创造地及地上的一切。没有人会否认，他可以在任何他愿意的时候创造一切，他愿意用多长时间就用多长时间，愿意怎样创造就怎样创造。谁会说有什么东西能阻挡上帝的意愿呢？

第三章　上帝在什么意义上是一切造物的尺度、数目和重量

关于智 11.21 的经文"你在尺度、数目和重量里安排万物"

7. 当我们读到经上说，上帝在六日内完成了他的整个创造之工，当我们反思六这个数，发现它是一个完数，当我们认识到创造之工是根据某个模本一步一步展开的，可以说与六的各个整除数相

对应,① 此时我们应当回想起《圣经》另外地方所说的话:"你在尺度、数目和重量里安排万物。"② 有能力思考这个问题的灵魂,求告上帝的帮助吧,那是它的力量和灵感之源,让它思考这三者——尺度(mensura)、数目(numerus)和重量(pondus),按照《圣经》,上帝在这三者里安排万物——是在创造一切造物之前就存在于某处,还是同样是被造的;如果它们存在于创世之前,那我们就要问它们存在于何处。

创世之前,除了造物,无物存在。因此,这三者是原本存在于造主里面吗?那么如何存在呢?《圣经》告诉我们,创造的所有工都在他里面。③ 我们是否可以在某种程度上将尺度、数目和重量等同于上帝,说创造之工就在他里面,他统治它们、管理它们?但是上帝如何能等同于尺度、数目和重量呢?他既不是尺度,也不是数目,不是重量,不是所有三者。他肯定不等同于这三种事物,因为我们知道它们存在于造物之中,尺度在我们度量的事物里,数目在我们计算的事物里,重量在我们称量的事物里。但是因为尺度把某种界限赋予一切事物,数目给予万物形式,重量把每个事物引向一种安静、稳定的状态,所以在根本的、真正的、独特的意义上,上帝等同于这三者。因此,就人的心灵能够理解,他的口舌能够描述这个问题来说,我们必须明白,"你在尺度、数目和重量里安排万物"这话的意思不是别的,就是"你在自身里安排

---

① 见第 124 页注释①。
② 《所罗门智训》十一章 21 节。
③ 奥古斯丁似乎是想到了《罗马书》十一章 36 节:"因为万有都是本于他,依靠他,在于(归于)他。"这里"在于他"的译本不准确,希腊文本里译为"归于他",但奥古斯丁一直坚持译为"在于他"。见下面 8.25;*De Trin.* 1.6.12(CCL 50.4;ML 42.827;*De fide et symbolo* 9.19(CSEL 41.25 Zycha;ML 40.192)。

万物。"①

8. 有一种神奇的恩赐是给予极少数人的，那就是超越一切能被度量的事物，看见那没有尺度的尺度；超越一切能被数算的事物，看见那没有数目的数目；超越一切能被称量的事物，看见那没有重量的重量。

第四章　理智领域的尺度、数目和重量

尺度、数目和重量不仅存在于可见事物中，也存在于灵魂的情感和理智的活动中；没有数目的数目

我们不能认为，尺度、数目和重量只可见于石头、木头以及诸如此类有体积和大小的物体中，不论属地的，还是属天的。一种活动也有尺度，防止它无休无止或者越超界限；灵魂的情感和德性也有数目，使灵魂摆脱

---

① 奥古斯丁在《所罗门智训》十一章 21 节"你在尺度、数目和重量里安排万物"里看出一种深奥的哲学和神学含义，他在第三章至第六章提出这种含义，并且在本书以及其他作品里时常提到这种含义。一切造物，包括属灵和物质的，都有尺度、数目和重量 (4.4.8 – 10)。每个造物都有自身本性上的界限（尺度），因为作为一个造物，它区别于它的造主，区别就在于它不是完善、必然的存在，而是偶然的、有限的存在。其次，每个造物都有具体的形式或者完全（数目），这是模仿上帝之道里的永恒形式或完全，它就是藉着这道而被造的。最后，每个造物的完全（藉着它的重量）确立在一种稳定状态之中，或者依靠于上帝，上帝就把自己所造的一切引回到自身（下面 4.18.34）。这三者甚至在上帝创造之前就存在于他里面，因为"他限定一切，形成一切，安排一切"(4.3.7)。而造物中的这三者是三位一体之完全的一个形像。见《三位一体》 (*De Trin*) 6.10.12 (CCL 50.242 – 243；ML 42.932)。关于早期对《所罗门智训》十一章 21 节的引用，见 *De Gen. c. Man.* 1.16.26 (ML 34.185 – 186)。关于"重量"是理性造物里的爱，见《忏悔录》13.9.10。在《论善的本性》(*De natura boni*) 3 (CSEL 25.856 – 857 Zycha；ML 42.553) 以及其他地方以更加哲学化的术语"尺度、形式和秩序"提出了同样的三位一体观。这里奥古斯丁有可能受到新柏拉图主义的影响。见普罗提诺《九章集》5.1.7 (2.278, 23 – 26 Henry – Schwyzer) 关于"界限""形式"和"安息"的观点。关于奥古斯丁早期作品中这个主题的详尽研究，见 Olivier du Roy, *L'Intelligence de la foi en la Trinite selon saint Augustin: Genese de sa theologie trinitaire jusqu'en 391* (Paris 1966), pp. 279 – 281 以及各处。

愚昧的混乱状态，转向智慧的形式和优美；① 意志和爱也有重量，显示出所追求之物和所躲避之物、所敬重之物和所鄙弃之物的价值和份量。

但这些都存在于灵性或理智世界里，并且这个尺度受另一个尺度限制，这个数目由另一个数目形成，这个重量被另一个重量牵引。所以存在一个没有尺度的尺度，从它而出的事物与它同等，但它本身并不从任何事物而出；存在一个没有数目的数目，藉着它万物得以形成，但它本身不接受任何形式；也存在一个没有重量的重量，那些被它牵引的事物在它那里找到安息，那是纯洁无污的喜乐，但它本身不受任何事物牵引。

如何理解"尺度"等术语

9. 人若只是在物质意义上理解"尺度、数目、重量"这些术语的含义，那可以说他被束缚在有限的知识内。他应当奋起超越他以这种方式知道的一切；如果他觉得自己做不到这一点，那也让他不要纠缠于这些词语，因为他只能从中得到某种属地的含义。你会发现，一个人越是强烈地被属灵的事物吸引，就越不易被低级属土的事物迷惑。但是如果有人在使用这些他从与最低级最卑微的事物的联系中得知的术语时，不愿意把它们转向那些高级事物，不愿意去沉思它们，使他的理智充满光，那我们也不必强迫他去这样做。只要他明白应当明白的事，不必过分关注名称是什么。但是他必须知道低级领域是对高级领域的某种模仿，否则，理性在努力从这个世界上升到另一世界时就无法朝向正确的方向。

解释智 11.21

10. 如果有人说，尺度、数目和重量——如《圣经》证明的，上帝在它们里面创造一切——是被造的事物，并且如果上帝在它们里面安排

---

① 数目在某种程度上等同于形式，这是普罗提诺的观念，根本上说则是毕达哥拉斯的观念。见 David Ross, *Plato's Theory of Numbers* (Oxford 1951), pp. 216–220.

一切，那他又在什么里面安排这三者本身呢？如果他在另外事物里面安排这三者，那他怎么会在这三者里面安排一切，而不是在那另外的事物里安排？所以毫无疑问，用来安排一切事物的那些事物在被安排的事物之外。

第五章　上帝里面存在一切被造物的尺度、数目、重量的原因或形式

据以安排一切的尺度、数目和重量的原因在上帝自身里

11. 或者我们是否可以说，"你在尺度、数目和重量里安排万物"的意思是指，"你安排万物，使它们都有尺度、数目和重量"？因为如果有话说"你在颜色里安排一切属体事物"，我们不能由此推断，圣智慧——万物都是藉着他造的——必须先在自身中拥有颜色，然后才能按照颜色造出属体事物。① 我们对"你在颜色里安排一切属体事物"这句话的理解是："你安排一切属体事物，使它们拥有颜色。"当然，要理解造主上帝安排一切事物，使它们各有颜色，或者说使它们被造时各自的颜色，就必须明白，造主的智慧里存在颜色的某种形式，可以植入各种不同的属体事物中，即使造主里面的那个形式并不称为颜色。当我说只要"事物"被认可，我们不必纠缠于"词语或名称"时，我所指的就是这个意思。

---

① 要理解这一章的论证，我们需要记得两点。首先，柏拉图描述的独立存在的理念或者形式——普罗提诺将它们置于努斯（Nous）——在奥古斯丁的理论中等同于圣"三位一体"的第二位格即永恒的智慧。因此，创造每个事物所依据的范式存在于上帝的永恒智慧里。其次，奥古斯丁努力解释的经文在拉丁文本中可能存在某种含糊性。当经上说上帝"in mensura et numero et pondere"（在尺度、数目和重量里）创造一切事物时，它可能只是意指上帝赋予造物这些属性。但由于 in 所跟的夺格也可以指"通过"或者"依据"的意思，所以经文可以理解为上帝通过（或依照）他永恒智慧里的范式的尺度、数目和重量创造万物。

对智 11.12 的一种推测性解释

12. 就算我们认为，"你在尺度、数目和重量里安排万物"这话的意思是指，上帝这样安排万物，使它们拥有各自独特的尺度、数目和重量，能够按照神圣法令在各自物种的范围内变化，或增或减、或盈或缺、或轻或重，我们难道就可以说，上帝安排万物的神圣计划里有一种变化，与这些造物的变化相对应？上帝绝不允许我们有这样愚蠢的想法！

第六章　上帝在自身里知道尺度、数目和重量

既然上帝这样安排造物，使它们都拥有自己的尺度、数目和重量，那当上帝安排这些造物时他在哪里看到这三者？它们不在上帝自身之外，上帝看见它们当然不同于我们的眼睛看见属体事物；事实上，当上帝安排属体事物形成时它们尚未存在。那么上帝在自身里看见它们，但又不同于我们在自身里看见事物；当我们在心里看见不在眼前的属体事物时，我们是通过回想曾经见过的事物，或者通过幻想拼凑出所见事物的影像。那么上帝是怎样看见这些事物，从而这样安排造物界的？难道不是用唯有他能用的方式吗？

13. 而我们是凡胎，是罪人，我们可朽的身体是压在灵魂上的重负，这属地的居所压迫着勤于沉思的理智。[①] 即使我们的心灵完全未受玷污，我们的理智摆脱一切重负；即使我们已经等同于圣天使，我们也肯定不能像上帝自身那样完整地知道他的神圣本质（divina substantia）。

---

① 参见《所罗门智训》九章 15 节。

第七章　即使上帝没有按照六的各部分顺序创造宇宙，六也是一个完数

我们如何知道六这个数的完全性

然而，对于六这个数的完全性，我们不是如我们眼睛看见属体事物那样，在我们之外看见它；也不是像我们看见物体的幻像和可见事物的形像那样在我们自身里面看见它，而是以与此完全不同的方式看见。情形可能是这样，当我们思考六这个数的构成，或者这个数与其他数的关系，或者它的各个整除数时，一些小型物体的形像在我们心灵的凝视中呈现出来；但理性因拥有更高的本性，更大的能力，并不关注这些形像，而是在自身里沉思这个数的本性。通过这种深思，它可以充满信心地说，一这个数不能分为任何部分；凡属体事物都无限可分；天地是按照数字六创造的，所以它容易流逝，如果数字六不是由它的各个部分构成，① 那天地就不会那么容易流逝。所以人的灵魂应当时时感恩于造主，他创造人时赋予人这种能力，让他可以看见这一点，而飞鸟和野兽不能看见，虽然它们也能看见天空大地，看见天体、海洋、旱地以及地上的一切。

上帝用六日完成他的工，因为数字六是完全的

14. 因此我们不能说，六这个数之所以是完全的恰恰因为上帝用六日完成了他的所有工，相反，我们应当说，上帝之所以用六天时间完成他的工恰恰因为六这个数是个完数。因此即使这些工都不存在，这个数仍然是完全的；如果它不是完全的，这些工就不会按照这个数

---

① 即它的各整除数。见前面第二章和第 122 页注释①。

来完成。

第八章　上帝不是因为累了才安息

如何理解上帝在第七日安息了

15. 现在我们来看经文，它说，上帝在第七日歇了他一切的工，他赐福给这一日，定为圣日，因为在这日他安息了。为了在上帝的帮助下尽我们所能用理智把握这个真理，我们必须首先从我们的思想中剔除人可能有的一切拟人观念。如果我们说或者认为，当上帝创造《圣经》所说的那些造物——他一说话，事物就造成了——之后，因工作而劳累了，这是否合理？即使是一个人，他若只是说说话物体就造成了，他绝不会感到劳苦。当然，人是通过发出声音说话的，如果他说话时间太长，也是会累的。但《圣经》记载，上帝说的话很少，"要有光"，"要有天"，一直到第六日他完成所造的工，都是这样。因此，认为说这样的话会让人感到劳累是荒唐可笑的，更何况是上帝。

寓意解释

16. 那么是否可以说，上帝劳累不是因为他发布命令、被造之工旋即完成，而是因为他反复思考应该创造何物所致？如此就可以说，创造宇宙之工完成后，他就卸下了这份担子，得以安息，然后决定祝福这个他歇下繁重的智力活动的第一日，并称之为圣日。然而，这样的想法仍然愚蠢至极，因为上帝有能力创造，也有能力轻松地创造，这种能力是我们无法了解，也难以描述的。

第九章　上帝安息是指他让他所造的理智存在者安息在他自身里面

说上帝安息是何种表达方式，认为他因劳累而安息是不敬的

这样说来，是否只能有这样一种解释，那就是上帝让他所造的理性存在者，包括人在内，安息在他自身里面，也就是说，创造它们之后，他藉着圣灵赐给这样的安息，也藉着圣灵把爱浇灌在我们心里，[①] 好叫我们欲求上帝，渴念上帝，从而被引向上帝，在他里面找到安息，再别无所求。因为就如我们可以合理地说，无论我们做什么，都是上帝做的，他运行在我们里面，同样我们也可以正确地说，当我们藉着上帝的恩赐安息时，就是上帝安息。

17. 我们接受这种解释是对的，因为它是真实的；[②] 我们可以毫不费力地明白，为何当上帝使我们安息时可以说就是上帝安息，正如当上帝让我们知道时可以说是上帝知道。因为上帝并非原本不知道然后在时间中渐渐知道；尽管他曾对亚伯拉罕说："现在我知道你是敬畏上帝的了"，[③] 对此，我们只能理解为"现在我让人知道……"我们用这样的表达方式描述上帝，似乎在他身上发生了这样的事，其实并没有在他身上发生，只是我们由此知道是他让这样的事发生在我们眼前。当然，这样的描述我们只能用在可赞美的事上，并且我们的这种表述方式只限于《圣经》许可的范围之内。因为在谈论上帝时，我们不能胡乱使用《圣

[①] 参见《罗马书》五章5节。
[②] 奥古斯丁还在《上帝之城》11.8中提出这种解释。但这里，在《〈创世记〉字疏》里，它只是作为对经文的一种寓意解释提出来的。接下来（第十章和十六章）奥古斯丁进一步探讨字面意义。
[③] 《创世记》二十章12节。

经》里找不到的表述。

《圣经》里其他使用同样表达方式的话

18. 我想圣保罗就使用了这种表达方式，他说："不要叫上帝的圣灵担忧；你们原是受了他的印记，等候得赎的日子来到。"① 因为圣灵就其自身的神圣本质来说，不可能真的会担忧，他拥有永恒而不变的福祉，或者毋宁说，他就是永恒而不变的福祉本身。但是他住在那些被称义的人里面，用爱充满他们。由于圣灵的这种居住，人在此生就必然会有喜怒哀乐，为诚信者在善工上的进步而喜乐，也为他们的过失和罪孽忧愁，他们的信心和虔敬原是喜乐之源。这种担忧是值得赞美的，因为它源于圣灵所浇灌的那种爱。因此就说圣灵本身为那些如此行事的人担忧，意思是说圣人——因为他们拥有圣灵——为他们的行为担忧。因着圣灵的这种恩赐，人才善良如斯，乃至为恶人而忧愁，尤其是那些他们知道或相信原本是良善的人。这种忧愁不仅不是可指责的，甚至值得最热烈的掌声和赞美。

解释使徒的这种表达方式

19. 圣保罗再次引人注目地用到这种说话方式，他说："现在你们既然认识上帝，更可说是被上帝所认识的。"② 要知道，上帝并非到那个时候才认识这些加拉太人，事实上，在创世以前他们就预先被上帝知道。③ 但是因为他们到那个时候因着上帝给他们的恩赐而认识了上帝，而不是因他们自己的功德或者凭他们自己的能力认识上帝，所以圣保罗选择用形象的方式，当上帝让他们认识他自己时，说他们被上帝所认识；他更愿纠正自己的说法——似乎他前半句虽然说得没错，但不够恰

---

① 《以弗所书》四章 30 节。
② 《加拉太书》四章 9 节。
③ 《彼得前书》一章 20 节。

当——而不愿人把上帝赐予的能力归功于人自己。

第十章　在什么意义上说上帝安息？

探讨上帝是否真的会安息

20. 因此，上帝歇了他所造的一切甚好的工安息了，就是指当我们成就了善工时，他把安息赐给我们。有些人理解到这一步就心满意足了。但是既然已经提出关于这节经文的含义问题，我觉得有必要追问，上帝自身究竟是否有可能安息，尽管很清楚，在向我们显明他自身的安息这一点时，他告诫我们要盼望在他里面找到我们的安息。

正如经上记载上帝造了天地以及天地间的一切，他在第六日完成了一切的工，对此我们不能说，我们凭藉他所赐的某种创造能力，造出了这些工中的某些事物；《圣经》宣称"到第六日，上帝造物的工已经完毕"，意思是说，他赐予我们能力去完成这些工。同样，"就在第七日歇了他一切的工，安息了"这话也不应理解为我们的安息——尽管藉着他的恩赐我们必将获得安息——首先应该是指他的安息，也就是他所造的工完毕之后，到了第七日他安息了。因此我们必须首先如《圣经》所报告的那样指出事实，然后，如果有必要，表明它们可能包含哪种比喻含义。当然，我们完成善工之后必将安息，就如上帝完成他的工之后安息一样，这话一点没错。但是恰恰出于这个原因，在讨论了上帝的创造之工——它们是上帝的工，这显而易见——之后，现在应当要求我们开始考察上帝的安息，这显然也是他自己的安息。

第十一章　安息日的安息，我们将来在上帝里面的安息，以及基督在坟墓里的安息

探讨"上帝在第七日安息"与"上帝做事直到如今"两者之间是否以及如何一致

21. 因此我们有充分的理由探讨并解释——如果可能——两处经文是否一致，它们的真理性何在的问题：一处是这里的经文，即《圣经》所说的"在第七日上帝歇了他一切的工安息了"，还有一处是"福音书"的经文，即道——万物都是藉着他造的——所说的"我父做事直到如今，我也做事"①。这话是我们的主向那些指责他没有守安息日的人说的，所谓安息日，就是老祖宗根据这段经文为纪念上帝的安息而规定遵守的节日。

我们有可靠的依据提出这样的观点：要求犹太人遵守安息日是为了预示将来要发生的事，这安息象征属灵的安息，上帝通过这个神秘的记号，以自己的安息为典范，把它应许给行善工的信徒。我们的主耶稣基督本人——他受苦完全出于自己的意愿——也通过他自己的埋葬确证了这个安息的奥秘。因为他在坟墓里安息的日子正是安息日，他在第六日或者预备日（parasceve），也就是所谓的星期五（sextam sabbati）②，完成了他一切的工，在十字架上成全了经上关于他所写的事，就在一种神圣休闲中度过这一整天。他就用了"成了"这个词，"说：'成了！'便低下头，将灵魂交付上帝了。"③因此，如果说上帝在某一日歇了他所有的工安息，是希望以这种方

---

① 《约翰福音》五章17节。
② Sexta sabbati 即星期五。见德尔图良 *De ieiunio* 10.5（CCL 2. 1268；ML 2. 1017A）。
③ 《约翰福音》十九章30节。

式预示基督要在坟墓里安息的日子,那又有什么可奇怪的呢?尽管那之后他又开始做事,依次展开世代。因此,"福音书"的经文说得没错,"我父做事直到如今"。

第十二章　上帝"安息"是指不再创造任何新的事物,但仍然在管理造物界的意义上"做事"

另一条理由也表明《圣经》里关于上帝安息和关于上帝持续做事的经文一致

22. 也可以说,上帝歇了创造的工,因为他不再创造任何新的造物,但他直到现在乃至以后都在工作,就是管理当时他所造的物种。即使在第七日,他的权能仍然没有停止管理天地以及他所造的一切,否则它们就会顷刻毁灭。因为造主统治并包含一切,他的权柄和能力使每一个造物存留;如果这种权柄停止管理造物,它们的本质就会消逝,整个本性就会毁灭。建筑师造好房子后可以离开,就算他本人不在那里,他的作品仍在那里。但如果上帝撤回他的治理权柄,那整个宇宙就会瞬间消失。

继续前一话题

23. 因此我们主的话"我的父做事直到如今"表明,上帝在持续工作,从而维持并管理整个造物界。如果基督只是说"他如今做事",那可能是另外一个含义。如果是那样,就不必认为这是强调他的工作具有持续性。但基督说的是"直到如今",对于这个词必须赋予不同的含义,因为它表明上帝自从他创造万物的那一刻起一直在工作。

《圣经》说到神圣智慧时说:"她的大能渗透到每个角落,她将一切管理得井井有条"①,又说:她的动作比任何活动更快更敏捷。② 如果我们认真思考这个问题,很清楚,当智慧将被造的事物管理得井井有条时,就赐予它们一种运动,是我们无法理解、难以描述的,我们可以称之为恒定运动(stabilem motum)——如果可以设想这样的事物。一旦这种活动被撤销,智慧停止这样的工作,那所有造物就会顷刻毁灭。

圣保罗在向雅典人传讲上帝时说:"我们生活、动作、存留,都在乎他。"③ 如果我们尽人的智力所能努力参透这话的含义,我们就会发现,它有助于我们相信并论断这样的观点,即上帝不停地在他所造的造物中作工。诚然,我们不是作为他的本体在他里面存在,不同于经上所说的"他在自己有生命"④。但尽管我们不同于他本身,我们在他里面不是因为别的,恰恰是他通过自己的工作成就的,通过这工作他维持万物,通过这工作他智慧的"大能渗透到世界每个角落,她将一切管理得井井有条"。正是藉着这种神圣管理,才使得我们生活、动作、存留都在乎他。

由此可以推出,如果他停止在造物界作工,我们就会停止生活、动作和存留。所以显然,上帝一天也不曾停止管理他的造物界的工,免得它们瞬间失去自然运动,它们的活动和生命进程就会不再。因此他使它们各自拥有自己的本性,每一个保留在自己的状态中,各从其类。否则,如果神圣智慧那将一切管理得井井有条的活动离开造物界,整个造物界就会不再存在。因此我们明白,上帝歇了他一切的工安息的意思是

---

① 《所罗门智训》八章 1 节。
② 《所罗门智训》七章 24 节。根据原希腊文,该经文译为"智慧比一切活动更敏捷"。
③ 《使徒行传》十七章 28 节。
④ 《约翰福音》五章 26 节。

说，此后他不再创造任何新的本性，而不是说他停止维持并管理他原先所造的事物。因此上帝在第七日安息了说得没错，同样，他做事直到如今也是对的。

第十三章　信徒如何在新的恩典中遵守永久的安息

关于守安息日，关于基督徒的安息日

24. 我们已经看见上帝的善工；而他的安息，我们将在完成我们的善工之后看见。为了表示这种安息的重要性，他盼咐希伯来人要守一个安息日。① 但是他们完全以属世的方式守这个日子，以至看到我们的主在那日为了我们的得救而工作时就指责他，而他非常恰当地回答他们，提醒他们知道他父的工作，他与他父在同等意义上工作，除了管理一切造物外，② 还谋求我们的得救。③ 如今，在上帝恩典得以显示的时代，通过某一日的休息来预表的安息已经废除，信徒不必再守。因为现如今在上帝的恩典中，信徒遵守的是一个永久的安息（perpetuum sabbatum），不论他做什么善工，都存着对将来安息的盼望，但他不以自己的这些善工自夸，似乎他拥有某种不曾领受的善好。因此，当他领受圣洗礼，就把它理解为安息日，即我们的主在坟墓里安息的日子，他就停止以前的作为，从而行在新的生命里，④ 认识到上帝在他里面作工。上帝确实始终在作工，同时也在安息；他按智慧管理他的造物界，同时在自身的永恒安息中。

---

① 《出埃及记》二十章 8 节。
② 《约翰福音》一章 2 – 18 节。
③ 采纳 P，R 以及 m，译为"我们的得救"。
④ 参见《罗马书》六章 4 节。

第十四章　经上说上帝把他安息的日子定为圣日，但没说他把前面六日定为圣日

上帝为何只把安息日定为圣日

25. 上帝既没有因创造之工而劳累，也没有因停止创造而恢复精力；当他向我们表明，他歇了一切工安息的那个日子，他已经定为圣日，他用这样灵启的话想敦促我们去渴求安息。在六日创世中，我们没有读到在哪一天他把某物定为圣的；六日之前，当经上写着"起初上帝创造天地"，①《圣经》也没有说他定之为圣。然而，他确实希望把他歇了所造的一切工安息的那个日子定为圣日，似乎是要表明即使在他，并不因作工而劳累的上帝，休息也比活动更加重要。福音书里教导我们这个真理同样适用于人，因为我们的救主说，马大尽管热心服侍他，忙碌于很多事，但拥有上好部分的不是她，而是马利亚，因为马利亚坐在他脚前，安息在他的道里，因而行了善工。②

这条原则如何适用于上帝，我们又该在什么意义上理解它，这是个很难回答的问题，即使经过苦苦思索，对于上帝为何把他的安息日定为圣日，而没有把他的任何工定为圣工，甚至没有把第六日，就是他造出人，完成所有工的日子，定为圣日——对于这个问题也只能领会一二。毕竟，哪个人的理智能敏锐到参透上帝的这种安息究竟是什么呢？然而，如果不曾有过这样的安息，《圣经》里就绝不可能记载。让我把自己的观点说得更清楚一点，有两点是确定无疑的：首先，上帝并没有像人那样，经过长时间为实现目标而艰苦努力之后，在安息的那段时间里

---

① 《创世记》第一章 1 节。
② 《路加福音》十章 38–42 节。

找到喜乐；其次，《圣经》的话具有至上权威，当它说上帝在第七日歇了他所造的一切工，并且因为他在这一日安息，就定它为圣日，这些话就不是徒劳或者虚假的。

第十五章　上帝始终安息在自身里，并不需要造物界

回答上面提出的问题

26. 毫无疑问，灵魂若是以自己的工作为乐，甚至在工作里安息，而不是停下那些工作在自身里找到安息，那就表明它的不足和软弱。因为灵魂里必定有某种东西使这些外物产生，它高于被产生的事物。因此当《圣经》说上帝歇了他所造的一切工时，是向我们表明他不以任何工作为乐，也由此表明他并非必须从事创造之工，并非不创造就会有所缺乏，或者造出造物之后会更加快乐。因为凡是从上帝来的，都完全依靠上帝，连同自身的存在也在于上帝，而上帝的快乐并不在于他所造的任何造物。他出于爱创造万物，但他超越于他所造的一切工，所以，他没有把他开始创造的日子定为圣日，也没有把他完成创造的日子定为圣日，免得有人以为他因创造或完成这些工而增加自己的喜乐。但是，他歇了一切工在自身里安息的那个日子，他定为圣日。

当然，上帝从来不缺乏这种安息，他只是借助这个第七日向我们表明这种安息。因此他同时也向我们表明，唯有完全的人才享有在他里面的安息，因为他只选择了完成整个创造之后的那个日子向我们显明这种安息。其实，上帝始终处于安宁状态，但就我们而言，当他向我们显明他安息的时候，他安息了。

第十六章　上帝不需要他所造的世界。我们的安息在于他

上帝不需要他所造的工

27. 还应当指出，上帝以在自身里的安息为乐，这安息必须向我们显明，好叫我们明白对于我们来说安息是什么意思。事实上，这个术语描述的只是这样一种状态，即上帝使我们分有他在自身里拥有的那种安息。因此，如果正确理解，上帝的安息就是他完全不需要他自身之外的任何一种善好（bona）。因此我们的永恒安息在于他，因为我们在上帝的善好（这种善好就是上帝本身）里获得幸福，而上帝并非在我们的善好上获得幸福。就我们自身来说，我们是源于上帝的一种善好，因为上帝创造的一切事物甚好，包括我们在内。除了上帝之外，没有任何一种善好不是上帝创造的，因此他不需要任何自身之外的好，因为不需要他所造的好。所以他歇了他所造的一切善工安息了。

如果上帝没有创造任何事物，他能恰当地感到不需要哪种善好吗？因为我们甚至可以这样说，他既然不需要任何自身之外的善好，也就不必通过歇了所造的工安息在自身里，根本不创造任何造物不就行了？但是如果他不能创造好的事物，那可能是他无能；如果他能创造但没有创造，那可能被嫉妒充满。[1] 而正因为他是全能、全善的，所以他创造的

---

[1] 这里提到的是拉克唐修《论上帝的忿怒》（De ira Dei）(ML 7.121A) 引用的伊壁鸠鲁的诘难。亦见普罗提诺《九章集》5.4.1："至全的首要之善如何可能留守在自身里？它是否会不愿意分享自己？或者它尽管是一切权能之源，却无力这样做？那它怎么还会是开端？它必然需要有某物从它产生。……"但是奥古斯丁这里坚持认为（就如他在其他地方一贯认为的那样，见 De Gen. c. Man. 1.2.4 [ML 34.175]），创世是上帝的一个随意行为。因此他不认同普罗提诺，后者认为流溢（emanation）是必然的。乍看一下，这段话令人迷惑，但奥古斯丁似乎只是陈述异教哲学家提出的诘难，并没有赞同他们的理论。见 Christopher J. O'Toole, The Philosophy of Creation in the Writings of St. Augustine (Washington, D. C. 1944), pp. 12–13；以及 Agaesse – Solignac 48.644.

一切都甚好；又因为他在自己的善好中全然喜乐，所以他歇了他所造的一切善工，安息在自身里面，很显然他从未离开过那种安息状态。经上若是说他歇了创造之工安息了（requievisse a faciendis），那意思不是别的，只是说他不再创造。然而，经上若不说他歇了一切创造之工安息了（requievisse a factis），那他不需要他所造的一切这一点就不会那么真切地为我们所了解。

因此上帝在第六日之后安息

28. 如果有人问，《圣经》为何要向我们呈现上帝的安息发生在第七日，那么他只要回想我们上面谈到[①]六这个完数，以及它在完成创世中的独特功用，就会明白。既然创世必须在六这个数里得到完成，就如事实发生的那样，并且上帝的安息必须向我们显现，以此来表明他的幸福并不在于他的造物——即使它们已经完全了——那么显然，在这个显明创世的故事里，第六日后面的这日必须被定为圣日，这样才可能激励我们去渴求这种安息，从而在他里面找到我们的安息。

第十七章　我们与上帝的相像就是我们在他里面的安息，不在于我们自己，不在于他的造物

我们在上帝里面的安息

29. 如果我们指望以这样的方式与上帝相像，即就如上帝歇了他的工在自身里安息，我们也歇了我们的工在自身里安息，那么我们与他的

---

① 见前面第四卷第 2 章。

相像（similitudo）不可能是圣洁的。无论如何，我们应当安息在一种不变的至善，也就是安息在那创造我们的上帝里面。这将是我们最崇高的安息状态，一种真正的圣洁状态，脱离了一切骄傲。正如他歇了他所有的工安息，因为他的善好不是他所造的工，而是他自身，这是他快乐的源泉；同样，我们也必须盼望能找到那唯一的在他里面的安息，歇下所有的工，不仅是我们的工，还是他的工；这就是我们完成了善工之后所要渴求的，这些善工虽然发生在我们身上，但我们知道①那是他的工。因此，当他在我们成就了善工并因他而称义之后赐给我们在他里面的安息时，他也完成了他的善工安息了。②

我们的存在已是他的一个大恩赐，但我们在他里面的安息必然要更大。他本身的快乐不在于他创造了造物，而在于这样的事实，即他不需要他所造的一切，安息在自身里面，而不是在造物里面。因此，他定为圣日的不是他作工的日子，而是他安息的日子；因为他表明他的幸福不在于创造世界，而在于不需要他所造的一切。

结论：上帝永远安息在自身里面，因为他的幸福在于他自身

30. 上帝歇了他所造的一切工安息了，还有比之更简单更容易的话吗？然而，还有比之更高深更难懂的话吗？若问上帝在哪里安息，既然他的幸福只在于他自己，他的安息除了在自身之内，还会在哪里呢？若问上帝何时安息，他难道不是永远安息吗？但是就《圣经》记载的他完成创世的那些日子来说，专门指定一日作为上帝的安息日，那么除了第七日，就是完成创世之后的日子，他还会在何时安息？他歇了一切创

---

① 参见奥古斯丁 *Enarr. in Ps.* 137.18（CCL 40.1989；ML 37.1783—1784）："看哪，我身上是你的工，而不是我的工；如果你看到的是我的工，你就咒诅；如果是你的工，就奖赏。我的善工，不论是什么，我都是从你拥有的，所以它们是你的工，而不是我的工。"

② 参见奥古斯丁 *Epist.* 55.10.19（CSEL 34.190, 15-18 *Goldbacher*；ML 33.213）："当我们行善工时，可以说他在我们里面作工，因为我们藉着他的恩赐完成善工。所以当我们安息时，也可以说他安息，因为我们藉着他的恩惠安息。"

造之工安息，因为他不需要所完成的任何造物来提升他的幸福。

第十八章　为何第七日有早晨但没有晚上

为何上帝的安息有早晨却没有晚上

31. 就上帝本身而言，他的安息没有早晨和晚上，因为它没有开端也没有终结。但就他所完成的工作而言，他的安息确实有一个早晨，但没有晚上。因为得以完全的造物有一个开端，即开始转向造主的安息，但这种安息没有终结，因为它的完全不像被造物那样有一定界限。因此，上帝的安息有开端不是为上帝自身，而是为使他的造物得完全，于是，他所成全的造物开始在他里面安息，在他就有早晨。就造物自身的本性而言，它是有限的，就如同有晚上，但在上帝，它可以没有晚上，因为没有任何事物比它在上帝里面安息的完全状态更完全的。①

晚上指一日的终结，早晨是第二日的开始，所以按照自然顺序，一日从光的出现开始

32. 在解释创世的日子时，我们认为晚上指一种被造本性的界限，第二日早晨指另一种将被造之本性的开端。② 所以，第五日的晚上就是

---

① 在奥古斯丁看来，每一个造物以及整个造物界之所以持续而稳定存在，根基在于上帝。这意味着它有一个固定的方向，就是朝向上帝；除了上帝里面的安息，没有哪种安息能给予它自己特有的稳定性。造物开始在上帝里面安息被称为第七日的早晨，但那日没有晚上，因为这种安息注定没有终结。理性造物（包括天使和人）之所以在上帝里面找到安息，原因在于他们通过转向造主并从而得到他的光照，被确立在各自特有的存在之序中（1.1.2, 1.3.7, 2.8.16 以及其他各处）。但是奥古斯丁进一步说，所有造物都要在上帝里找到安息。这话在什么意义上指人之外的有形造物？奥古斯丁这里没有提出这个问题，但显然他认为它们注定要在上帝里面找到安息，是因为它们到了世界的终了，出现新天新地的时候，它们拥有最终的稳定性和持久性（见 De civ. Dei 20.16）。
② 见 2.14.28 以及前面 4.1.1。

第五日创造之物的界限；那个晚上之后被造的早晨就是第六日要创造之物的开端。一旦造物被造出来，就有了晚上作为它的一种界限。然后，因为没有其他事物要造了，那个晚上之后造出早晨，不是为了开启另外造物的创造之工，而是开启整个造物在造主里面的安息。

天地以及它们所包含的一切，也就是整个属灵的和属体的造物界，不是留存于自身里面，而是在上帝里面，就是经上所说的："我们生活、动作、存留，都在乎他。"① 虽然每个部分可以存在于它所在的整体，但整体本身完全存在于创造它的主。因此我们可以合理地设想，在完工的第六日，晚上之后造出早晨不是要表明另一种造物的开端，如在其他日子那样，而是要表明那种安息状态的开端，整个造物界都存在并安息于创造它的上帝的安息里。这种安息在上帝里面没有开端，也没有终结；但在造物界有一个开端，却没有终结。因此第七日始于早晨，却没有晚上来终结它。

创世的日子如何区别于我们的七日

33. 如果在创世的六日里，晚上和早晨意指某段时间，就如现在我们的日子那样，那我认为完全可以说第七日终结于晚上的到来，它的夜结束于早晨的到来，于是同样可以说这一日"有晚上，有早晨，是第七日。"因为这不过是七日中的一日，这七日不断循环构成年月世代。按照这种设想，第七日晚上之后的早晨应该是第八日的开始，但没有必要提到这第八日，因为它标志着向第一日的回归，从这日又开始新的一周。

因此，更合理的解释可能是这样的：我们的七日虽然名称、数量都与创世七日相同，一日相继一日，对时间作出划分，但那最初的六日内在于被造事物的固有原则，以一种我们所不熟悉的、奇特的方式向我们

---

① 《使徒行传》十七章 28 节。

展现。因此那些日子的晚上和早晨，如同光与暗，也就是日与夜一样，并没有产生因太阳运动而引起的那些变化。我们必须承认最初三日确实是这样的，因为那三日记载、排列在创造天体之前。

如何理解上帝的安息和造物界的安息

34. 不论那些创世日子里的晚上和早晨是指什么，最不可能的一种设想是，第六日晚上之后的早晨是上帝安息的开始。我们再愚蠢、再鲁莽也不能认为，永恒不变的上帝会有这种时间性的善好。上帝的安息——他安息在自身里，以至善也就是他自身为乐——对他来说，没有开端也没有终结；但同样是上帝的安息，对造物界来说——当它得以完全之后——确实有一个开端。因为每个事物按其自身尺度获得完全，这种完全确立在一种安息状态中，也就是说，由于每个事物的自然倾向，它有一个确定的秩序或朝向（ordinem），因此它的完全不只是在于它作为其中一部分的宇宙世界，更重要的在于上帝，因为它的留存在于他，宇宙本身的存在也在于他。①

于是，整个造物界——在第六日完成——在自身本性中有一种特性，在秩序或朝向中有另一种特性，藉着这秩序它在上帝之中，不是如同上帝本身所是，而是这样的一种特性，除了在那自身之外无所欲求的上帝的安息里，没有任何一种安息能赋予它独有的稳定性。当它获得这种状态时，就处于安息了。所以上帝始终保守在自身之中，同时把他所造的任何事物引回到他自身；每个造物在自身中都有各自本性的界限，从而区别于上帝，但又在上帝里拥有安息之所（quietis locum），由此维护自己的本性和身份。我知道我不是在字面意义上使用"所"这个字，因为从字面上看，它指物体所占据的空间位置。但是物体不会一直停留

---

① 参见奥古斯丁《忏悔录》13.9.10："我的重量即是我的爱。"亦见奥古斯丁在 4.3.7 - 4.5.12 中关于"尺度、数目和重量"（mensura, numerus, pondus）的讨论，他在讨论中诠释《所罗门智训》十一章 21 节的经文。

在一个处所，除非它到达了某种意向——可以说因其重量而产生的欲求——所指引的地方，当它找到这个处所之后，就安息了。因此把这个字的含义从物质秩序转用于灵性秩序，并在这个意义上谈论处所，并没有什么不妥，尽管实在本身（res ipsa）完全不同。

为何第七日的早晨之后没有出现晚上

35. 因此，在我看来，第六日晚上后面的早晨意指造物界在造主里面拥有的安息之开端，因为它若还没有得以完成，就不可能在他里面安息。因此，当第六日完成了一切的工，晚上也有了，然后就有了早晨，整个已经完成的造物界就在早晨开始在创造它的造主里面安息。在这个开端，它发现上帝安息在自身之中，它也能够在他里面安息，它越想稳定而可靠地安息，就越需要上帝的安息，而上帝不需要它的安息。但是由于整个造物界，不论处于什么状态，尽管经历种种变化，永远不会终止存在，它必将永远保守在它的造主里面，所以那个早晨之后没有晚上。

36. 这就是为什么第七日——上帝歇了所有的工安息——有早晨，那是第六日晚上之后造出来的，但其本身没有晚上的原因。

第十九章　第七日有早晨没有晚上的另一个原因

为何第七日没有晚上：另一种解释

关于这个问题，即我们如何理解上帝在第七日的安息有早晨却没有晚上，或者有开端却没有终结，不只是对造物界，对他自身也如此，还有另一种解释，我认为更贴近字面意义，也更容易理解，尽管解释起来似乎更难一点。因为如果经上只是说上帝在第七日安息了，没有另外半句"歇了他一切的工"，那么去寻找这种安息的开端就会很无聊。上帝并没有开始安息，他的安息是永恒，既没有开端也没有终结。但是既然他歇了所造的一切工安息了，完全不需要它们，那么显然，上帝的安息既没有开始，也没有终结。① 然而，（从另一方面说，）他歇了所造的一切工，安息了，这安息始于他完成一切工之时。② 因为在他所造的工存在之前，他不会因为需要它们而没有安息，事实上甚至在他完成所有工之后，他也并不需要它们。因为他从来不曾需要它们，也因为他的幸福不在于它们，这种幸福不会由于某种发展而进入完全状态，所以第七天没有晚上。

第二十章　上帝创造的只是一日，这一日重现七次

探讨第七日是否被造的问题

37. 但是还有一个严肃的话题值得我们思考。当《圣经》说"上帝在第七日……安息了"，我们为何理解为他歇了一切的工安息在自身里面？因为它没有说"在他自身里"，只说"在第七日"。③

那么第七日是什么？它是一个被造物，或者仅仅是一段时间？即便是一段时间，也是与时间之内的造物一起被造的。所以毫无疑问它是被造的。事实上，没有也不可能有并且永远不会有任何一个时间段不是上帝创造的。因此，如果这第七日是一段时间，除了那创造一切时间的造主外，还有谁能创造它？至于创世的六日，我们已经讨论的经文告诉我们它们与哪些造物一起或者在哪些造物里被创造。

就我们所熟悉的一周七日来说，它们真实地过去了，但可以说，它

---

① 当我们想到上帝的内在完全，就明白这话一点没错。无论上帝与造物之间存在什么关系，对他来说，完全是外在的。
② 当我们从上帝造物的角度思考上帝时，这是对的，但并不意味着上帝获得新的完全。
③ 英文不能完全呈现这个难题的全部症结，因为我们必须使用两个不同的介词：in 和 on，当然它们在拉丁语里是同一个词：in seipso（在他自身里）和 in die septimo（在第七日）。

们的名称传给随后到来的日子，所以我们可以回想起这创世的六日，我们也知道这最初的六日是何时被造的。只是有一点不太清楚，即上帝何时造了第七日，即被称为安息日的那一日。因为在那日他没有创造任何事物；事实上，在第七日他歇了六日所造的一切工，安息了。那么他如何在一个他并没有造出来的日子里安息呢？或者，他既然在第六日完成了所有的工，第七日就不创造了，歇了一切创造之工，安息了，那他又如何在六日之后随即创造了第七日？

或许我们应该说，上帝只是在一日里创造，通过这一日不断重现，许多称为日的周期就过去了。所以对他来说没有必要造出七个日子，只要上帝创造的那一日重现七次，就成了。他将光与暗分开，关于这光，经上说："上帝说：'要有光'，就有了光，他称光为昼，称暗为夜。"① 所以，上帝创造了一日，这一日的重现《圣经》称为第二日，再重现就是第三日，一直到第六日，这一日上帝完成了他的工，然后最初创造的那一日第七次重现，就被称为第七日，这一日上帝就安息了。因此，这第七日并不是被造的，只是同一个造物重复七次产生的，那个造物，是上帝"称光为昼，称暗为夜"时创造的。

第二十一章　上帝如何使他第一日创造的光出现七次？

有光体之前，光如何产生昼与夜的交替

38. 我们再次陷入原本以为在第一卷已经解决的难题。因为我们必须再次问，在不仅光体未造出来，而且天（被称为空气）还未造出，地或海还未显现，让光可以进入，随着夜的降临，光可以从那里退

---

① 《创世记》一章 3–5 节。

出——在这一切未造之前,光是如何穿越,产生昼夜的推移?当时迫于这个问题的复杂性,我们最后提出一个观点,然后结束我们的讨论,这个观点认为,最初被造的光是属灵造物的形式,夜是质料,仍然需要在其他工作中得以形成,这质料是起初上帝创造天地,他还未藉他的道创造日子之前造的。①

但现在,我们既已过问了第七日的难题,就比较容易承认我们对一种没有经验之事物的无知,愿意承认我们无力解释那被称为昼的光是如何穿过昼和夜的;如果它是物质性的,那是通过环行?还是通过收缩和弥散?② 如果是属灵的话,那它是向所有还未造出的事物同时呈现,它的出现产生昼,撤退产生夜,开始撤退就是晚上,开始出现就是早晨吗?现在我们更容易承认对这些问题的无知,而不是违背《圣经》之语明显的含义,说第七日并不是上帝所造的昼的七次重现,而是另外的事物。否则,上帝要么没有创造第七日,要么他造了某物,即六日之后的第七日,那《圣经》就犯了错,说他在第六日完成了一切工,就在第七日歇了他所造的一切工安息了。然而,《圣经》是不可能有任何差错的,所以我们必须得出结论说,上帝创造作为昼的光,它在整个创造之工中不断重现,提到几日,就重复了几次,甚至第七日也是这光本身,在这一日上帝歇了他的工,安息了。

第二十二章　早晨和晚上指天使的知识

早晨和晚上意指属灵造物的不同知识

39. 至于物质性的光,我们不清楚,在天即空气被造出来,天体置

---

① 见前面 1.17.32 – 35。
② 弥散和收缩的观点由圣巴西尔提出,奥古斯丁在第一卷十六章对此作了反驳。

于其中之前,它是通过怎样的环行或者怎样的进退(弥散和收缩)① 产生出昼夜的更替。所以对这个问题我们不应略过,而应说说我们的观点。如果光最初被造时不是物质性的,而是属灵的,那么这光(即天使之族)在暗之后被造,意指它从某种未定形状态转向造主,因而有了形式。② 于是,晚上之后造出早晨,当它认识到自己的本性不同于上帝之后,这早晨引导它赞美光,即上帝本身,正是在沉思上帝之光的过程中它得以成形。另外,因为其他低于它的造物被造时都分有它的知识,所以可以肯定,每一次创造都重复同一个日子,有多少类造物就重复多少次,最后以六这个完数终结。③ 因此,第一日的晚上就是属灵造物拥有的关于自身的知识,就此而言,他们不是上帝。晚上之后的早晨结束第一日,开始第二日,这早晨是属灵造物的转向,即被造物转向赞美造主的创造之恩赐,从上帝的道领受关于随后要造之道,即天的知识。所以天即空气先是在属灵造物的知识里被造,如经上的话所表明的,"事就这样成了",然后在自然中真实地造出天(空气),如接下来的经文所说的:"事就这样成了,上帝就造出空气。"④

当被造的理智知道空气本身——不是像以前那样在上帝的道里面知道,而是就空气自身的本性认识它,这时就有了光的晚上(vespera illius lucis)。由于这种知识较低,用"晚上"这个术语称呼很恰当。之后是早晨结束第二日,开始第三日。在这个早晨又有一个转向,即它的光(即这一日的早晨)转向赞美上帝创造了空气,并从他的道领受关于要在空气之后创造之工的知识。因而,当上帝说"天下的水要聚在

---

① 见前面 1.16.31。
② "光"指被照亮的理智造物。奥古斯丁已经表明,《创世记》一章 3 节创造的光指天使得光照。按这个观点,《创世记》一章 1 节说的上帝创造天,就表明了他们的被造;只是还处于一种未成形状态,直到(不涉及时间长度)上帝照亮他们,使他们成形。见前面 1.17.32。
③ 见前面第二章。
④ 见第 66 页注②和第 71 页注②。

一处，使旱地露出来"，得光照的灵族在上帝的道里知道这一点，因为这话是道说出来的。因此《圣经》说"事就这样成了"，也就是在这个光的知识——从上帝之道获得的知识——里成就。在"事就这样成了"之后，经上紧接着说"水就聚在一处"，等等，这就表明造物本身真正产生了。然后，光再次按这造物自己的本性知道它，尽管光原本已经在上帝之道里知道它要造为某物。再后，第三次造出晚上。后面其他造物的被造都遵循同样的程序，直到第六日晚上之后出现早晨。

第二十三章　上帝之道里关于事物的知识和在事物自身里关于它的知识

在上帝之道里关于事物的知识与在事物自身里对它的知识有很大区别

40. 在上帝之道里关于一物的知识（cognitionem rei in Verbo Dei）与在事物自身里关于它的知识（cognitionem eius in natura eius），两者之间有巨大的差别。第一类知识可以认为属于白昼，第二类属于晚上。相比于上帝之道里显现的光，我们对造物自身所知道的所有知识可以合理地称为夜。但这后一类知识与那些甚至不知道造物界的人的错误或无知又完全不可同日而语，与这种暗相比，这类知识可以称为昼。

同样，信徒生活在此世的可朽身体里，将这种生命与不信者和罪恶者的生命相比，称之为光和昼并非不合理。比如，圣保罗说："从前你们是暗昧的，但如今在主里面是光明的。"[1] 他又写道："我们就当脱去暗昧的行为，带上光明的兵器。行事为人要端正，好像行在白昼里。"[2] 但如果拿这白昼与那白昼——到那时，我们将等同于天使，得以看见上

---

[1] 《以弗所书》五章 8 节。
[2] 《罗马书》十三章 12–13 节。

帝如其所是的样子——相比,那它也如同暗夜;所以我们在此生需要预言之灯,就如使徒彼得告诉我们的:"我们并有比先知更确的预言,如同灯照在暗处。你们在这预言上留意,直等到天发亮,晨星在你们心里出现的时候。"①

第二十四章　天使的知识

天使的知识

41. 如果我们一直坚守基督为我们铺设的路,那么我们将在复活之后成为与圣天使同等的,② 他们常见上帝的面,并享有他的道,就是他的独生子,与父同等的;智慧也首先造在圣天使里面。因此毫无疑问,他们知道整个造物界,他们就是其中最先被造的造物,他们先是在上帝的道里拥有这种知识,一切时间中被造之物的永恒原因都在道里面,万物都在于他,都是藉着他造的。然后圣天使也在造物界中拥有这种知识,因为他们俯视它,并因它而赞美造主,他们凝视他不变的真理,如同凝视整个造物界的源泉,看见所有造物被造的原因(rationes)。

他们在那里(上帝之道里)所拥有的知识如同白昼,所以,这个因分有同一个真理而完全联合起来的圣族,就是最初被造的昼(dies);而他们在造物中拥有的知识则如同晚上。但随即早晨来临(所有六日里都是这样),因为天使拥有的知识并非一直停留在造物上,而是随即因这样的造物转向对造主的赞美和爱,因为他们并非只知道被造的事实(factum esse),更知道造物被造的原因(faciendum fuisse)在他。只要他们坚守这个真理,他们就是白昼。因为如果天使转向自己,或者更多

---

① 《彼得后书》一章 19 节(英文本误注为《彼得前书》——中译者注)。
② 参见《马太福音》二十二章 30 节。

地以自身为乐，而不是以上帝为乐，视与他的联合为幸福的源泉，他们就会因骄傲而堕落。魔鬼就是这样的堕落天使，我们会在合适的时候，在必须讨论引诱人的蛇的时候再来谈论魔鬼这个话题。

第二十五章　为何六日里都没有提到夜

为何六日里都没有加上夜

42. 因此，天使诚然还在造物自身里知道它们，但他们更爱、更愿意选择另一类知识，就是他们在那万物藉以被造的真理里所拥有的关于造物的知识，因为他们自身生来就分有那种真理。因而在整个创世的六日中都没有提到夜，只说有晚上，有早晨，是为一日；然后又说有晚上，有早晨，是第二日；再说有晚上，有早晨，是第三日，一直到第六日的早晨，之后第七日上帝开始安息。这些日子当然有夜，只是经上描述的只是昼，不是夜。因为当天上的圣天使把他们在造物自身中拥有的知识归于上帝的荣耀和爱，并且沉思他里面万物得以被造的永恒原因（理性）时，夜属于日，而不是日属于夜。天使在这种沉思中完全联合，所以他们就是主所创造的一日，当教会脱离这朝圣之旅后，必将加入那个日子，我们也要在它里面欢欣、喜乐。①

第二十六章　在创世故事中日的含义

如何理解创世的天数

43. 这一日——它的晚上与早晨可以按我们上面所解释的理解——

---

① 《诗篇》一百一十七篇 24 节。

重复六次之后,整个造物界得以完成。① 第六日有早晨作为终结,开启第七日,但第七日没有晚上,因为上帝的安息不是造物。就造物来说,当它们在其他六日被造出来时,都为天使所知,天使不仅在上帝里,在万物藉以被造的真理里知道,而且在真实被造的事物自身里知道。这后一类知识是前一类知识的一种褪色的像(decolor species),构成晚上。因此在创世故事中,我们不能再认为"昼"(dies)指被造之工的形式,"晚上"指它的完成,"早晨"指另一工作的开始。② 否则我们就必须得说,六日工作之后,上帝又创造了第七日这一造物,或者认为第七日本身并非一个造物,而这两种说法都有违《圣经》的证据。我们要这样理解,上帝所造的那日,在他每次创造时重现,但不是通过属体的时间长度重现,而是通过属灵的知识,当有福的圣天使一族最初在上帝之道里沉思创造的神圣命令("要有")时,就拥有这种知识。因此创造之工首先在他们的知识里成就,就如经上的话所表明的,"事就这样成了"。然后造物本身产生,他们就在造物自身里知道它,这一点经上通过"有晚上"的话向我们表明。最后,他们因这种关于造物被造的知识而赞美他的永恒真理,他们早就在那里见过要造之工的形式或原因(rationem),经上"有早晨"这话就意指这一点。③

因此,整个创世过程就只有一日,但这个日子不能理解为我们的日子,即按照太阳运行计算的日子;它必是另外的意思,适用于天体被造之前所提到的那三日。"日"的这个特定含义必然不只是针对前面三日,不能认为那三日之后就可以在通常意义上理解"日"这个字。甚至第六日、第七日也必然同样指特定的含义。因此,上帝所划分的"昼"和"夜"必然完全不同于我们所熟悉的"昼"和"夜",对于后者,上帝命令他造在天上的光体来界定,他说:"定昼夜。"正是通过

---

① 见前面四章(22-25章)。
② 见第121页注①。
③ 见第66页注②和第71页注②。

这后一个行动，他创造了太阳定日子，也就创造了我们的日子。而他最初创造的那个日子，此前已经重复三次出现，当它第四次出现时，天上的这些光体才被创造出来。

第二十七章　我们熟悉的日子与创造的日子完全不同

我们使用的一周与创世七日完全不同

44. 创世故事中的那日，或者根据那日的重复出现计算的那些日子，不是我们地上的凡人所能经验和认识的。如果我们能够作出任何努力，试图理解那些日子的含义，我们不应草率地提出考虑不周的观点，似乎提不出别的更加合理更加可信的解释了。我们计数的七日是以创世七日为模本，构成一周。随着这样的周期不断交替，时间绵绵流逝，在这些周期里，一日是根据太阳从升起到落下的过程制定的，但我们必须记住，这些日子诚然是对创世七日的重复，但本质上与那些日子完全不同。

第二十八章　对"日"的解释不是比喻意义上的

前面关于属灵的光和日的解释完全不应理解为非真实的、比喻的含义

45. 我谈到过属灵的光，谈到最初创造的日子是灵性的天使，谈到他们对上帝之道的沉思，他们对造物本身的知识，他们因此赞美不变的真理，他们最初在那里看到造物被造之前的形式，那时他们还不知道实际被造的造物。但是我们不能认为，这些解释不是真实意义上，只是在某种比方和寓意上解释"日""晚上""早晨"。当然，这些解释不同于我们通常在属体意义上理解的光。但并不是说属体的光是真实的"光",而《创世记》里提到的光是隐喻的"光"。因为越是卓越而恒定的光,就越是真实意义上存在的日子。既然如此,那个日子为何不应有更真实的晚上和更真实的早晨?如果在我们所熟悉的日子里,光线暗淡,白昼流逝,我们就说晚上来了;太阳升起,黎明到来,我们就说这是早晨,那么我们为何不能说,当天使离开对造主的沉思俯视造物,那就是晚上;当他们从关于造物的知识上升到对造主的赞美,就是早晨呢?基督本身被称为光,也被称为磐石,但两者是在不同意义上的称呼;他是真实意义上的光,比喻意义上的磐石。①

若有人在阐释创世之工时,不承认我尽我有限的能力发现或者推测的关于创世之日的含义,而寻求另外不同的含义,应该不是在预言或者比喻的意义上理解,而是真实(字面)的也更恰当的意义,那就请他努力探求,在上帝的帮助下找到一种答案吧。② 就是我本人,也可能会去寻求与《圣经》的话更吻合的其他含义。我当然不会说以上提出的解释是所能找到的最佳解释,但是我确实坚持认为,《圣经》并没有告诉我们上帝因感到累了倦了才安息的。

第二十九章　我们的解释并不暗示天使的知识里有时间间隔

白昼、晚上和早晨在天使的知识里是同时的

46. 有人或许不同意我的观点,说天使不会先凝视一个事物,再凝

---

① 《约翰福音》八章 12 节:"我是世界的光。"《马可福音》十二章 10 节:"匠人所弃的石头,已作了房角的头块石头。"
② 奥古斯丁坚持认为,他自己的解释是字面的,任何取代它的解释也必须是字面的,而不是比喻的。见 Henry Woods, *Augustine and Evolution* (New York 1924), pp. 8–9.

视另一个事物,先凝视永恒存在于上帝之道不变真理里的造物的形式,然后凝视实际存在的造物,再后将这种对造物自身的知识归于造主,赞美造主。他可能会反驳我说,天使的心灵能够不费吹灰之力一下子看见所有这些。然而反对者肯定不会说——就算有人会说,我们也不能听从——由成千上万天使组成的天上之城没有沉思永恒的造主,或者不知道造物的可变性,或者获得了它自身的低级知识却没有赞美造主。天使或许能够同时这样做,他们可能确实同时这样做;事实上,他们能够这样做,他们也确实这样做了。因此他们同时拥有白昼、晚上和早晨。①

第三十章　晚上和早晨在天使的知识里并不表示时间更替

在上帝的知识和造物的知识里,天国始终是白昼、晚上和早晨

47. 我们不必担心有人或许能理解这个解释,但仍然会认为这样的事在天使的心里不可能发生,因为在我们属世的日子里,也就是根据太阳行程产生的时间里,不可能发生这样的事。

没错,这样的事在世上任何一个地方都不可能发生。但是一个人若愿意思考这个问题,他难道不知道,世界作为一个整体,凡是有太阳的地方,同时都是白昼,没有太阳的地方都是夜晚,太阳落山了,就是晚上,太阳升起了就是早晨吗?我们居住在这个地方,当然不可能同时体验到这一切。但我们不能因此就认为,这个世界的造物和物质之光——实际上归属于时间和空间——的环行等同于我们天上之家的灵性之光。在天上永远是白昼,因为处于对不变真理的沉思中;也始终是晚上,因

---

① 但奥古斯丁认为,当上帝实际创造时,这三个时间在天使的知识中彼此相继。见 4.31.48。

为处于关于造物实际存在的知识中；还始终是早晨，因为这种知识被归功于造主从而转向对造主的赞美。在那里，不是因为某个大光撤退产生晚上，而是因低级知识区别于高级知识才称为晚上；早晨也不是跟随无知夜晚之后的早晨知识（scientia matutina），而是抬升晚上的知识（vespertinam cognitionem），荣耀造主。① 《诗篇》作者也说（虽然没有提到夜）："我要晚上、早晨、响午诉说、宣告，你也必听我的声音。"② 或许他想到了时间的变迁，就如此世的时间那样，但我想他也希望指出，在我们的时间界限之外，在我们天上的国度里存在的那种生命样子，就是他在这客居的地上所向往的那种生命。

第三十一章 但当上帝创造时，天使的知识似乎有一种前后相继性

为何开始创造时天使的知识里并非同时是白昼、晚上和早晨

48. 如果说天使之族此时享有上帝最初创造的日子的统一性，同时拥有白昼、晚上和早晨，那么在上帝创造万物的过程中，他们是否也这样同时拥有呢？看起来似乎不是。在整个创世六日中，上帝乐于每日工作，每日创造，天使先是在上帝之道里看见造物，因此造物最初被造在天使的知识里，如《圣经》的话"事就这样成了"所表明的。然后，当一天所造的事物按它们各自的本性实际产生之后，上帝很高兴，看着它们是好的，于是天使再次知道它们，这一次是在一种低一级的知识里知道，晚上这个名称表明了这一点。最后，当晚上过去，早晨来临，天

---

① 关于奥古斯丁早晨知识和晚上知识的观点，见圣托马斯·阿奎那 *Sum. Theol.* 1，1.58，a. 6 的讨论。
② 《诗篇》五十四篇 18 节。（参和合本五十五篇 17 节"我要晚上、早晨、响午哀声悲叹，他也必听我的声音。"——中译者注）

使赞美上帝的工,进而领受将要被造的另外造物的知识,这种知识在造物本身还没有产生之前先在上帝之道里给予他们。

因此白昼、晚上和早晨在创造时并不是一直同时出现,而是按照《圣经》里排列的次序分别出现。

第三十二章　天使所知道的事物至少有某种次序

如果它们全都在天使的知识里,至少按某种次序存在

49. 另一方面,我们是否能说这三个时间原本是同时的?因为它们并非如我们的日子这样,随着太阳的东升西落、再回到原处而产生;它们不属于时间的缓慢变迁。创世时的白昼、晚上和早晨发生在天使心里的灵性权能里,他们不费吹灰之力就能同时抓住想要知道的事物。但不能由此推出,这些事物之间没有次序、没有明显的因果关联贯穿其中。若不是先有要被认识的对象,知识是不可能发生的,这些对象首先存在于道里面,万物藉着这道被造,然后存在于被造的事物里面。

同样,人的心灵首先通过身体感官感知已经创造的事物,并根据它有限的属人能力对它们形成一个概念。然后寻求它们的原因,以期能够找到原初不变地存在于上帝之道里的那些原因,看见上帝的不可见特性,通过被造之物领会它们。① 谁不知道,因为可朽的身体是灵魂沉重的负担,② 即使灵魂怀着炽烈的愿望,昂首追求这个目标,矢志不渝,要完成这个任务有多慢,有多难,得花多少时间?

但是天使的心灵在纯粹的爱里与上帝的道相联,因而在创造秩序里他们先于其他创造之工被造;他们首先在上帝的道里看见那些还没有实

---

① 参见《罗马书》一章 20 节。
② 参见《所罗门智训》十章 15 节。

际造出的事物，因而当上帝下令要创造那些事物时，它们先是被造在天使的知识里，然后再被造在它们自己的本性里。当事物实际被造之后，天使也在它们自己的本性里知道它们，这种知识显然等级较低，故被称为晚上。在这种知识产生之前，被造对象已经存在，可知对象总是先于知识。因为可知对象若不是先存在，就不可能被认识。

此后，如果天使的心灵选择在它自身中而不是在造主里寻求喜乐，那就不会有早晨，也就是说，天使的心灵不会从它自己的知识上升到对造主的赞美。而当早晨来临之后，又有另外的工要创造、要知道，如上帝所说"要有这样这样的工"；因而它同样先造在天使的知识里，然后上帝才会说"事就这样成了"，最后它被造在自己独特的本性里，接下来的晚上就是有关它实际本性的知识。

关于创造的光和被造的光

50. 虽然在这个过程中没有一步一步的时间阶段，但当上帝说"要有光"时，那即将被造之物的形式（ratio）先在于上帝的道里。然后就有了光，藉此天使的心灵产生；这光被造在它自己的本性里，在它存在于自己本性之前并没有先在于其他地方。① 因此《圣经》没有说"事就这样成了"，然后再说"上帝就造出了光"；而是在上帝说"要有光"之后，随即"就有了光"，这被造的光与创造的光（即上帝）是统一的，它凝视他，并在他——也就是它据以被造的形式——里面凝视自己。它也在自身——即作为一个完全不同于造主的造物——里凝视自己。因而上帝对他所造的工喜乐，看着它是好的，将光与暗分开，称光为昼，暗为夜。

于是就有了晚上，因为必有一种知识，使造物区别于造主，就是造

---

① "其他地方"（alibi），即属灵造物的心里，上帝很可能向他们显明创造天使的命令。但天使本身存在之前并没有这样的造物，所以按奥古斯丁的观点，《圣经》没有在神圣命令"要有光"之后说"事就这样成了"。见前面 2.8.16-19。

物在自身里被知道，而不是在上帝里被知道的那种知识。然后有了早晨，引入关于另一种造物的知识，这种知识先存在于天使的心灵里，然后存在于实际被造出的空气里。因此上帝说"要有空气"，于是空气就造在属灵造物的知识里，他们在它还没有真实造出来、存在于自己的本性之前就知道它。然后上帝造出空气，即实际存在于其自身本性中的空气，关于这个空气的知识要低一等级，因而就是晚上。

这样，创造进展到一切工都完毕，到上帝安息，这种安息没有晚上，因为它不是被造的造物，对它不可能有双重知识：一种先在的、完全的、存在于上帝之道里的知识，就好比在白昼；另一种后来的、低级的、在安息自身里的知识，就如在晚上。

第三十三章　上帝同时创造了万物

探讨万物是同时创造的，还是一日一日分别创造的

51.《圣经》里根据因果关联以有序的排列分别记载的创造之工，如果天使的心灵能够同时领会，那么是不是所有这些事物，空气本身，聚在一处的水，露出的旱地，地上生发出来的菜蔬、树木，立定的光体和星宿，水里和地上的活物，都是同时创造的？或者它们是在指定日子的不同时间创造的？

或许我们不应认为这些造物在最初被造时是按照自然过程造的，就如我们现在看到它们的那样，而应当认为是在上帝智慧那神奇而不可言说的大能里造的，这智慧的"大能渗透到每个角落，她将一切管理得井井有条"①。事实上，神圣智慧的这种权能不是一个阶段一个阶段地渗透，或者一步一步地实施。也就说，上帝创造一切与智慧实施这种大能是同样的易

---

① 《所罗门智训》八章 1 节。

如反掌。因为万物都是藉着智慧造的，我们如今在造物里看到的运动由时间的长度衡量，履行各自独特的功能，其实它源于浇灌在造物里面的形式（rationes）①，这些形式是上帝在创世之时，即"说有，就有；命立，就立"②的时候撒播的种子。

若不主张万物是同时创造的，就会得出荒谬的推论

52. 因此，创世并非缓慢地发生，好叫那些本性迟缓的事物慢慢产

---

① 拉丁文：…ex illis rationibus insitis veniat quas tamquam seminaliter sparsit Deus in ictu condendi…根据奥古斯丁，存在于上帝之道里的永恒理性或原因是他创造之工的神圣样本，除此之外，还有上帝根植在被造世界里的原因理性（causal reasons），解释世世代代出现的生命物的产生和生长。奥古斯丁用 rationes（理性或形式）（2.6.12）、aeternae rationes（永恒理性或形式）（4.24.41）、superiores rationes（高级理性或形式）（3.12.18）、rationes incommutabiles（不变理性或形式）（5.12.28）、divinae incommutabiles aeternaeque rationes（神圣而永恒的不变理性）（5.13.29）以及其他类似的术语来描述。对于后者，他也使用多种表述法，比如 causales rationes（原因理性）（6.14.25，别的地方也经常使用）、quasi semina futurorum（类将来之物的种子）（6.11.18）、rationes primordiales（最初的理性或形式）（6.11.19）、primordial causarum（最初的原因）（6.10.17）、rationes seminales（种子理性）（10.20.35）、quasi seminales rationes（类种子理性）（9.17.32），有时单纯用 rationes（理性或形式），就如这里。这些上帝种植在最初造物中的原因理性不是可见、可感意义上的种子，就如生长出生命机体的那种物质（6.6.11；6.10.17），而是在被造界中类似于种子那样的力量，依据上帝的计划使种子发育生长。奥古斯丁采纳这个观点是为了解释《创世记》经文中他觉得难以解释的问题。现代批评学认为《创世记》里有祭司传统和耶和华传统之分（见 E. H. Maly, JBC 1 [1968] "Introduction to the Pentateuch", pp. 3-4, and "Genesis," p. 9），但奥古斯丁并没有任何这方面的暗示，他只是关注将创世的第一个故事（创1.1-2.4）与第二个故事（2.5-25）统一起来。在《创世记》二章2节说，上帝完成了所有的工，就在第七日安息了。第二个故事进一步说，上帝造了地上的青草和菜蔬，是在它们还没有出现在地上或从地里生出来之前造的，虽然《创世记》一章12节似乎暗示第三日地上已经长出这些事物。同样的难题也出现在第一对人的创造上。经上说上帝在第六日造了他们，但在第二个故事里又重叙了创造人的全新故事。奥古斯丁进而解释《便西拉智训》十八章1节，认为上帝是在同时或一次性（simul）创造了万物。这些思考使他得出结论，当上帝创造时，他其实是同时创造了万物，但在那个最初的创造活动中被造的生命物当时并没有实际按各自独特的本质造出来，造主只是把它们的潜能，它们的原因理性置于地上。一旦地上的条件适宜，有湿气，这些潜能就产生出上帝所意愿的生命物来，它们就按神意的计划进入时间。因此上帝歇了所有的工安息的意思是指，他不创造任何新的造物，即最初的创造活动中没有的事物，不论现实的，还是潜能的；同时他一直在作工，因为他管理着他所造的世界，从基督的话可以看出，他说："我父做事直到如今，我也做事"（约5.17）。在本书的其他地方，尤其是第五卷和第六卷，奥古斯丁详尽阐述了关于原因理性的观点。

② 参见《诗篇》三十三篇9节。

生发展；年岁、世代也不是像今天那样踩着沉重的步伐定立的。时间使这些造物按其数目法则产生发展，但当它们在创造之初接受这些法则时并没有时间的变迁。否则，如果我们认为当它们最初被上帝的道创造时，就有自然过程，就是我们所知道的通常的时间持续过程，那些生根发芽、覆盖大地的造物就不可能在一日内完成，而要经过许多日子先在地下孕育，然后再经过很多日子，按各自的自然本性从地里长出来；果真如此，那青草菜蔬的创造——《圣经》里说是某一日，即第三日发生的——也将会需要一个渐次展开的过程。

这样说来，如果鸟类要从最初的开端，经过自然生长的各个阶段，到长出羽毛和翅膀，那得需要多少日子才能飞翔？或者当第五日——按《圣经》的记载——水里生出有翼的雀鸟，各从其类时，只创造了鸟蛋？如果可以说，在蛋的液态质中已经存在既定时间进程中生长发育的一切，因为大量理性原则已经以无形的方式根植在有形造物之中，那么为何不能同样说，在蛋出现之前，这些理性原则已经存在于潮湿元素中，到了既定时间，带翼的造物就从这些理性原则中产生、发育、成长，各从其类？

在创世故事里，《圣经》说造主在六日里完成了所造的工；与此相一致，另外的地方有记载说这位造主一次性（或同时）创造了万物。①因此可以推出，一次性创造万物的这位造主也是一次性创造了这六日，或者七日，或者毋宁说重复了六次或七次的一日。那么在叙述中为何还要将六日一一陈列，一日接一日记载？原因在于，有些人不能理解经文"他一次性创造了万物"的含义，只有一步步慢慢展开叙述，才能引导他们明白。

---

① 《便西拉智训》十八章 1 节："那永活的一次性创造了万物。"（据 OL 和 Vulg 本）拉丁文本里的 simul（一次性、一起、一同）似乎是对希腊文 κοινῃ（通常、无一例外）的误译。因此更准确的翻译可能是："那永活的创造了整个世界。"（RSV）

第三十四章　万物既是同时创造的，也是在六日里创造的

万物是同时创造的，又是在六日里创造的

53. 那么我们如何能说在天使的知识里光从晚上到早晨重复了六次？对他们来说，一次性拥有白昼、晚上和早晨就足够了，当他们在原初的、不变的形式里——万物据此被造——他们同时沉思整个造物界，因为它是一次性被造的，从而看见白昼；当他们在造物自身的本性里知道造物界，就看见晚上；当他们认识到这种知识是低级的，转而赞美造主，就看见早晨。如果因为万物同时被造，所以没有创造"之前""之后"，那早晨如何先出现，从而天使在圣道里知道上帝接着要创造的事物，随后在晚上在事物本身里知道它们？

事实上，创世故事里提到的造物既是根据六日里的"之前"和"之后"造的，同时也是一次性造的。这里的经文说上帝按上面提到的六日造物，那里的经文说上帝一次性地创造了万物，两者都没错；并且两者是一致的，因为《圣经》是在同一个真理之灵的启示下写的。

在被造物中，可以说有"前、后"，但不能说有时间变化

54. 在这类事物中，并没有时间间隔表明哪个是前，哪个是后。我们完全可以说，事物的创造是一次性发生的，同时也有"前"与"后"，不过，整个创造一次性发生比前后相继发生更容易理解。这就如同我们看见太阳升起，很显然，若没有穿越太阳与我们视觉之间的整个空间和天空，我们就不可能看见它。谁能估算这个距离？我们的凝视

或者我们眼中的这种光线①若不首先穿越地上的空气，就不可能穿越海上的空气，就如我们从某个岛屿远望海岸那样。如果当我们的视线朝着同一方向极目时，再次在海那边遇到陆地，那么它若不首先穿过两者之间的海上的空气，就不可能穿过远处陆地上的空气。我们不妨设想，海那边的陆地之外是茫茫海洋。我们的视线若不首先透过海洋这边的陆地上的空气，怎么能穿越茫茫大洋上的空气呢？据说，大洋比任何我们所知道的事物更广阔，但不论它如何广阔，我们的视线必然先要穿越它上面的空气，然后再穿过其他东西，最后才能到达我们所看见的太阳。

在描述这种经验过程中，我多次使用了"首先""然后"这样的词，但当我使用这些词时，我并没有否认我们事实上一抬眼就一下子穿越了所有这些空间。如果我们闭上眼睛，转向太阳，只要我们一睁开眼睛，就会感到我们的视线一下子就接触到了太阳，丝毫没有意识到我们是把视线一步步伸展到那个点的；在我们睁开双眼与我们的视线看见对象之间，似乎并没有什么时间上的间隔。这里说的当然是一种物质性的光线，它从我们的眼睛里发出，以根本难以估算、无法比拟的速度抓住如此遥远的对象。所以很显然，所有那些无垠的辽阔空间，眼睛一瞥之下就一次性全部越过；同时也可以肯定，眼睛穿越这些空间时，总是某一部分先穿过，某一部分后穿过。

万物都是按预定的顺序一次性被造的

55. 同样，当圣保罗想要表达我们从死里复活的速度之快时，他说就在"眨眼之间"②，这一点没错。显然，在属体事物的活动或颤动中，找不到比眨眼更快的了。试想，如果肉眼的看（acies）能有这样的速度，理智的视觉岂不是更快吗？人尚且如此，更何况天使呢？我们又该

---

① 见第 44 页注②。
② 《哥林多前书》十五章 52 节。

怎样言说上帝至高智慧的速度呢？它藉着自己的纯洁（munditiam）渗透万物，没有任何污秽之物能玷污它。①

因此，在这些同时被造的事物中，没有人看到哪个必定"先"出现，哪个"后"出现，除非他在那智慧里看见，因为在智慧里，所有事物都按应有的顺序同时被造。

第三十五章　在上帝没有"前、后"，但在造物有"前、后"

关于六日创世的总结：在造物的联结中有"前、后"，在造主的工作中没有"前、后"

56. 因此，如果上帝最先造的那个日子是灵性的、理性的造物，即属于高天上的天使（Angelorum supercoelestium）和德天使（Virtutum）一族，②那么它按一定的顺序向上帝所有的工呈现，那是知识的顺序，在这个顺序里，天使预先在上帝的圣道里知道将要被造的事物，然后在已经被造的事物自身里知道它们。这里没有时间上的间隔，但我们可以用"前、后"这样的词来谈论造物的关系，尽管所有造物在上帝的创造活动中是同时的。因为上帝是这样创造那将要被造之物的，即他本身在时间之外、完全不依赖于时间，造出时间之中的万物。所以，当时间被他创造之后，就按它的轨道行走。

因此我们所熟悉的七日，即某个天体的光在运行过程中伸缩，就如同一个影子，一个记号，提醒我们去寻找创世的那些日子，被造的灵性之光能够通过六这个完数向所有的上帝之工呈现出来。我们还要记得第

---

① 《所罗门智训》七章 24–25 节。
② 见第 98 页注③。

七日，上帝安息的日子，有早晨，但没有晚上，记住他在这一日安息不是因为他需要第七日或者需要安息，而是因为他歇了所造的一切工，安息在他天使的凝视（conspectu）中，也就是完全安息在自身里，他自身是非造、自有的。换言之，上帝所造的天使向上帝所有的工呈现，他们既在上帝里知道它们，也在造物自身里知道它们，就如白昼和晚上相连；当上帝完成了所有的工，而且看着它们都甚好之后，他们知道没有什么比上帝歇了所有的工，安息在自身里面更好的了，因为他不需要它们任何一个来增添他的幸福。①

---

① 采纳了 P, R, Par, Bod, Nov, Pal, m。

第 五 卷

两个故事与原因理性

第一章 上帝在重复了六次的一日里创造天地

创世的日子可以看作是一日的重复

1. "日子被造后创造天地的来历乃是这样：（或者创造天地的来历乃是这样：日子被造后）上帝创造天地，和野地的草木，它们还未发出来，以及田间的菜蔬，它们还没有长起来，因为上帝还没有降雨在地上，也没有人耕地，但有泉从地涌出，滋润遍地。"[①]

显然，上帝创造了一日，而六日或七日应该是这一日的重复得出的，这种观点在这里再度获得佐证。因为《圣经》此处更加清楚地说到这个问题，把从开始一直到这里的所有记载作了一般性的概述："日子被造后创造天地的来历乃是这样。"

谁也不会说，这里的"天地"是指前面叙述里所说的在日子之前

---

① 《创世记》二章 4-6 节。奥古斯丁读到第 4 节时不确定断句在哪里，从句"日子被造后"既可以跟前面的主句，也可以跟后面的主句。他认为两者都可以，都与他对《创世记》一章 3 节的解释相一致。关于奥古斯丁使用的拉丁文本的讨论，见 Agaesse - Solignac 48.668-670。

所造的那个"天地",即"起初上帝创造天地"① 中的天地。那句经文似乎是说,上帝在任何日子之外,在他创造日子之前造出了某物。我上面在适当的地方对该经文作了这样的解释,但丝毫不否定其他人有权利提出更好的解释。②

但这里圣作者说,"日子被造后创造天地的来历乃是这样",我认为由此他清楚地表明,这里他说的天地不是在那起初,创造日子之前,"渊面黑暗"之时的天地,而是日子被造之后创造的天地,也就是当世界的所有部分都已经分明,所有类别的事物都已经形成,于是整个造物界井然有序地呈现出我们所称的宇宙(世界)的样子。③

日子被造"之前"与"之后"的天地

2. 因此,这里圣作者说到的天(连同它里面的一切),就是上帝创造它时称之为天空的,说到的地(包括它里面的一切),与深渊一同占据④最低区域。因为他接着说,"上帝创造天地",也就是说,他在提到创造日子之前提到天地,然后提到创造日子后又重复了这句话,由此使我们不会认为,这里的天地等同于起初创造日子之前的天地的含义。他这样讲述这件事:"日子被造后创造天地的来历乃是这样,上帝创造天地。"因此,如果有人想要在日子创造之前"起初上帝创造天地"的意义上来理解"创造天地的来历"这句话,因为两个地方都是在提到日子被造之前提到天地,那么我们应该用后面的话来纠正他:"创造天地的来历"后面的从句是"日子被造后",然后再次提到"天""地"两个术语。

---

① 《创世记》一章 1 节。
② 根据奥古斯丁的解释(见第一卷),《创世记》第一节里的"天"意指属灵造物,也就是天使;"地"指上帝所造的所有可见事物。在这个阶段的天与地都被认为处于未成形状态,它们的未定形的质料在起源上但不是在时间上先于它们的形成。在随后的叙述中,造物的形成不包含任何时间上的间隔,因为上帝同时创造万物,也就同时创造质料和形式。
③ 拉丁文是 Mundus(对应的希腊文是 κόσμος)。
④ E2, P, R, S, Par, Bod, Nov, Lau, Pal 以及 m 里是 obtinet;z 基于 E1,写的是 obtinebat。

进一步解释创 2.4 的关联

3. 这里的从句"日子被造后"使最顽固的反对者也不得不承认没有别的可能的解释。如果经文是这样说的:"创造天地的来历乃是这样:日子被造,上帝创造天地",那么我们很可能会认为,第一句"创造天地的来历"与起初日子被造之前的天地①是同一个意思;然后可能会认为,第二句圣作者说"日子被造",就是指他前面已经说过的上帝造出日子,② 第三句他之所以又说"上帝创造天地",是希望读者把这里的天地理解为在日子被造之后存在的天地。

但是由于《圣经》说的是"日子被造后"(而不只是"日子被造"),如果你将这个从句与前面的话相联,这样前面就连成一个句子,即"日子被造后创造天地的来历乃是这样",或者你将它与后面的话相联,这样你对这个句子的理解就是"日子被造后,上帝创造天地",无论哪种情形,都可以肯定地说,《圣经》的经文要求我们这样理解天地,即它们存在于日子被造之后。然后,在"上帝创造天地"之后,圣作者又说到"野地的草木",这显然是第三日造的。因此,非常清楚,上帝所造的是一日,这同一个日子通过重复就产生第二日,第三日,一直到第七日。

第二章 上帝所造的日子不同于我们所知道的日子

为何加上野地的草木

4. 既然圣作者按照《圣经》的惯用法在这里使用了"天、地"两个字,希望我们把它们理解为整个造物界,我们就可以追问,为何他要

---

① z 文本这里加了"上帝创造",显然基于 E 和 S 的典据。但在 P, R, Par, Bod, Nov, Lau, Pal, m 里没有这些词。
② 《创世记》一章 4-5 节。

加上"野地的草木"。我想他之所以这样叙述，是为了强调当他说"日子被造后"时他所说的是什么日子。我们很可能当即就会认为，这日子就是物质性的光通过环行给我们带来昼夜的时间更替而产生的一日。但是当我们回想造物被造的顺序，我们发现"野地的草木"是在第三日被造的，当时太阳还未造出（要到第四日才造出），而我们所熟悉的日子是因太阳的运行产生的。因此，当我们读到"日子被造之后，上帝创造天地，以及野地的草木"时，作者告诫我们要思考那个日子究竟是指什么，或许它是由某种我们所不知道的光构成的属体之物，又或是由天使一族构成的某个属灵之物。① 无论如何，我们至少知道它不同于我们所熟悉的通常的日子。我们要努力找到它的真正本质。

第三章　万物在一日里同时被造，这一日被重复了七次

从叙述顺序看，万物是同时被造的

5. 还有另一种思考可能并非不当。圣作者原本可以这样说"创造天地的来历乃是这样：当上帝创造天地"，好让我们明白"天地"包括它们里面的一切。这与《圣经》的语言应该是一致的，因为圣作者经常用"天""地"（有时加上"海"）这些词指整个造物界，偶尔会加上"及其里面的一切"。② 如果他真的是这样叙述的，那么我们可以认为这里日子已经存在，或者是上帝最初创造的日子，或者是我们的日子，即太阳出现后产生的日子。但是圣作者并没有这样记载，而是用从句"日子被造后"来引入"日子"。

---

① 见第 65 页注①。
② 《诗篇》一百四十五篇 6 节。

再者,《圣经》没有说"创造日子和天地的来历乃是这样",似乎事物实际上就是按照那个顺序造的;也没有说,"创造天地的来历乃是这样,当日子和天地被造之后,上帝创造天地以及野地的草木。"同样,它没有说,"创造天地的来历乃是这样:上帝创造日子、天地以及野地的草木之后。"最后,它没有说,"创造天地的来历乃是这样:上帝创造日子、天地以及野地的草木。"①

这些都是通常描述事物的表达方式,但实际上《圣经》说:"创造天地的来历乃是这样:日子被造之后,上帝创造天地,和野地的草木。"由此表明日子被创造出来之后,上帝才创造天地和野地里的各种草木。

从草木的被造证明七日是对一日的重复

6. 进而,前一个故事表明日子是最先被造的,并且认为它是一日。然后是第二日,在这一日空气被造出来,然后是第三日,将地与海分开,地上就长出树木和菜蔬。这里我们或许有了一个证据,可以确证我们在前一卷里努力表明的观点,即上帝一次性地创造万物。前一个创世故事讲到,万物在连续六天里一一被造完毕,但这里以"天、地"为名,再加上"草木",一切都归于一日。因此,如我前面所说,如果读者在通常意义上理解"日",那么当他回想上帝在确立以太阳为标志的日子之前,已经命令地要长出草木,就会让他醒悟。现在我不必诉诸另一卷圣书,证明"上帝一次性创造万物"②。紧跟在第一个创造故事后面的话就可证实这一点,因为它告诉我们:"日子被造之后,上帝创造天地和野地的草木。"由此你必定明白,这个日子被重复了七次,构成七日。当你听到万物是在日子被造之后造的,你就应当理解这六次或七次重复完全没有时间间隔。如果你还不能明白这一点,那就把问题留给

---

① 这段话的最后一个句子未见于 P、R、S、Bod、Pal、m;但可见于 E 和 z,Agaesse - Solignac 也保留了它。
② 参见《便西拉智训》十八章1节,亦见第165页注①。

那些能够思考的人。但《圣经》并没有因你的软弱而抛弃你,而是以母亲般的爱陪伴你慢慢进步,你必会有所长进。事实上,《圣经》的说话方式是以它的高度嘲笑傲慢的读者,以它的深度告诫专注的读者,用它的真理喂养大人的灵魂,用它的甜美滋养还未成长的小子。

第四章　创1.12意指大地得到力量,生发菜蔬和树木

为何在草木还未发出之前经上就说它们被造

7. 那么接下来的话是什么意思?经文这样说:"日子被造后,上帝创造天地,和野地的草木,它们还未发出来,以及田间的菜蔬,它们还没长起来。"

我们要如何理解这话?难道不能问这些事物出现在地上、生发出来之前上帝把它们造在哪里?我们很可能更倾向于认为上帝就在它们生发出来的时候造出它们,而不是在它们生发之前;《圣经》岂不是告诉我们,上帝创造它们正是在它们生发之前?结果,即使读者找不到它们被造在哪里,他也仍然会相信它们是在生发出来之前被造的,只要他敬虔地相信《圣经》。不相信这一点当然就是不敬虔的。

它们绝不是在一切造物之前存在于道里

8. 那我们该说什么呢?我们是否该采纳某些人的观点,即在地上长出万物之前上帝就在他的道里创造了它们?如果这就是它们被造的方式,那它们就不是在日子被造之后,而是在有日子之前被造。《圣经》非常清楚地说:"日子被造后,上帝创造天地,和野地的草木,它们还未发出来,以及田间的菜蔬,它们还没长起来。"因此,如果这是"日子被造后"的事,那么可以肯定,就不是日子被造之前发生的。因此它不是在道里,这道在日子或者任何事物被造之前就与父永恒同在;它

只能在日子被造之后。因为那些在整个创造之前存在于上帝之道里的事物当然还未被造出来；但当日子被造之后，它们就被造出来，如《圣经》里的话宣称的，虽然这发生在它们出现在地上、从地里生发出来之前，如《圣经》关于草木和田间的菜蔬所说的。

草木被造在原因理性里，就如在它们自己的种子里

9. 那么它们在哪里呢？它们是否在地里，在"理性"或者原因里，就如万物在出现之前都存在于各自的种子里，然后以这种或那种形式演化，在时间进程中成长，各从其类？但是我们看见的这些种子已经出现在地上，已经生发出来。当然有人会说，它们原本并不在地上，而是在地底下。那么这样是否就可以说，在它们发出来之前就已经被造，因为只有当它们的种子发芽之后它们才长出来，再进一步生长才钻出地面？我们看到每一种植物就是这样在特定的时间内发生的。那么，日子被造后上帝创造的是否应是种子，野地的草木、田间的菜蔬都在它们里面，只是不包括它们从地里发出之后的样子，但包括它们在种子的形成原理（即种子理性）中（rationibus seminus）拥有的力量？这样说来，地是否首先长出种子？

但是《圣经》不是这样记载的，它说的是："于是地发生了菜蔬（或青草），散播种子，各从其类；并结果子的树木，各从其类，果子都包着核。"[1]

---

[1] 《创世记》一章12节。奥古斯丁读到的这段拉丁文经文是："Et produxit terra herbam pabuli (vel herbam feni), seminans semen secundum genus et secundum similitudinem, et lignum fructuosum faciens fructum, cuius semen sum in se secundum genus seper terram."奥古斯丁在前面（2.12.25）引用该段经文时是这样的：Et eiecit terra herbam pabuli semen habentem secundum sum genus et secundum similitudinem. 奥古斯丁对经文作了修改，把 semen habentem（自结种子）改为 seminans semen（散播种子），很可能是因为他想要更加贴近 LXX 中的 σπειρον σπέρμα。不过，很难搞清楚奥古斯丁是如何分析这个短语的。有人可能会将这个分词实体化，与 herham 并置，成为一个独立结构；有人也可能认为 semen 是 produxit 的第二宾语，seminans 与它一致，但不带宾语。无论如何，奥古斯丁的意思很清楚，经文的语法困难并没有模糊他的解释。他指出，上帝通过地里的原因理性造出青草。因此青草最初在地上生发出来不是因为种子，而是上帝的权能在地里通过原因理性运作的结果。

从这段话可以非常清楚地看出，种子是从青草和树木发出的，青草树木本身不是源于种子，而是源于土地。这是上帝的话所宣称的。因为它没有说"地里的种子要长出青草和结果子的树木"，而是说"地要发生青草和菜蔬，散播种子"①。由此表明，不是菜蔬源于种子，而是种子出于菜蔬。"事就这样成了。于是地发生了……"② 也就是说，它首先在上面提到的日子的知识里成就，③ 然后地生发出这些造物，从而它们也在被造的世界里按它们自身的本性被造出来。

造物如何为天使所知，又如何为人所知

10. 那么，当它们还未出现在地上，还未生发出来之前，这如何成就呢？一方面，在那个日子——它超越于我们的知识和经验之外，是上帝最先造的——被造时，它们与天地一同被造。另一方面，它们从地里生发出来，而这事只能发生在以太阳为标志的日子里，并且每个种类需要经过各自特定的时间过程。那么这两者是不同的吗？如果是，并且那日子是指高天上天使和德天使联合的团体，那么毫无疑问，天使对上帝造物的知识与我们的知识完全不同。除了他们在上帝之道——万物藉着他被造——里知道造物之外，我相信他们关于造物本身的知识也与我们的大相径庭。对于上帝最初造的、在歇了所有的工不再创造之前造的事物，他们所拥有的知识，我们可以称为原始的或原初的知识。而我们的知识依赖于对已经被造的事物的管理，这种管理发生在时间之中，因此，上帝在根据完数六完成了他的创造之后，仍然一直在做工。④

---

① 《创世记》一章 11 节。前一注释讨论的文本中分词形式的问题在这里再次出现。
② 《创世记》一章 12 节。
③ 按奥古斯丁的解释，"日"指天使。见前面 4.22.39 以及第 65 页注①。
④ 参见《约翰福音》五章 17 节。

作为原因的造物与作为可见之物的造物如何不同

11. 因此，正是在原因的意义上，《圣经》说地发生青草和树木，意思是说它接受了长出这些事物的权能（virtutem）。起初在地里，可以说，就如同在时间的根源处，上帝造出将来要成为现实的事物。因为上帝后来在东方立了一个园子，"使各样的树从地里长出来，可以悦人眼目，其上的果子好作食物"①。但我们绝不能说，他这时又添加了之前没有造的事物，不然，岂不就是说，他在第六日完成了一切甚好的工，后来又给这完全的造物界添加了某种东西？事实上，所有的青草和树木都已经在第一次创造的时候造好了，上帝歇了工不再创造，但在历史进程中推动并管理着他在歇下所有工之前所创造的事物。正是在这个意义上，他不仅立了乐园，甚至立了如今地上生发的一切。试想，如今有谁能创造这些事物呢？不就是如今仍在做工的那位吗？但他如今是从已经存在的事物创造，而在起初，一切全然不在，他从无中创造了万物。也正是在那时，他创造了日子，这日子原本并不存在，被造为属灵的理智造物。②

第五章 时间始于造物（creatura）。未定形的质料先在，不是时间上，而是因果秩序上先在

时间始于造物

12. 随着造物的运动，时间开始运转。在创世之前寻找时间是枉然的，似乎时间可以在时间之前找到。如果没有哪个属灵或属体造物的运

---

① 《创世记》二章 8-9 节。
② 即天使。

动，使将来走过现在连接过去，那就根本不可能有时间。而如果一个造物不存在，就不可能有运动。因此我们得说，时间始于造物，而不是造物始于时间。但两者都源于上帝，因为"万有都是本于他，倚靠他，归于他"①。

"时间始于造物"这话不可理解为时间不是一个造物。事实上，时间就是造物从一种状态向另一种状态的运动，它们按照上帝——他管理着他所造的一切——的命令彼此更替。因此，当我们思考事物的最初创造，也就是上帝在第七日歇下的工时，我们不可认为那些日子是太阳日，也不可认为上帝的创造之工与他如今在时间中作工是一回事。毋宁说，他创造了赋予时间开端的事物，就如他一次性创造了万物，② 将它们安排有序，不是基于时间顺序，而是基于因果联系；因而一次性被造的万物才可能通过六次重复最初被造的那个"日子"完全地显现出来。

时间顺序不同于因果秩序

13. 未成形但可成形的质料，包括属灵的和属体的，正是在因果秩序而不是在时间顺序中最初进入造物界。它是要被造之事物的基底，尽管它被造之前并不存在。③ 创造它的不是别的，就是至高而真实的上帝，万物都出于他。这未成形的质料被称为天和地，就是上帝在起初，还未造出那一日之前造的，之所以这样命名，是因为天地是从它被造的。它也被称为空虚混沌的地和黑暗的渊。我在第一卷里已经阐述了这种解释。④

---

① 《罗马书》十一章36节。
② 《便西拉智训》十八章1节。见第165页注①。
③ 未成形的质料与成形的造物是同时被造的（concreata）。质料在先不是在时间上（tempore），而是在起源上（origine）。见1.15.29及同上注释48。
④ 除了前一注释里提到的那一段落外，亦见1.1.3；1.5.10 - 11。

整个宇宙被造的顺序和计划

14. 在那些从混沌中形成并且清楚说明是被造、被立的事物中，最先被造的是日子。① 因为占据造物界首位的应当具备这样一种本性，即他能够藉着造主知道造物，而不是藉着造物知道造主。居第二位的是空气，属体世界的创造就从这里开始。第三位是海和地，还有潜在于地里的菜蔬和树木。因此上帝一声令下，地就孕育出这些事物——尽管它们还未生发出来——领受的全部数目②，在一代一代绵延中生发出来，各从其类。然后，当造物的这个居所——可以说——造好之后，第四日光体和星宿被造出来，于是这个世界的高级部分第一次配上了在世界中运动的可见物体。第五日，诸水再加上天和气，在上帝的命令下生发出各自的居住者，鱼类和鸟类；它们被潜在地造在数目里，将在时间进程中通过相应的活动生发出来。第六日地上的活物被造，这是从世界的最后元素中产生的最后存在者。它们也是在潜在意义上被造，此后的时间里就会将它们的数目一一展开，成为可见的事物。

关于第一日和第七日

15. 这被造的第一日③知道安排有序的造物界的整个秩序。藉着这种知识，造物界在它看来就如同分成六步即六日向它显现，从而展现整个被造的事物；但实际上只有一日。那日子首先在造主里面知道造物界，然后在造物自身中知道它们；但它并不停留在造物里面，而是引导后一种知识转向对上帝的爱，从而在整个创造之工中产生晚上、早晨和

---

① 奥古斯丁是在说天使。《创世记》一章 1 节的 "天" 被认为是指处于混沌状态的天使。《创世纪》一章 3 节命令 "要有光" 被解释为天使造物得到光照并形成。见第一卷各处，尤其是 1.9.15–17 以及第 65 页注①。
② 新柏拉图主义者遵循新毕达哥拉斯主义的传统，倾向于把形式或理念与数目相等同。见普罗提诺《九章集》6.6.16。
③ 见本书第 177 页注③。

日中，这些并不是时间上的间隔，而是创造的一种顺序。最后，它知道造主的安息，也就是他歇了一切的工安息，没有晚上，因而这日该受祝福，立为圣日。因此，就如教会认识到的，《圣经》赞颂数字七，在某种意义上是献给圣灵的。①

总结上面的解释

16. 所以，"创造天地的来历乃是这样"。因为"起初上帝创造天地"的意思是说，他造出我们可以称为可成形之质料的东西，随后要藉着他的道形成。然而，这个可成形的质料先于它的成形，不是在时间上，而是在起源上。当它接受一种形式，那就是日子最初被造的时候。"日子被造后，上帝创造天地，和野地的草木，它们还未发出来，以及田间的菜蔬，它们还没长起来。"这就是我的解释，除非有人能够或者可能提出更清楚更符合文本的解释。

第六章 创 2.5 的意思

为何在降雨之前造出野地的草木

17.《圣经》接着说："因为上帝还没有降雨在地上，也没有人耕地。"② 很难判断这话究竟是什么意思，它想要表明什么。有人很可能会说，上帝之所以在草木还没有从地里长出来之前造出它们，是因为上帝还未降雨到地上；如果他在降雨之后创造草木，那就会让人以为它们长出来是因为雨水滋润，而不是因为他的创造。然而这是什么意思呢？

---

① 出处是《以赛亚书》十一章 2 节列举的圣灵的七个礼物（LXX 和 Vulg 是七，但希伯来文本中是六）。七这个数被认为表示完全和总体。关于奥古斯丁论圣灵的七个礼物，见 Serm. 250.3（ML 38.1166）。

② 《创世记》二章 5 节。

在降雨后生长出来的菜蔬若不是由上帝创造，还能由谁创造呢？

为何没有人耕地？第六日上帝已经造人，第七天就歇了所有的工安息了。或许这是一个概述，作者回顾当上帝创造田地的草木和菜蔬时，还未降雨在地上，还未有人存在。因为他在第三日创造菜蔬，第六日创造人。但是当上帝造出田间的菜蔬和野地的草木时，它们还未从地里生发出来，所以缺的不只是人在地上耕种，还有地上的青草，因为经上说它们被造时还没有生发出来。那么上帝在第三日创造青草或许就是因为还没有人耕作田地，种植草木？我们肯定不能说，众多不同的树林和众多各样的菜蔬只靠人的工作就能从地里生长出来。

降雨和人的劳作对作物从地里长出来的作用

18. 那么经上之所以说上帝还未降雨到地上，也没有人耕作，是因为这个原因吗？凡是没有人作工的地方，雨水使菜蔬和树木生发出来。但是有些植物即使有雨水，若没有人的工作还是不能生发。因此在我们的时间中，两者对万物生长都必不可少。但当时两者都没有，所以上帝创造它们是靠他道的权能，不需要雨水，不需要人的工作。即使现在，他也创造它们，只是借助于雨水和人手，但是"栽种的算不得什么，浇灌的也算不得什么；只在那叫他生长的上帝"①。

滋润地面的泉水、降雨以及创造植物（virentium）

19. 下一句经文"有泉（fons）从地涌出，滋润遍地"② 是什么意思？显然，那泉拥有非常丰沛的水量，就如埃及的尼罗河那样充足，可以取代雨水滋润大地。既然有泉源滋润大地，与雨水有同样功效，那么为何要特别强调上帝在还未降雨在地上之前，就造出那些植物，即将来

---

① 《哥林多前书》三章 7 节。
② 《创世记》二章 6 节。（合和本这里为"雾气"，但按拉丁文应为"泉"，下同——中译者注）

要生发出的菜蔬和树木？如果泉水的效果不那么好，长出的庄稼可能会欠收，但不会不长。或许《圣经》按照自己的惯例，对理解力有限的人就用有限的属人语言说话，对理解力好的读者就给他们某种启示。正如《圣经》前面提到的"日子"，意指上帝所造的"一日"；它说上帝在日子被造后创造天地，由此帮助我们尽我们最大能力明白，上帝一次性创造万物，尽管六日创世的叙述结构似乎暗示有时间间隔。同样，当作者说上帝创造天地的同时创造了野地的草木，尽管它们还没有从地里长出来，以及田间的菜蔬，尽管它们还没有生发出来，又说，"因为上帝还没有降雨在地上，也没有人耕地。"换言之，他的意思是说，当时上帝创造草木菜蔬不是像现在这样，有雨降下，有人耕地。如今的菜蔬在时间进程中生发，但当上帝一次性创造万物时，也就是时间开始时，它们还不存在。

第七章　滋润遍地的象

一切原始种子都是潮湿的，都从湿润中生长

20. 我想，"有泉从地涌出，滋润遍地"这话告诉我们，当万物在第一次创造中同时被造之后，现在开始在时间进程中生发。[①] 作者恰当地从水元素开始，各种动物、植物和树木都生于这种元素，在时间中生发众多，各从其类。因为一切原始种子，孕育血肉与菜蔬的种子，都是潮湿的，从湿润中生长。这些种子中存在具有神奇力量的数目，数目包含潜能，潜能源于上帝完成的工作，他在第七日歇了所有这些完成的

---

① 至此《创世记》的叙述一直关注第一次创造。根据奥古斯丁，在这次创造活动中，造主潜在地造出菜蔬和树木，在地里植入生发植物的力量。从第二章 6 节开始，叙述转向上帝对被造世界的管理，原本作为潜能存在的一切，他的神圣权能将它们实际生发出来。现代《圣经》考据学在这里发现有两个故事，源于两种不同传统，一种是祭司传统，创 1.1－2.4a，一种是耶和华传统，创 2.4b—25。见 E. H. Maly, JBC 1 (1968) "*Introduction to the Pentateuch*", pp. 3 - 4, and "*Genesis*", p. 9。

工，安息了。

创 2.6 谈到的那个泉是怎样的泉？

21. 我们完全可以合理地追问，能滋润全地的泉水究竟是什么。① 如果它曾经存在过，但后来被封住或者干涸了，那就要寻求它的原因。如今我们看不到有泉浇灌全地。或者这是因为人类的罪该受惩罚，导致这泉充沛的水源断流，土地丧失生长万物的肥力，人在田地上耕作的劳苦就成倍增加。虽然《圣经》没有提供这样的说明，但人完全可以推测出来，若不是因为人在乐园里过了一段幸福生活之后犯了罪，就不会因罪受到惩罚，承受劳苦。然而，乐园有它自己丰富的泉源，我会在后面适当的地方详尽讨论。② 经上说，从这个源头流出举世闻名的四条大河。③ 那么这泉究竟在哪里，当这个大泉从地涌出，滋润全地的时候，这四条大河又在哪里？可以肯定，在那个时候，基训，也就是尼罗河，四大河之一，还没有浇灌埃及，因为有泉从地涌出，不仅为埃及供应充足的水源，而且滋润遍地。

关于那个泉的其他推论

22. 我们是否应当认为，上帝一开始就想用一个巨泉浇灌全地，让他创造的潜在事物得到这水源的滋润，从而在时间进程中按序生发，各从其类？我们是否可以说，后来上帝立了乐园之后，就让那个泉源停流，然后让地上布满众多泉源，如我们现在所见的那样？他是否从乐园的一个泉里分出四条大河，从而大地的其余部分——分布着各种造物，

---

① 斐洛也问过同样的问题。他提出，用单数的"泉"代替复数的泉意指"能产生饮用水的所有地脉"。见 Philo, *Questions and Answers on Genesis* 1.3（LCL, p.3 Marchus）。奥古斯丁采纳这个观点，认为这是可能性最大的答案。见下面 5.9.26。
② 后面 8.7.13–14。
③ 比逊、基训、底格里斯和幼发拉底河。见《创世记》二章 11–14 节。奥古斯丁和其他古代基督徒著作家都认为比逊就是恒河，基训就是尼罗河。见下面 8.7.13 以及本书第 189 页注②。

在各自的时间产生出各自的形式——就有自己的泉源和水流；而乐园因立于高地，就从它自己的泉源流出四条河？或者我们是不是该这样说，上帝首先用乐园的那个泉源的充沛水流浇灌全地，使他所造的事物——不是在时间中一个个创造，而是一次性创造——丰润饱满，到了时机就生发出来，各从其类；后来他切断巨流的源头，这样水就从不同的河源、泉源流出，遍布全地？最后，上帝是否就在那个泉源——它已经不再滋润全地，而只供应四条著名大河——的区域立了乐园，将他所造的人安置在这园子里？

第八章　圣灵并没有启示作者记下创世的所有细节

《圣经》没有记载的，在多大程度上可以让读者通过推断得知

23.《圣经》并非事无巨细地记载，告诉我们最初的创世之后时间如何展开，被造的事物从初始状态到第六日的完成又怎样前后相继。作者按照圣灵的启示，圣灵指示多少，他就记载多少，所以他记下的那些内容不仅有益于了解所发生的事，而且对预示将来要发生的事也很重要。我们或许会猜测作者可能故意省略了一些事，那是由于我们无知。我们要在上帝的帮助下，尽我们有限的能力阐释清楚，避免有人认为《圣经》记载的话有任何荒谬或者矛盾之处，让读者反感；否则，如果读者认为《圣经》记载的事件是不可能的，那他就会放弃信仰，或者不再靠近信仰。

第九章　一个泉源如何能浇灌全地？

关于滋润全地之泉的难题

24. 我们在探讨滋润全地的那个泉源时，必须思考它"从地涌出，滋润遍地"这话如何可能。如果我们的结论在有人看来并不合理,那就让他寻求另外的解释,可以表明《圣经》所说不虚的解释。因为它毫无疑问是真实的,即使没有证据表明如此。如果他想要提出争辩,以证明《圣经》的话不实,那么只有两种可能:或者他关于创造以及对造物之管理所说的一切都不是真的;或者如果他所说的话是真实的,那他是因为对《圣经》的话不理解,所以才认为它不实。比如,如果他争辩说一个泉源不可能滋润地上所有地方,不论这个泉有多大,因为如果它没有滋润山峰,就不能说它滋润全地;如果它滋润了山峰,那就很可能不是供给营养水分,而是爆发洪水了;如果当时的地处于这种状况,那它还整个是海,旱地还没有分离出来。

第十章　作者可能指一个或者多个泉

应该如何理解那个泉

25. 为回复上述异议,我们可以说,在季节更替中这样的洪水完全可能发生,正如尼罗河在某个时期泛滥,淹没埃及平原,又在某个时期恢复平静。① 人们认为由于冬季的雨水和某个遥远而不为人知的地区的雪使它每年水面上涨。② 海洋也有自己的潮汐,所以它的海岸有一段时间完全没有海浪,然后被高涨的海水淹没。我无须提到有些泉源周期性地发生显著变化,每年在固定季节泛滥,浇灌周围的整个区域,而在某

---

① 尼罗河泛滥期从四月到十月。
② 古代人广泛讨论夏季尼罗河涨水的原因。希罗多德(Herodotus)说,在这个问题上有三种观点:(1) 来自北方的季风对着河口吹,阻碍河水流向大海;(2) "海洋之河"(the River Ocean)的水流入尼罗河;以及 (3) 利比亚或埃塞俄比亚山上的雪融化导致河水上涨。持这些观点的分别有泰勒士(THales)、赫克特斯(Hecataeus)和阿拿克萨戈拉(Anaxagoras)。后来讨论这个问题的著作家有 Diod. Sic. 1.38. – 1.41.10; Sen., *Quaest. Nat.* 4.2.17 – 30; Pliny, *Nat. hist.* 5.10.51 – 56. 关于这个话题的古代理论的全面探讨,见 Albert Rehm, Pauly – Wissowa – Kroll 17.1 (1936) s.v. "*Nilschwelle*", pp. 571 – 590。

个时期该区域的人要挖掘深井才能勉强找到饮用水。

所以，在那个时候有一个浇灌全地的巨渊水源，它的水有时泛滥，有时退回，这有何不可信的呢？《圣经》似乎愿意把那巨渊称为一个泉，而不是众多泉，因为是同一种本质的水。然而这个词不包括海，海冲刷海岸的是广袤无边的盐水，这泉只包括那些隐藏在地底深处的水，从那里涌出众多的泉源和溪流，通过各种不同的渠道和路径涌现在各自的地方。如果《圣经》谈的是这样一个泉，它在地下流经数不胜数的渠道，千沟万壑，然后涌到地面，如果说这泉遍布各处，就像从头上垂下的缕缕发丝，浇灌全地，呈现的不是像海或池里的水那样始终充盈的景象，而是在河床上流动、小溪里蜿蜒的水，在涨水时期浇灌周围区域的水，那么除了极其好争喜辩的人之外，谁不愿接受这样的说法呢？

在这样的描述中，可以理解，滋润遍地的意思就如同我们说，一件衣服整个被染色了，其实它不是每一寸都染了，而只是这里、那里，到处都有颜色。可以肯定，最初的地是新的，如果不是所有地方，至少很大部分很可能是一马平川，所以喷涌而来的水就能够流溢、渗透到更广阔的地方。

总结：关于那个泉的理解

26. 在讨论这水源的规模，思考水源是多个还是一个时，可能会出现各不相同的观点。第一，有可能某处有一个单一源头，水从那里喷涌而出。第二，因为地下隐秘的洞穴都相通，所有泉源的水，所有大大小小的井都从那里涌出，所以这源头可以称为一个泉，从地下升腾，通过各条渠道滋润遍地。第三，更合理的解释是，《圣经》不是说"一泉从地涌出"，而是说"有泉从地涌出"，用单数表示复数名词。因此我们应该认为，全地有众多泉浇灌各自的区域，就如同我们说"战士"，意指众多战士的集合，《圣经》谈到埃及人所遭受的"蝗"灾和"蛙"灾时，用的是单数形式的名词，但表示复数，因为有数不胜数的蝗虫和青蛙。① 我们不必再在这个问题上费神了。

第十一章　两个创造时刻

最初的创造不是在时间中完成；管理造物则在时间中

27. 我们必须非常认真地思考，当我们说有两个创造时刻时，是否一以贯之地坚持以上表述的观点②：一个是原初的创造，上帝创造万物，然后在第七日歇了所有的工；另一个是对造物的管理，就此而言，他一直做事直到如今。③ 在原初创造中，上帝一次性创造万物，没有任何时间间隔，但如今他在时间进程中工作，所以我们看见星辰升落，四季更替，种子在固定的时节发芽、生长、开花、枯萎。动物也一样，在特定的时期怀胎、孕育、生产，然后经历生命的各个阶段，到老到死。所有时间中的存在物都如此。

除了上帝，谁能造出这些造物？但他所造的一切工中所看到的这些变化，在他自身里完全没有，因为他不在时间内。因此，《圣经》分别叙述了上帝最初的创造之工——第七日他歇了所造的工安息——和他如今仍在做的工，告诉我们上帝已经完成了最初的创造之工，如今已经开始创造后来的工。对于前者经文非常清楚地说："创造天地的来历乃是这样：日子被造后，上帝创造天地，和野地的草木，它们还未发出来，以及田间的菜蔬，它们还没长起来。因为上帝还没有降雨在地上，也没有人耕地。"④ 对于后来所做的工《圣经》是这样叙述的："有泉从地

---

① 《诗篇》七十七篇 45 节以及一百零四篇 34 节。在奥古斯丁所用的 OL 本中，我们看到这几节用的是单数名词（rana 和 locusta）。
② 第五卷各处，尤其是第四章。
③ 参见《约翰福音》五章 17 节："我父做事直到如今，我也做事。"
④ 《创世记》二章 4–5 节。

涌出，滋润遍地。"① 从提到这泉开始，在随后的整个叙述中，造物是在时间过程中创造的，而不是一次性创造的。

第十二章　上帝创造的工有三个层次

对上帝之工的三重思考

28. 因此，我们在谈论创造时必须作出三重区分。首先，存在于上帝之道里的不变理性（形式）；其次，上帝六日创造第七日歇下的工；最后，他从那些工直到如今所创造的事物。

就这三者来说，我归于第三类的那些事物以某种方式为我们的感官和生活经验所知。前两类超越于我们的感官和通常的人类知识之外，必须先基于神圣权威相信它们。然后在上帝的恩助下，我们才可能尽各人有限的能力，通过已知的事物对它们有约略的认识。

第十三章　被造的事物是他里面的生命

A. 在上帝的智慧里

29. 万物都是藉着上帝的智慧造的，这智慧在万物被造之前就知道它们。它们的神圣原型②是不变而永恒的。就如《圣经》所证实的："太初有道，道与上帝同在，道就是上帝。这道太初与上帝同在。万物

---

① 《创世记》二章 6 节。
② 神圣原型在拉丁语里称为 rationes，即原因（reasons）。它们被认为等同于神的完全，是造物的原型，造物是它们的复制品。见 Aug., *De diversis quaest.* 46, *De ideis*（CCL 44A. 70 - 73；ML 40. 29 - 31）。柏拉图和新柏拉图主义对奥古斯丁的影响明显可见。

是藉着他造的；凡被造的，没有一样不是藉着他造的。"①

谁会愚蠢到说上帝造出了他自己不知道的事物？既然他知道它们，就必然在自身内有这种知识，因为道与他同在，万物藉着他被造。试想，如果他是从自身之外知道它们，那教他知道的又是谁？"谁知道主的心？谁作过他的谋士呢？谁是先给了他，使他后来偿还呢？因为万有都是本于他，倚靠他，归于他。"②

万物是藉着道即生命之光被造的

30.《约翰福音》接下来的话也非常清楚地说明了这一点，因为福音书作者加上了以下这句话："凡所造的，就是他里头的生命，这生命就是人的光。"③ 理性灵魂——包括人，他是照着上帝的形像造的——除了圣道自身（万物都藉着他被造），没有别的真光；并且在洁净了所有恶与错之后，就能够分有他里面的生命。

第十四章　对约 1.3-4 的进一步解释

如何断句约 1.4

31. 因此对圣约翰的话我们不能这样断句："凡在他里头被造的，就是生命。"（Quod factum est in illo, vita est）④ 没有事物不是在他里面造的，如《诗篇》作者列举了地上的许多造物之后，说："都是你用智

---

① 《约翰福音》一章 1-3 节。
② 《罗马书》十一章 34-36 节。
③ 《约翰福音》一章 3-4 节。对于 3-4 节有两种标点法，我们可以译为："凡被造的，没有一样不是藉着他造的。生命在他里头。"Westminster 版和 RSV 的译者是这样理解的。但也可以像奥古斯丁这样断句，于是经文就译为："没有他，无物被造。凡被造的，就是他里头的生命。"耶路撒冷版《圣经》、新英语《圣经》、新美国《圣经》以及 TNT 都采纳这种断句法，不同译本在措辞上略有出入。
④ 奥古斯丁这里反对的这种译法可见于新美国《圣经》。

慧造成的。"① 使徒也说："因为万有都是靠他造的，无论是天上的、地上的、能看见的、不能看见的。"② 因此可以说，如果我们这样断句，那岂不是说地本身以及它里面的一切就是生命？既然说万物都有生命是荒谬的，那说它们都是生命岂不更加荒谬？尤其是圣约翰清楚地指出他所说的是哪一种生命，因为他紧接着说："这生命就是人的光。因此我们必须这样断句："凡被造的"，逗号，"就是他里头的生命"（Quod factum est, in illo vita est)"。

显然，这生命不是指生命物自身，即拥有作为一个造物之本性的生命，而是在他里头的生命，因为一切藉着他被造的事物都在被造之前就为他所知。所以，它们在他里头不是作为藉他所造的造物，而是作为生命和人的光，这就是智慧本身，道本身，即上帝的独生子。这样说来，凡被造的就是他里头的生命，这意思就是指"福音书"所说的："父怎样在自己有生命，就赐给他儿子也照样在自己有生命。"③

这生命是上帝的道，是理性灵魂的光

32. 我们不能忽略这一点，即更好的文本是这样译的："凡被造的，就是他里头的生命。"由此可知，这里的"生命"必须理解为与《约翰福音》第一节"太初有道，道与上帝同在，道就是上帝"完全一致。因此，"凡被造的"，已经"是他里头的生命"。但它不是任何一类生命。牲畜也可以说是有生命的，但它们不能分享智慧。这生命"就是人的光"；理性存在者蒙他的恩典得洁净之后，可以看见这种异象（visionem)，没有比它更高，也没有比它更有福的异象了。

---

① 《诗篇》一百零四篇24节。
② 《歌罗西书》一章16节。
③ 《约翰福音》五章26节。

第十五章　在什么意义上造物是上帝里头的生命

万物在被造之前就已经存在于造主的本性中

33. 但是即使我们按上面所说的那样断句，那样理解，"凡被造的，就是他里头的生命"，我们也坚持认为，必须把"藉着他造的"理解为他里面的生命，当他造万物时，他在这生命里看见它们。他看见它们就创造它们，因为他不是在自身之外看，而是已把他所造的一切数算在自身之内。

他的看（visio）与父的看不相分别，只有一个看，就如只有一个本体（substantia）。在《约伯记》里，智慧——万物藉着他被造——这样宣称："然而，智慧何处可寻？聪明之地在哪里？智慧的价值无人能知，在活人之地也无处可寻。"① 圣作者接着又说："我们风闻其名。主明白智慧的道路，晓得智慧的所在。因他鉴察直到地极，遍观普天之下。他为风定轻重，又度量诸水，他看见它们就数算它们。"②

这些以及其他类似的经文都表明，所有这些事物在它们被造之前就存在于它们的造主上帝的知识里。可以肯定，它们在那里更卓越，因为在那里完全真实，永恒而不变。虽然对一个人来说，知道或者毫不犹豫地相信上帝创造了所有这一切，应当足够了，但我认为这样一个人不可能愚蠢到以为上帝创造他自己不知道的事物。此外，既然上帝在创造之前就知道它们，那么可以推出，它们在被造之前就与他同在，并且他知道它们活着，它们就是生命，永恒而不变的生命。然而，被造之后，它们就如每个造物那样，在自己的本性里拥有各自的存在。

---

① 《约伯记》二十八章 12 – 13 节。（"智慧的价值"在奥古斯丁的拉丁文本里为"他的道路"——中译者注）
② 《约伯记》二十八章 22 – 25 节。

第十六章　上帝比许多造物离我们更近

我们的心灵看见上帝比看见造物更容易

34. 那永恒不变的本性，即上帝，是自有的存在，就如他向摩西表明的："我是自有永有的"①，以完全不同于被造者的方式存在。因为那真实地、原初地存在的，总是以同样的方式存在，不仅没有任何变化，而且不会有任何变化。凡他所造的，没有一个像他这样存在，或者像他这样在自身中拥有万物的首要原理。因为上帝若不是在创造万物之前就知道它们，就不会造出造物；他若不看见它们，就不会知道它们；他若不拥有它们，就不能看见它们；他自己若不是非造的，就不可能拥有还没有造出来的事物。另外，那神圣本体（illa substantia）在语言之外，任何人的语言都无法言说，因为人的语言必然诉诸时间和空间中的表达，而上帝在整个时间和空间之前。然而尽管如此，创造我们的上帝要比许多被造的事物离我们更近。因为"我们生活、动作、存留，都在乎他"②。而大部分造物却是我们心灵不能通达的，因为它们是属体的（corporalia），具有不同的本性，我们的心灵无法在上帝里面看见它们，无法在原型——它们是按着这原型造的——里看见它们。如果我们能够在上帝里看见它们，我们就会知道它们的数目、大小、本性，甚至无需通过身体感官看见它们。事实上，我们的身体感官也不能触及它们，因为它们离我们太远，或者因为我们与它们之间横亘着重重障碍，把它们挡在我们的视觉和触觉之外。

因此发现属体的造物比发现创造它们的造主更难，而对一颗敬虔之

---

① 《出埃及记》三章 14 节。
② 《使徒行传》十七章 28 节。

心来说，在对上帝最微小的知识里找到的喜乐也远远大过通晓整个物质世界所体验到的快乐。因此智慧书谴责那些探索这个世界的人："如果他们真的满腹经纶，甚至能够论断这个世界，那他们为何没能更轻易地发现它的主？"① 地的根基不是我们眼睛所能看见的，但创立地的那位离我们的心灵很近。

第十七章　时间之前的上帝创造世界及时间并在时间中管理它

必须考虑造物界的另一原因

35. 现在我们要思考上帝一次性创造的工，这工是他在六日内完成的，第七日他就歇了所造的工安息了；后面我们再讨论他至今仍在做的工。

他自身存在于时间之前。但当我们谈论时间的开端时，我们想到的是造物比如世界，时间是与它一同开始的。而产生于世界里的造物被认为在时间之中。因此《圣经》说："万物是藉着他造的；凡被造的，没有一样不是藉着他造的，"稍后又说，"他在世界里，世界也是藉着他造的。"② 关于上帝的这个工，《圣经》在另外地方说："他从无形式的质料中造出世界。"③ 经上的"天地"一般就是指这个世界，我们在前面讨论《圣经》说"日子被造后，上帝创造天地"时，已经注意到这一点。在解释这一经段时，我们力图详尽地表明④关于创世的两种叙述是可以统一的：一种叙述说世界及其里面的一切在六日内完成；另一种

---

① 《所罗门智训》十三章 9 节。
② 《约翰福音》一章 3 节、10 节。
③ 《所罗门智训》十一章 18 节。
④ 见第五卷第三章以下。

说，当日子被造后天地也被造。因而，整个创世故事与"他一次性创造万物"① 这话也是一致的。

第十八章　许多造物是我们不知道的。它们如何为上帝和天使所知

B. 在创造中，万物是一次性被造的

36. 在这个上帝所造的广袤世界里，有许多事物是我们所不知道的，它们有的在天上，我们的感官无法感知，有的在可能无人居住的地区，有的藏在地底下，在海底或者地下隐秘的洞穴里。

这些事物在被造之前并不存在。那么当它们不存在时如何为上帝所知呢？另一方面，上帝怎么能创造他所不知道的事物呢？我们不能说他不知道他要造的事物。因此，他造的是他知道的事物，他知道还没有造出的事物。这样说来，造物在被造之前既存在又不存在。它们存在于上帝的知识里，但就其自己的本性来说它们还不存在。所以，"日子"被造，② 在它，关于造物有两种方式知道，一种在上帝里知道，一种在造物自身里知道；在上帝里头的，是早晨或者白昼知识，在造物自身里的，即晚上知识。③ 至于上帝本身，一旦他创造它们，就知道他要创造它们，除了这种方式我不敢说还有别的方式知道它们。因为"在他并没有改变，也没有转动的影儿"④。

---

① 《便西拉智训》十八章 1 节。
② "日"就是创造的第一日。创 1.5："上帝称光为昼，称暗为夜。有晚上，有早晨，这是头一日。"这日，也就是光，奥古斯丁把它理解为天使，上帝赐给他们关于其他造物的知识。见上面 4.22.39。
③ 在上面 4.22.39 – 4.24.41 解释了天使的早晨知识和晚上知识。
④ 《雅各书》一章 17 节。

第十九章　赐给天使的关于奥秘的知识

天使的双重知识

37. 可以肯定，上帝不需要靠信使知道低级造物，似乎他们的协助能使他获得更多的知识；他以一种纯粹而神奇的方式知道万物，拥有稳定不变的知识。不过，上帝拥有信使，为了我们的缘故，也为了信使的缘故。因为这样顺从上帝，侍奉上帝，寻求他关于低级造物的谋略，遵守他的神圣戒律和命令，对他们是一种好，与他们自己的本性和本体相吻合。信使在希腊语里称为 angeloi，在宽泛意义上我们用这个词指称整个天上之城，我们认为这是第一日创造的。

上帝的使者就是信使，是他命令的执行者

38. 天国的奥秘对他们不是隐匿的；他们知道为我们的救赎在时间进程中显明了什么，即我们在结束地上的客旅之后就得自由，加入他们的行列。他们不可能不知道这一点，因为那在规定时间到来的子孙，藉着他们的工作被放在一位中保手中①，也就是他们的主的权能中，他既有上帝的样式，也有人的样式。

---

① 《加拉太书》三章 19 节："律法是为什么有的呢？原是为过犯添上的，等候那蒙应许的子孙来到，并且是藉着天使经中保之手设立的。"奥古斯丁在写《创世记》注解和《加拉太书》注释时对这段晦涩的经文有误解。见他的 *Epistolae ad Galatas expositionis liber unus* 24 (ML 35.2122)，他理解为"子孙……藉着天使设立的"，而不是"律法……藉着天使宣告的"。他在《订正录》2.50.2 或 2.24.2（CSEL 36.160, 5-10 Knoll；ML 32.640）中参考了更好的版本，尤其是那些希腊文本，纠正了这个误解："在那篇作品［*De Gen. ad litt.*］的第五卷和其他地方，我写有'蒙应许的子孙，并且是藉着天使放在中保之手'这样的话，后来我查阅了更好的文本，尤其是那些希腊文本，发现这话没有忠实于圣保罗的原文。许多拉丁文本把文中指律法的话错误地译成子孙。"奥古斯丁还在下面 9.16.30 和 9.18.35 中提到《加拉太书》的这节经文。

圣保罗也说："我本来比众圣徒中最小的还小，然而他还赐我这恩典，叫我把基督那测不透的丰富传给外邦人。又使众人都明白，这历代以来隐藏在创造万物之上帝里的奥秘，是如何安排的，为要藉着教会使天上执政的、掌权的，现在得知上帝百般的智慧，这是照上帝从万世以前，在我们主基督耶稣里所定的旨意。"①

因此这个奥秘从万世之前就隐藏在上帝里面，但又藉着充满上帝百般智慧的教会使天上执政的、掌权的得知，因为教会从原初起就存在那里，复活之后地上的教会必然要在那里聚集，好叫我们与上帝的使者同等。② 因而，这奥秘从世代之初就为他们所知，因为世代之前没有造物，从世代开始之时才有造物。然而，独生子存在于世代之前，世代是藉着他造的。③ 因此，他作为智慧本身，作为第二位格，说："未有世代以前，我就被立。"④ 因此上帝在智慧里创造万物，就如经上有话说的："都是你用智慧造成的。"⑤

天使从世代之初就知道天国的奥秘

39. 不仅隐藏在上帝里面的奥秘为天使所知，而且当某个奥秘成就并显明之后，他还在地上向他们显现出来。圣保罗证实了这一点，他说："大哉，敬虔的奥秘！无人不以为然，就是：上帝在肉身显现，在灵性称义，被天使看见，被传于外邦，被世人信服，被接在荣耀里。"⑥ 我若没弄错，那么当经上说上帝知道时间中的某事时，必然是说他之所以如此是因为他使天使或人知道它。这种说话方式，即由原因表示所产生的结果，在《圣经》里经常出现，尤其是当谈到有关上帝的特性时，

---

① 《以弗所书》三章 8–11 节。
② 参见《马太福音》二十二章 30 节。
③ 参见《希伯来书》一章 2 节。
④ 《箴言》八章 23 节。
⑤ 《诗篇》一百零四篇 24 节。
⑥ 《提摩太前书》三章 16 节。

不能按字面意思理解，如支配我们心灵的真理告诫我们的。

第二十章　上帝如今一直在做的工

C. 上帝如今一直在做的那些工

40. 因此我们必须区分上帝至今一直在做的工与他在第七日歇下的工。有些人认为，只有世界是上帝造的，其他一切是世界根据上帝的安排和命令造的，而上帝本身并没有造什么。为反驳这种观点，我们可以引用我们主所说的话："我父做事直到如今。"① 为防止有人以为上帝只在自身内做工，而没有在这个世界里做工，我们的主说："住在我里面的父做他自己的事。"② "父怎样叫死人起来，使他们活着，子也照样随自己的意思使人活着。"③ 再者，上帝也并不是只创造伟大而重要的事物，也创造地上卑微的事物。圣保罗说："无知的人哪，你所种的，若不死，就不能生！并且你所种的，不是那将来的形体，不过是子粒，即如麦子，或是别样的谷。但上帝随自己的意思给它一个形体，并叫各等子粒各有自己的形体。"④

因此，我们要相信——如果可能，也要理解——上帝做事直到如今，如果他的活动从他的造物中撤回，那它们必死。

要相信新事物也是上帝创造的

41. 如果我们设想，上帝如今创造一个造物，但并没有在他最初的创造中植下它的类（genus），那我们的设想显然与《圣经》相矛盾，

---

① 《约翰福音》五章 17 节。
② 《约翰福音》十四章 10 节。
③ 《约翰福音》五章 21 节。
④ 《约翰福音》十五章 36 – 38 节。

因为《圣经》说第六日上帝完成了他的所有工。① 显然，上帝依据他最初创造的造物之种类，创造了许多他当时并没有造出的新事物。但我们不能说他又造了一种新的种类，因为他在第六日已经完成了所有的工。

因此，上帝藉着一种隐秘的权能推动他的整个造物界，所有造物都服从这种运动：天使执行他的命令，星辰按各自的轨道运行，风时而这样吹，时而那样吹，深泉翻滚着瀑布，上面形成雾气，草的种子长出绿草，草场生机勃勃，动物按各自的本性生产、生活，恶人得允锤炼义人。由此，上帝最初创世时所储备的世代一一展开。如果这位创造者停止通过他的神意管理它们，它们就不可能各就其位，各行其道。

第二十一章　神意管理整个造物界

万物都由上帝的神意引领

42. 造物在时间中形成、产生，教导我们应当如何看待它们。《圣经》这样谈到智慧不是毫无原因的："她在道上向她的爱人们优雅地显现，以永恒不变的神意与他们相见。"② 有些人认为只有世界的高处，即环绕大地的浓密大气的上层边缘区域以及那之外的地方，才是由神意统治的，而这个低级部分，也就是土、水以及周围的气——从地上和水面蒸发的水气得到湿润，形成风和云——更多的是随机和偶然运动的场所。我们绝不能听从这些人的观点。③ 我们引《诗篇》作者来反驳这些哲学家，他赞美天上区域，然后转向低级区域说："所有在地上的，大

---

① 《创世记》二章 2 节。
② 《所罗门智训》六章 17 节。
③ 我们不知道当奥古斯丁提到这种关于神意的奇怪观点时想到了哪些哲学家。关于这个问题的解释，见 *Agaesse - Solignac* 48. 678 - 679。

鱼和一切深洋，火与冰雹，雪和雾气，成就他命的狂风。"① 攻击诸天的这些低级区域（准确地说属于"地"）的，似乎没有比狂风暴雨更像是偶然发生的。但是当《诗篇》作者加上"成就他命"这个限定词时，他非常清楚地表明，这些现象中隐藏着上帝所命定的计划，是我们所不知道的，并不是宇宙本性中缺乏这样的计划。我们的救主亲口告诉我们，上帝若不愿意，一个麻雀也不能掉在地上；野地里的草虽然不久就要被丢进火里，但上帝还给它妆饰。② 我们的主在说这样的话时，岂不是向我们保证，不仅世界的这整个分配给可灭、可朽者的区域，而且它的最边缘、最低级的部分，都在神意的管理之下？

第二十二章　神意的证据

证明上帝神意的证据

43. 有些人不承认这个真理，不接受《圣经》的权威。他们认为世界的我们这个部分受制于随机产生的风暴，而不是由至高上帝的智慧统治。为提供经验证据，他们诉诸两点，一是我已经提到的，天气的变化莫测；另一点是人的盛衰时运，随机降临，与人的功德无关。要知道，如果他们看见任何生命体中存在非同寻常的计划——不仅医学专家对此很清楚，他们的职业训练要求解剖、确认并检查身体的各个部分，而且任何具备常规知识和智力的普通人也知道这一点——他们岂不要惊叫，这些造物从未缺失——哪怕一瞬间——上帝的管理？每一种测量的尺度，每一种数目的和谐，每一种重量的比例，无一不是从他而来。③

---

① 《诗篇》一百四十八篇 7-8 节。
② 《马太福音》十章 29 节；六章 30 节。
③ 参见《所罗门智训》十一章 21 节。关于奥古斯丁对这节经文的解释，见本书第 127 页和 129 页注释。

因此，在这整个区域，最低级最渺小的造物都显然由如此显著的计划设计，只要对它们稍加注意，就会油然充满无以言表的敬畏和惊奇，若是认为这个区域缺乏上帝的意愿，没有他神意的统治权能，还有比这更愚蠢更可笑的观点吗？既然灵魂高于身体，而人的身体里包含上帝深思熟虑的设计，有如此清晰而无可争辩的证据表明这一点，那么认为没有上帝的神意论断人的作为岂非最愚蠢无知的说法？由于这些细小事物存在于我们面前，我们可以通过感官感知，也可以轻易地探索它们，所以创造的计划在它们身上闪现；但是有些人认为事物若不能看见，就不存在，所以就说我们看不见其设计的那些事物是未经安排的；或者如果他们认为某物存在，那么他们习惯看见它怎样，就断定它本性怎样。

第二十三章　上帝一次性创造了一切，但又做事直到如今

上帝如何一次性创造万物又做工直到如今

44. 然而，正是上帝的神意藉着《圣经》引导我们前进的脚步，使我们不会陷进这样凶险的罗网。我们蒙上帝的恩典，也要努力从上帝创造的工作中探寻他最初一次性创造的工在哪里，因为他当时完成了所有的工，然后歇了所完成的工安息了，但他世世代代一直在创造它们的可见形式，直到如今。

我们不妨想想一棵树，树干、树枝、树叶和果实，有多么美。这树肯定不是突然长成这样的大小和样子，而是经过一个我们都熟悉的生长过程。首先把树胚或树芽植入地里，长出根部，从根部发出树的各个部分，然后长大成形。再者，树胚源于种子，因而所有那些部分原初存在于种子里，不是作为形体的尺寸，而是作为一种力量和原动力

（potentia causali）。① 形体是通过泥土和水份日积月累的滋养生长起来的，但在那小小的子粒里存在着更为神奇而非凡的力量（vis），它使水份与泥土结合形成一个物质，可以变为树木，可以发出树枝，长出具有特定形状的绿叶，结出华美的果实，所有部分渐次生长，最后成为一个精致有序的整体。若不是从种子②的隐秘宝藏里汲取，那树能发出或结出什么果实？但这种子源于树，不是这棵树，而是另一颗树，而那棵树又源于另一颗种子。当然，树也可以源于树，比如折下树芽种植。因此，我们看到，种子源于树，树源于种子，树源于树。但无论如何都看不到种子直接到种子，而没有树作中介。另一方面，我们却可以看到从树到树，不需要种子作中介。因此，一个源于另一个，循环往复，但两者都源于土，不是土源于它们。这样说来，土是先在的，是它们的源泉。对动物来说也如此，我们可以质疑是种子源于动物，抑或是动物源于种子，但不论哪个在先，可以确定的是，它源于土地。

天地创造的以潜能形式、作为原因存在的事物

45. 因此在种子里已经隐秘地存在将在时间进程中长成树的一切元素。同样，当上帝一次性创造万物时，我们也必须这样构想世界，它同时拥有日子被造时在它里面以及与它一起被造的一切事物。这不仅包括天以及日月星辰，它们环行运动时光芒始终不变；包括地和深水，它们几乎处于永不停息的运动中，处于天空之下，构成世界的低级部分；也包括水和土创造的潜在的、以原因形式存在的事物，当它们在上帝至今一直在做的创造之工中，随着时间的进程展开，就会为我们所知。

---

① 注意胚或芽（germen）与种子（semen）的区别。奥古斯丁这里讲的种子是动力因，不是一种物质实体，而是一种物质力量，决定一个有机体的生长。见本书第164页注①。
② 这里提到的种子是有形可见的种子。

总结

46. 因此经上说,"创造天地的来历乃是这样:日子被造后,上帝创造天地,和野地的草木,它们还未发出来;以及田间的菜蔬,它们还没长起来。"① 他成就这些不同于他如今通过雨水和人的耕作所做的工。出于这个原因,《圣经》又说:"因为上帝还没有降雨在地上,也没有人耕地。"② 他起初一次性创造了万物,在六日里完成了整个工,他让在创造万物之前创造的那个"日子"重复出现六次,所以他不是在持续的一段时间完成所有工,而是在一个计划里让所有的工以原因的形式显现。③ 第七日他歇了所有的工安息了,也把这安息慷慨地向"日子"显明,好叫它以这种知识为乐。因此他祝福第七日,定它为圣日,不是通过任何工作,而是通过他的安息。

上帝不再创造任何新的造物,但通过他对世界的管理引导并统治他一次性创造的万物,因而他一直工作,毫无停歇,既安息又工作,两者是同时的,如我上面所解释的。上帝如今一直在时间中做工,这些工的开端就是《圣经》故事所说的"有泉从地涌出,滋润遍地"④。关于这个泉,我想该说的我们都已经说了,所以现在应该开始解释后面的经文。

---

① 《创世记》二章 4–5 节。
② 《创世记》二章 5 节。
③ 根据奥古斯丁的解释,这"日子"就是天使一族,他们的心灵被照亮,从而在造物被造之前就能看见它们。见前面 4.22.39 以及第 195 页注②。
④ 《创世记》二章 6 节。

第 六 卷

人的身体被造

第一章 人的被造,创2.7。这个叙述与创1.27如何关联?

创 2.7 应理解为人的最初样式还是在时间中被造的样式

1. "上帝用地上的尘土造人,将生气吹在他鼻孔里,他就成了有灵的活人。"① 这里我们必须首先搞明白:这话是否只是一种重述,意在描述人被造的方式,因为我们前面已经读到人在第六日被造;或者,当上帝一次性创造万物时,他是否也以某种隐秘的形式造了人,就如他在野地还未长出草木之前创造草木那样?② 按照后一种假设,人应该已经以另一种方式被造在自然隐秘的深处,就如上帝在日子被造之时一次性创造的事物那样;后来,随着时间的进展,他第二次根据可见形式被造,如今就以这样的形式生活,或好或坏,就像野地的草木——在它从地上生长出来之前被造,然后在时间进程中,当那泉滋润大地时,它从

---

① 《创世记》二章 7 节。
② 参见《创世记》二章 5 节。

地里生发出来。①

第一种假设：当日子最初被造后，人在第六日被造

2. 我们不妨先把它看作一个复述，然后力图来理解经文。或许人在第六日被造，就如"日子"本身最初被造，天空、旱地和海洋最初被造一样。但经上没有说，这些造物先被造，以某种原始因的方式隐藏起来，然后随着时间的展开，以可见的形态显现出来，构成世界；而是说，从时间之初，当日子被造时，世界就形成了，同时在它的各元素中储藏着造物，包括植物和动物，在随后的时间进程中一一生发出来，各从其类。

因为我们不能认为甚至星辰也以原初因的方式被造在世界的元素里，后来在时间进程中才出现并且闪耀光芒，就像今天在天上闪光那样。事实上，所有这些事物都是在日子被造时根据完数六同时创造的。那么人当时是否也以他如今存在并生活——不论好坏——的样式和实体被造的？或者他是以某种隐秘的形式被造，就像野地的草木在生发之前被造，从而在特定的时间进程中，当上帝用尘土造人时，他就出现了？

第二章　第一种假设：人以我们所熟悉的可见样式在第六日被造；创2.7的叙述是一种复述

根据《圣经》的相关经文解释这个问题

3. 我们不妨这样假设：人在第六日以我们所熟悉的清晰可见的样

---

① 根据奥古斯丁，在《创世记》第一章描述的原初创造里，上帝并没有造出地上可见的草木、树木和动物，而是在地里安置了隐秘的原因，"动力因"，它们将从这些原因中生发出来。他在第五卷解释了这一观点；尤其见本书第五卷第七章20、23节以及第164页注①。

205

式被造，但在第一次叙述时完全没有提到复述时所描述的那些细节。然后我们要看看《圣经》是否认同这种假设。

关于第六日造人的故事是这样说的："上帝说：'我们要照着我们的形像，按着我们的样式造人，使他们管理海里的鱼、空中的鸟、地上的牲畜和全地，并地上所爬的一切昆虫。'上帝就照着自己的形像造人，乃是照着他的形像造男造女。上帝就赐福给他们，又对他们说：'要生养众多，遍满地面，治理这地；也要管理海里的鱼、空中的鸟，和地上各样行动的活物。'"①

也就是说，人当时已经从泥土被造；当他入睡之后，从他身上取下肋骨为他造出一个女人。但复述时讲到的这些细节在第一次叙述里完全没有提到。我们没有看到有经文说第六日先造出男人，然后在适当的时候造出女人。《圣经》乃是说，他就……造人，造男造女，然后赐福给他们。那么如何理解人被安置在乐园里，然后为他造一个女人？难道圣作者原先忘掉了，后来又想起来了？也就是说，乐园在第六日已经被造，人被安置在里面；然后让他入睡，从他造出夏娃，之后她醒来，给她取名。但这些事只可能发生在时间顺序中。这样说来，他们不可能按照万物同时被造的方式产生。

第三章 这个假设固有的难点；创 2.7-9 不只是一个复述

从其他经文讨论这个问题

4. 然而，人可能认识到上帝同时创造这些以及其他事物是多么轻而易举，但我们知道人的话只能在时间进程中通过声音说出来。因为当

---

① 《创世记》一章 26-28 节。

我们听到他说的话，不论他给动物取名，给女人取名，还是紧接着说的"因此，人要离开父母与妻子结合，二人成为一体"①，知道他在说这些话时，不论使用什么音节，没有两个音节可以放在一起发出来。若说所有这些与那些一次性被造的事物同时发生，那更不可能了。

所以，我们面临一个两难问题。一方面，我们可以说，所有那些造物都不是在时间刚开始时一起被造的，而是在时间展开过程中一一被造，最先造的那个日子的早晨和晚上并不具有属灵意义，而是属体事物，早晨和晚上是由于光的某种循环运动或者光的弥散和收缩产生的。② 另一方面，如果我们把这篇注释前面讨论过的一切都加以考虑，我们就有充分理由得出这样的结论，那个起初神秘被造的日子是属灵的，之所以称为日是因为它意指智慧之光。③ 我已经指出，这个被造的日子向上帝所造的工显现，而这是在依据数字六设定的计划显现出来的知识里成就的。④《圣经》的话似乎支持这种解释，因为六日成就之后它说："日子被造后，上帝创造天地，和野地的草木，它们还未发出来；以及田间的菜蔬，它们还没长出来。"⑤ 还有另一个《圣经》证据，它说："那永活的一次性创造万物。"⑥ 所以毫无疑问，用泥土造人以及从他的肋骨取出一根为他造出妻子，这个工不属于上帝一次性创造万物，完成之后就安息的那个创造之工，而是属于发生在时间进程中的上帝之工，这样的工，他一直做到如今。

---

① 《创世记》二章 24 节。根据奥古斯丁的解释，24 节的这话是亚当所说，是亚当接 23 节的话说的。现代解释学家一般认为亚当的话在 23 节结束，24 节是《创世记》作者的一个评论。关于奥古斯丁的解释，见后面 9.19.36。
② 这些观点在前面 1.12.25，1.16.31 以及 4.21.38 中有过讨论。
③ 在解释这个句子时有些困难，部分原因是不能确定正确的文本中"被造"（conditum）是修饰"日子"（diem）（被造的日子），还是修饰光（conditiam lucem，被造的光）。
④ 创 1.3 里的"光"，即创 1.5 里的"日"，就是受到光照的天使理智裹，当他们看见上帝时得完全。这光照，或者这日子，显现在六日计划里，六日就是同一个日子重复六次，表明所有创造之工——实际上是同时创造的——向天使显现，他们先是在上帝的道里看见它们（早晨知识），然后在它们自己的本性里看见它们（晚上知识）。见第四、第五卷各处，尤其是 4.22.39，4.26.43，5.3.5–6，5.5.14–16，5.22.45–46。
⑤ 《创世记》二章 4–5 节。
⑥ 《便西拉智训》十八章 1 节。见本书第 165 页注①。

上帝一次性创造万物，同时做工直到如今

5. 我们必须思考《圣经》里的准确用词，它如何记载上帝建立乐园，如何把所造的人放在园子里，如何把动物带到他面前，让他命名，又如何从他身上取下肋骨为他造出女人，因为没有遇见配偶帮助他。关于这些事实的叙述清楚表明，这些事不属于上帝第七日歇下安息的那个工，而属于他在整个时间进程中一直做到如今的工。因为当圣作者讲述乐园如何建立时是这样说的："上帝在伊甸立了一个园子，把所造的人安置在那里。上帝又使各样的树从地里长出来，可以悦人的眼目，其上的果子好作食物。"①

第四章　更多理由证明创 2.7-9 的叙述超出关于六日之工的记载

当作者说"上帝又使各样的树从地里长出来，可以悦人的眼目"，他显然表明，这里说的上帝使树木从地里长出来，意思不同于前面讲到的地在第三日发出结种子的菜蔬，各从其类，并结果子的树木，各从其类。② 这就可以理解为何说"上帝又使……长出来"（Eiecit adbuc）。③ 显然，这次"使长出"不同于前一次的"使长出"。在前一次，上帝创造的事物处于潜能和原因中，在那次创造之工中，他一次性地创造了万物，完成之后，就在第七天歇了所有工安息了。但在这一次，他创造了可见的事物，这次工发生在时间进程中，他甚至一直作工直到如今。

根据创 2.8 解释关于乐园树木的问题

6. 或许有人会反驳说，并非所有树木都是第三日创造的，有些是

---

① 《创世记》二章 8-9 节。
② 《创世记》一章 12 节。
③ Adhuc 可以理解为"此外、还、又"的意思。见 TLL 1.662, 18。

后来，到了第六日，当人被造并且安置在乐园之后才有的。但是《圣经》清楚地告诉我们第六日所造的是哪些造物：有生命的活物，各从其类；牲畜、昆虫、野兽，各从其类；以及人本身，包括男人和女人，是按着上帝的形像造的。①

所以，作者可以省略不说人是如何被造的（尽管他讲到人是在第六日被造这一点），以便后面复述时可以描述他被造的方式，讲述人如何从尘土被造，女人如何从他的肋骨被造。但是他不可能略去任何一类造物，无论当上帝说"要有……"（fiat）或者"我们要造……"（faciamus）时所造的，还是当他说"事就这样成了"（sic est factum）或"上帝就造出"（fecit Deus）所造的。否则，如果可以怀疑日子是混乱无序的，从而把菜蔬、树木分配给第三日之后，我们要相信第六日还创造了某些树木，尽管《圣经》没有在第六日提到，那么如此精心、有序地安排每一日的各种造物，岂不是完全徒劳无益了。

第五章　第二个假设：在第一次创造，即六日创世中，上帝创造了一切生命存在，包括亚当和夏娃，作为潜能和原因。后来上帝从这些原因创造出他们的可见形式

在上帝以潜能和原因形式创造的事物中，人也以普遍的形式被造

7. 最后，我们要怎么理解上帝把野地的走兽和空中的飞鸟带到亚当面前，看他叫它们什么？经文是这么说的，"上帝说：'那人独居不好，我要为他造一个配偶帮助他。'上帝又用土造出野地各样走兽和空

---

① 《创世记》一章 24、27 节。

中各样飞鸟,把它们都带到那人面前,看他叫什么。那人怎样叫各样的活物,那就是它的名字。那人便给一切牲畜和空中飞鸟、野地走兽都起了名。只是那人没有遇见配偶帮助他。上帝便使他沉睡,他就睡了;于是取下他的一条肋骨,又把肉合起来。上帝就用那人身上所取的肋骨造成一个女人。"①

因此,在牲畜、野地的走兽和天上的飞鸟中找不到配偶帮助那人,上帝就取了他的一条肋骨为他造出一个与他同类的帮手。而上帝成就这事时,他又用土造出野地的走兽和空中的飞鸟,把它们都带到那人面前。② 但是第六日地应上帝的命令生出了活物,而第五日水也应上帝命令生出了飞鸟,那么怎么能把它理解为发生在第六日呢?若不是地已经在第六日产生出野地的各样走兽,水在第五日产生各样飞鸟,这里就不会说"上帝又用土造出野地各样走兽和空中各样飞鸟"。

因此,按照原初的创造之工,就是上帝一次性创造万物的工,他在是潜能和原因意义上做工,第七日就歇了这工。但这里他以另一种不同的方式做工,就如我们看到的,他在时间进程中创造那些事物,直到如今。所以,用亚当的肋骨造出妻子夏娃这事发生在我们所熟悉的日子和属体的光里,就是太阳在天上循环产生的日子。因为正是那时,上帝又用土造出野兽和飞鸟,又因为它们中找不到亚当的配偶作他帮手,就造出夏娃。因此,也正是在这样的日子里,上帝用尘土造出了亚当。

另一种推论:人的两次创造

8. 我们不能说,男人是在第六日被造,而女人是在后来的时间进

---

① 《创世记》二章 18–22 节。
② 上帝"又造出"(cum adhuc de terra finxisset)飞鸟和走兽,是指在六日之后,他那运行在种子理性中的创造权能产生出飞鸟和走兽,他在第五日和第六日已经把它们作为潜能和原因创造出来。

程中被造的。经上说得很清楚，第六日"上帝造男造女，赐福给他们"，[1] 如此等等。这话谈到的是两人，也是对两人讲的。因此，最初对两人的创造不同于后来对他们的创造。第一次他们藉着上帝的话被造在潜能里，也就是说，当上帝一次性创造万物的时候，他们以种子的形式进入世界，然后他在第七日歇了所有这些工安息了。所有事物都从这些造物中产生，在历史进程中各从其类。第二次男人和女人是按照上帝在所有世代中运作的创造活动被造，上帝在这个活动中做工直到如今。因此，上帝按计划在适当的时候用尘土造出亚当，又从亚当的肋骨造出女人。[2]

第六章　进一步解释：物质种子与原初理性（初始因）的区别

最初的创造或应理解为原因

9. 依据上面关于上帝之工的划分，有些工属于不可见的日子，那时他一次性创造了万物；有些属于他时间性的日子，他每日创造，使万物在时间进程中展开，但这一切都是他从前者——可以称之为原始包（involucrum primordiale）——中产生的。我依据《圣经》里的话作出这样的划分，在这样的解释中，我希望没有误导经文的意思，或者作出荒谬的解释。由于要理解这些问题多少有点困难，对于未受教育的读者来说更难以明白，所以我必须谨慎，免得有人以为我主张或者表达了我知道自己并没有主张或表达的意思。尽管我尽最大能力在前面的解释中作

---

[1] 《创世记》一章 27–28 节。
[2] 前面 5.12.28 奥古斯丁区分了创造的三步：1. 上帝之道里不变的形式或范式，造物据此而造；2. 上帝的六日创造之工，他一次性创造了万物，第七日歇了所有的工安息了；3. 他从原初的创造中产生出事物，这种工作他至今一直在做，使最以潜能和原因形式创造的事物得到全面充分的发展。这第三步我们通过经验知道，前面两步我们只能通过神圣权威知道。

了铺垫，让读者理解我的意思，但我想仍然会有许多人不明白我的解释，从而认为人存在于上帝的原初工作，即他一次性创造万物的工作里，从而拥有某种生命形式并感知、相信和理解上帝对他说的话，上帝说："看哪，我将遍地上一切结种子的菜蔬……赐给你……"① 凡是思考这个问题的，应该知道这不是我所想或所说的。

在最初创造的事物中，人以原因的形式被造

10. 但是如果我说，在上帝一次性创造万物的最初创造中，人不是作为一个人存在，不是成熟的成年生命形式，不是婴儿，不是母亲子宫里的胎儿，甚至不是人的某种可见种子（semen visibile），有人就会认为他根本不存在。这样的人应当回到《圣经》里去。他会发现第六日人是按照上帝的形像被造，并且上帝造人是造男造女。然后他应当看到，当女人被造时，那是在六日之外。因为女人被造时，上帝再次从尘土造出野地的走兽，空中的飞鸟，而不是当水滋生出飞鸟，地产生出包括走兽在内的活物的时候。

这样说来，在第一次创造时，人被造了，有男有女。因此，这事既在当时发生也在后来发生。不可能只是当时发生，后来没有；也不可能当时没有，只是后来才发生的。后来创造的不是另外不同的人，他们是同样的男女，当时是一种方式，后来是另一种方式。有人会问我如何不同，我会回答说："后来是可见的，有我们所熟悉的人体样式，但不是从父母产生的，男人是从尘土造的，女人是从男人的肋骨造的。"有人会问，他们最初在第六日是以什么方式被造，我会回答说："以不可见的、潜能的、原因的方式，就如将来要产生但现在还未实际产生的事物②。"

---

① 《创世记》一章 29 节。
② 这个句子的拉丁文为 Quomodo fiunt future non facta，很难用简洁、清晰的英文完全对应翻译。以潜能、原因形式被造的事物将要形成（fiunt），但它们还只是将来的事物（futura），现在还未被造（non facta）。

在一切可见种子之前先有人的原因

11. 我的批评家或许难以理解这一点。他所熟悉的一切都被剔除，包括种子的物质尺度。因为人在最初的六日创世中被造时完全不是这类存在。诚然，种子与我所描述的有一定相似性，因为种子里面孕育着将来的生长。然而，在所有可见的种子之前，先有它们的原因。只是他不明白。那么我所能做的，就只能尽我所能给他一个有益的告诫，相信《圣经》，接受它的教导，当上帝创造日子，创造天地之时，他创造了人。关于这一点《圣经》另外地方有话说："那永生的一次性创造了万物。"① 然后上帝在按时间一个一个创造事物，而不是一起创造时，从尘土造出男人，又从男人身上取下肋骨造出女人。《圣经》不允许我们认为第六日是以这样的方式造男造女，但也不允许我们以为他们根本没有在第六日被造。

第七章　不能说创1.27只是指创造出男女的灵魂

不能说创造灵魂在身体之前

12. 有人可能会认为，上帝第六日创造的是男人和女人的灵魂——因为上帝的形像自然得理解为人的属灵和属理智部分——那么他们的身体应该是后来形成的。

但是《圣经》不允许我们接受这样的解释。首先，它告诉我们，上帝在第六日完成了所有的工。如果有什么东西当时没有作为原因被造，要到后来以可见的方式产生，那我就不知道该如何理解《圣经》说的这话了。其次，男女的性别之分只能在于身体。但是如果有人认

---

① 《便西拉智训》十八章1节。

为在理智和行为上①两性可以说在一个灵魂里,那么他怎么解释上帝第六日拿树上的果子给人作食？人只有拥有身体时才需要食物。最后,如果有人想要在比喻意义上解释这种食物,那他就离开了对事实的字面解释,而在解释这类故事时应当首先确立字面意义。

第八章　创 1.27 – 29 上帝的话是在什么意义上说的

关于上帝第六日对人说话的难题

13. 我的批评者会问,既然还没有人聆听话语,那上帝怎么对那既不能听也不能理解的对象说话？我会这样回答,上帝对他们说话,就如同当我们还没有出生,注定要在久远的将来才能产生时,基督对我们说话一样,他不仅对我们说,还对所有在我们之后要来的人说。因为他下面这话正是对所有他知道将要归属于他的人说的:"我常与你们同在,直到世界的末了。"② 同样,上帝原就知道他与之说话的那位先知:"我未将你造在腹中,我已晓得你。"③ 利未还在亚伯拉罕身中时就交纳了十分之一。④ 既然这样,为何亚伯拉罕就不能以同样的方式在亚当里面,亚当在最初的创造之工中,就是上帝同时创造万物的那个工中呢？

诚然,披戴肉身的主通过自己的口说话,上帝藉着众先知之口说话,这些话是在时间中通过源于身体的声音发出的,这样的话及其每个音节需要占用相应的时间长度。但是当上帝说:"我们要照着我们的形像,按着我们的样式照人,使他们管理海里的鱼、空中的鸟、地上的牲

---

① 奥利金认为,内在的人是由男性部分,即属灵(spiritus)部分构成,而女性部分属魂(anima)。见 Orig., *In Gen.* (tra. by Rufinus) 1.15 (GCS 6.1, p. 19.8 – 11 Baehrens; MG 12.158C)。奥古斯丁很可能读了鲁菲努的译本。
② 《马太福音》二十八章 20 节。
③ 《耶利米书》一章 5 节。
④ 参见《希伯来书》七章 9 – 10 节。

畜和全地，并地上所爬的一切昆虫"；"要生养众多，遍满地面，治理这地；也要管理海里的鱼、空中的鸟，和地上各样行动的活物"；"看哪，我将遍地上一切结种子的菜蔬，和一切树上所结有核的果子，全赐给你们作食物"；① 当上帝说这些话时，空中还没有任何声音的震动，没有从人或者从已有的云层中发出的任何声响；这些话乃是在他至高的智慧里说的，万物都是藉着这智慧造的。它们不同于敲击人耳的声音，而是根植于被造物中，是将来被造之物的原因。因此上帝藉着他无所不能的权能造出将来要显现的事物；同时，这位先于一切世代的上帝造出世代的开端——我们可以称之为时间的种子或根——在这种子里造人，这人将在适当的时间形成为人。

诚然，有些造物先于其他造物，或者时间上先于，或者因果关系上先于。但上帝先于他所造的一切，不仅因为他作为一切之主甚至一切原因之主的优先性，而且因为他的永恒。关于这个话题或许可以在涉及其他直接相关的经文时再作更详尽的讨论。

第九章　上帝在我们出生之前就知道我们，但在出生之前没有谁单独对任何善或恶负责

造物还未存在之前就为上帝所知

14. 以上关于人的讨论，在此告一段落。在解释我的观点时，我尽可能遵循适度原则，以便表明在研究《圣经》的深奥含义时，我们秉持的是一种坚持不懈的探讨精神，而不是固执己见。

毫无疑问，上帝在耶利米还未在母亲腹中成形之前就知道他，因为他说得非常清楚："我未将你造在腹中，我已晓得你。"② 但是凭我们有

---

① 《创世记》一章 26，28 – 29 节。
② 《耶利米书》一章 5 节。

限的理解力，要明白在他还未成形之前，上帝在哪里知道他，即使并非不可能，也极为困难。在耶利米还未被造在腹中之前，上帝是在某些相似的原因里知道他吗？就如利未的例子，当他还在亚伯拉罕身中时就交纳了十分之一。① 是在亚当里面吗？——整个人类的根基就在他里面。如果是在亚当里，那是当他从尘土被造时，还是当他在上帝同时创造万物的工作中作为原因被造时？或者是在整个造物界之前？因为上帝在世界创立之前就拣选并预定了他的圣徒。② 或者是在所有这些原因里，无论那些我所提到的，还是那些我所没有提到的？

不论情形如何，我认为没有必要继续更多的探讨，只要我们清楚地看到，从耶利米父母把他生在这个世界的那一刻起，他就过自己的生活，长大之后，能选择行义或作恶，但在这之前他没有这样的选择，无论是还未形成于肚腹，还是已经形成但还没有出生。圣保罗关于利百加肚腹里双子的观点使我们对这个问题毫无疑惑：双子还没有生下来，善恶还没有作出来。③

没有出生就没有功过

15. 当然，《圣经》说，即使是婴孩，只要他在地上活一天，就没有脱离罪。④ 这话不是徒劳的。《诗篇》作者说："我是在罪孽里生的，在我母亲怀胎的时候就有了罪。"⑤ 圣保罗说，众人在亚当里死了，"众人都在他里面犯了罪"⑥。然而现在我们要确定地认为，无论父母传给

---

① 《希伯来书》七章 9 – 10 节。
② 《以弗所书》一章 4 节。
③ 《罗马书》九章 10 – 11 节。
④ 《约伯记》十四章 4 节。奥古斯丁的经文基于 LXX。
⑤ 《诗篇》五十篇 7 节。（参和合本五十一篇 5 节——中译者注）
⑥ 《罗马书》五章 12 节。该节经文的拉丁文是 "in quo omnes peccaverunt"，奥古斯丁和大多数拉丁文作家都把 "in quo" 理解为 "one man" （亚当）。但对应的希腊文更可能意指 "因为"。所以多数现代版本译为 "因为众人都犯了罪"。但是奥古斯丁正确理解了保罗的根本意思：从亚当来的是罪和死；从基督来的，是称义和永生。参见 Ambrosiaster (4th), *Ad Romanos* 5.12（CSEL 81. 165 – 167 Vogels；Ml 17. 92 – 93），亦见 Bonner 373。

子孙什么功绩，无论上帝以怎样的恩典称未出生的人为义，在上帝都没有任何不义，出生前谁也没有作出善恶需要个人负责的。有些人①认为，灵魂在另一种生命中犯有或大或小的罪，就依据他们所犯罪的大小，把他们送入不同的身体。这与圣保罗的教导不一致，他说得非常清楚，那些还未出生的人没有作任何善恶之事。

关于罪之遗传的难题

16. 因此我们必须在适当的时候再次追问，整个人类从我们祖先的罪感染了什么，他们是唯一犯罪的人。毫无疑问，当人还未从尘土被造，还未过自己的生活之前，他不可能犯下这样的罪行。根据圣保罗，以扫和雅各在出生之前未作任何善恶，所以，如果他们的母亲没有作过任何善恶，就不能说他们从父母接受了某些功过；如果亚当本人没有犯任何罪，也不能说人类在亚当里犯了罪。而亚当若不是过着自己的生命，在自己的生命里行善或作恶，就不可能犯罪。

因此，当亚当被造在原因里，在同时被造的事物里，还没有拥有他自己的生命，还不是拥有自己生命的祖先，去寻找他的罪或善行，那是徒劳的。因为在最初的创世里，当上帝同时创造万物时，他创造的人是将来才存在的人，也就是将来被造之人的初始原因或理性（ratio），而不是已经被造的现实的人。②

---

① 奥古斯丁很可能是指奥利金。见 Origen, *De principiis* 1.8.1；3.3.5（GCS 22.96，8–11，22.262，2–16 Koetschau）。奥古斯丁很熟悉耶柔米（Jerome）或鲁菲努版的奥利金《论首要原理》（见 *De civ. Dei* 11.23）。

② 奥古斯丁原话是：In illa enim prima conditione mundi, cum Deus omnia simul creavit, homo factus est qui esset futurus, ratio creandi hominis, non actio creati. 奥古斯丁的意思是说，在创造的第六"日"，即在上帝最初同时创造万物的创造活动中，他还没有从尘土造出人，而是在尘世里安置了原因种子（ratio seminalis），以后第一人的身体将由此造出。这就是"ratio"在这个段落里的含义。"actio"的使用非同寻常。这里大约相当于阿奎那的"actus"，亚里士多德的 ἐνέργεια，即与潜能（potentia）相对的现实。马里乌斯·维克托里努斯（Marius Victorinus）也在他讨论三位一体反驳阿里乌的作品里频繁使用 actio 这个词与 potentia 相对，但后者通常指上帝父的全能，而 actio 指那种权能在道里面的显现。

第十章　在初始原因影响下，菜蔬从地里发出来，然后种子从菜蔬里长出来

事物以不同的方式存在

17. 然而，一方面，这些事物存在于上帝的道里，因而不是被造的，而是永恒存在的；另一方面，它们存在于世界的元素中，其中的一切都是同时被造、将来预定要产生的；再一方面，它们存在于不是同时被造，而是在各自时间中形成的事物中，但依据的是同时被造的它们的原因——亚当就是其中一例，上帝从尘土造出他，吹一口气给他生命的灵，就像草从地里发出；① 另外，它们还在种子里，所以再次看到它们如同最初的原因，从上帝最初储存在世界里的原因产生出造物，造物又生出类似的原因，也就是地里长出菜蔬来，菜蔬又结出种子来。②

在所有这些事物中，已经被造的存在者在各自特有的时间中接受自己的存在方式和活动方式，从那作为原因潜藏于造物界的隐秘而不可见的种子中发展成为可见的形式和本性。因而，菜蔬从地里发出，人被造为生命物，其他造物莫不如此，不论植物还是动物，都属于上帝的工，

---

① 要注意这里被造生命物的三种存在方式：1. 永恒存在于上帝里；2. 潜能地存在于本性里；3. 存在于各自完全的形式里。
② 我们注意到很重要的一点，按奥古斯丁的世界观，即上帝同时创造万物，世界潜在地以原因（或者种子理性）——它们与世界同时被造——的方式包含一切将来按时令发出的生命物。换言之，他说，一切生发出来的生命物都包含在种子里（in seminibus），这些种子就是类原始原因（quasiprimordiales causae）。因此，种子是可见的、可感的实体，潜在地包含着将从它们生长的有机体。但种子之外的是原始因，或种子理性（rationes seminales），那是不可感知的实体，隐藏在本性中的创造力，是引发种子生长的原因。但应当注意的是，根据奥古斯丁，最先出现在地里的菜蔬不是出于种子，而是出于上帝的创造权能，它通过阳光、水份和种子理性作工。因此我们看到菜蔬从地里长出来，然后种子从菜蔬长出来，再后菜蔬又从种子长出来。奥古斯丁提出这个观点的依据是创1.12："地发生了青草和结果子的菜蔬，各从其类。" 见奥古斯丁在5.4.9中的解释。

这工他一直做到如今。但是由于这些存在者拥有某种隐秘的繁殖能力，可以说，它们在自身内以不可见的方式自我复制。它们之所以拥有这种能力是因为它们的原始因，也就是说，当它们在各自可见的形式中产生之前，在日子被造时，它们被造在自己的原始因里，安置在造物界。

第十一章　在一种意义上创造已完毕，在另一种意义上，创造刚开始。完毕是因为它们在自己的原因种子里被造；开始是因为上帝随后将使它们产生在各自的可见形式里

如何理解六日工作既已完毕又刚开始

18. 如果上帝最初的工作，即他同时创造万物的工作，按造物的本性来说，并非是完全的，那么毫无疑问后来得有所添加，使它们的存在得以完全，这样整个世界的完全就由我们可以称为的两个一半构成。这两半就像一个整体的两个部分，它们是宇宙整体的部分，所以它们的统一就是整个宇宙的完全。此外，如果这些造物得以完全的意思是指，当它们各自被造，在各自的时间中变成各自的可见形式和现实，① 就完全了，那么可以肯定，或者以后的时间进程中将不会有任何事物从它们产生，或者上帝将不停歇地从它们造出果子——这些果子是在适当时间结在它们里面的。

但是这些工在某种意义上已经完成，在另一种意义上才刚开始。上

---

① 这个句子的拉丁文是 in manifestas formas actusque，这里的 actus 意思等同于前面第九章的 actio，见第 217 页注②。

帝在起初创造世界的时候造出它们，他同时创造了万物，在将来的世界中要一一展现。说它们已经完成，因为在它们独特的本性——由此它们在时间中履行自己的角色——中，它们无所缺乏，一切都造在各自的原因里。但它们又刚开始，因为它们里面的——可以说——将来要完成之事物的种子，到时候要从隐秘状态生发出来，在世代进程中按时令成为可见的样式。

《圣经》的话说得很清楚，只要仔细查阅，就会明白。它说它们既是完成的，又是刚开始的。可以肯定，如果它们不是完全的，《圣经》就不会说："天地万物都造齐了。第六日，上帝创造的工已经完毕，……上帝赐福给第七日，定为圣日。"① 另一方面，它们若不是刚开始，《圣经》也不会接着说："因为在这日上帝歇了他一切创造的工，就安息了。"②

总结：人被造时灵魂是不可见的，身体是可见的

19. 如果有人问，为何上帝既完成了他的工，同时又刚开始他的工，那么从我上面所说的可以清楚地看到答案。因为他并不是完成某些工，开始另一些工，经上提到的他第七日歇下的是同样的工。我们可以看到，当上帝同时创造万物时，他就完成了这些工，它们已是完毕状态，不存在有哪个事物他未在原因秩序中创造，从而需要再在时间秩序中创造；我们也要明白，上帝开始这些工的意思是说，他最初在原因里确立的，后来在结果中实现出来。

因此，"上帝用地上的尘土造人"，又"将生气吹在他鼻孔里，他就成了有灵的活人"③。此时他不是被预定，因为预定发生在世代之前，在造主的预知里。此时他也不是造在原因里，不论以完全状态开始，还是以开始状态完成，因为那样的创造与时间的开始同时发生，在原始种

---

① 《创世记》二章 1–3 节。
② 《创世记》二章 3 节。
③ 《创世记》二章 7 节。

子里，发生在万物同时被造时。而此时他是造在时间里，有可见的身体，不可见的灵魂，由灵魂和身体构成。

第十二章　人就像其他造物一样，是藉着上帝的道造的。他又区别于可见世界的所有造物，因为他是按着上帝的形像和样式造的

上帝或者以人的方式造人的身体

20. 那就让我们看看上帝如何先从尘土造出人的身体；然后我们要尽我们所能深入考察他灵魂的起源。想象上帝用双手从尘土造人是幼稚可笑的。事实上，如果《圣经》说了这样的事，我们必须相信作者是在使用比喻，而不是说上帝局限于肢体结构中，就像我们束缚在自己的身体里。

经上有话说：" 你曾用手赶出外邦人。"[①] 又说，"你施展大能的手和伸出来的膀臂，领你的百姓出来。"[②] 任何智力健全的人都明白，这些段落里使用肢体的名称所表述的是上帝的能力和权柄。

人为何是上帝的首要作品

21. 有些人认为，人之所以是上帝的首要作品，是因为上帝说话，其他造物就造成了，而造人时他亲自动手。[③] 我们对这种观点完全不必

[①] 《诗篇》四十三篇 3 节。奥古斯丁依据的是 LXX。（参和合本四十四篇 3 节。）
[②] 《诗篇》一百三十五篇（一百三十六篇）11-12 节。这里奥古斯丁并非原原本本引用。
[③] 在这一章奥古斯丁反对那些人的观点，他们认为人的优越性在于，上帝亲自创造了人，而创造低级造物时仅凭他的话语或者通过他的命令。事实上，如奥古斯丁解释的，上帝创造一切都通过他的话语（道）；而他的大能和智慧等同于他的道。因此，人的优越性的根基在于他是按照上帝的形像造的。

关注。毋宁说人的优越性在于：上帝按着他自己的形像造人。

对于那些上帝说话就造出的事物，《圣经》之所以这样记载，乃因为它们是藉着他的道被造的。一个人可以通过话语对其他人说出他在时间中的所思所想，并用声音传达出来。但上帝说话不是这样的，除非他通过某个属体的造物说话，比如对亚伯拉罕说话，对摩西说话，以及通过云柱说到他自己的儿子。[①] 但是在整个创造之前，为了使创造发生，上帝通过他的道说话，这道起初与上帝同在，他就是上帝。因为"万物都是藉着他造的；凡被造的，没有一样不是藉着他造的"[②]。显然，人也是藉着他造的。他创造天当然是藉着他的道造的，因为他说话，它就成了。但是《圣经》说，"天也是你手所造的。"[③] 同样，关于世界的最低部分——可以说它的根基——《圣经》说："海洋属他，是他造的；旱地也是他手造成的"。[④]

因此我们不能认为人之所以有特别的尊严是因为上帝亲自创造他，而对其他造物，上帝只说话，它们就被造，或者他造其他造物是通过话语，造人则通过他的双手。人的优越性在于，上帝按自己的形像造他，赐他理智，使他胜过兽类，如我上面所解释的。既被赐予这样的尊荣，如果人不理解它，过好的生活与它相配，那么他虽被置于兽类之上，却与兽类无异。因为《圣经》说，"人虽居尊贵却不明白，就沦为无理智的畜类，与它们无异。"[⑤] 兽类也是上帝造的，但不是按着他的形像造的。

人和其他动物一样都是上帝藉着他的道造的

22. 我们不能说："上帝亲自造了人，但对兽类，他只下命令，它

---

① 见《马太福音》十七章 5 节；《马可福音》九章 7 节；《路加福音》九章 35 节。
② 《约翰福音》一章 3 节。
③ 《诗篇》一百零一篇 26（25）节。
④ 《诗篇》九十四（九十五）篇 5 节。
⑤ 《诗篇》四十八篇 13 节。奥古斯丁的引文依据 LXX。

们就被造了。"① 因为他造人和造畜类一样，都藉着他的道，万物都是藉着他的道造的。上帝的道、智慧和大能是完全同一的实在；当经上说到他的手时，那不是指有形的身体上的肢体，而是指他的创造权能。因为同样是《圣经》，既说上帝从尘土造人，也说他用泥土造出野地的走兽，把它们与空中的飞鸟一起带到亚当面前，看他怎样称呼它们。《圣经》说："上帝又用土造出野地各样走兽。"②

既然上帝亲自用泥土造人，也造野兽，那人比兽类更大的尊荣在哪里呢？只能在于他是按上帝的形像造的。而这形像，不在于他的身体，乃在于他的理智，我们后面会谈到这一点。③ 不过，他在自己的身体里也有某种特点表明这种尊荣，因为他被造时就直立向上。所以，这一点随时告诫他，不可寻求地上的事，就如牲畜一样，它们的快乐完全源于地，因此它们全都肚子朝下，屈身下弯。④

所以，人的身体与他的理性灵魂相适应不是因为他的脸部特征，他的肢体结构，而是因为他直立向上，能够看向天空，凝视物质世界的更高领域。同样，他的理性灵魂必须抬升朝向属灵实在，因为他们的本性具有更大的卓越性，这样人的思想才可能专注于属天的事物，而不是关注地上的事物。⑤

---

① 这里奥古斯丁似乎是指 Origin, *In Gen.*, 鲁菲努译本, 1.12 (GCS 29.13, 24 – 15, 3 Baehrens; MG 12. 155A – C)。
② 《创世记》二章 19 节。
③ 见 H. Somers, S. J., "Image de Dieu: Les sources de l'exegese augustinienne", REAug 7 (1961), pp.105 – 125。
④ 同样的观念可见于 Basil, *In Hex.* 9.2 (SC 26.486, 192A Giet; in tr. by Eustathius, TU 66. 115, 29 – 31 Amand de Mendieta – Rudberg)。西塞罗也认为人优越于动物之处在于人直立向上，朝向天空 (*Nat. deor.* 2.56.140; *Leg.* 1.9.26)。这是古代作家的一个共识。见 A. S. Pease (ed.), *M. Tulli Ciceronis De natura deorum, libri secundus et tertius* (Cambridge, Mass 1958), pp.914 – 915 收集的类似表述。
⑤ 见《歌罗西书》三章 2 节。

第十三章　上帝创造亚当是婴儿还是成人？上帝的创造权能不受制于生命物的常规生长规律

亚当被造为成人

23. 上帝用尘土造人所造的是什么状态的人呢？① 他造的是一个完全成熟的人，即身强力壮的成人，② 还是一个婴孩，就如他今天造在母亲腹中的人那样？要知道，成就这一切的那位，就是说"我未将你造在腹中，我已晓得你"③ 的那位。亚当不同于其他人的一点在于，他不是父母生的，而是尘土造的。然而，他似乎也要经历人成长所需要的各个阶段，人成熟所必不可少的时间过程，我们所看到的那些人类的共同属性。

或者可以问这些是必需的吗？无论哪种情形，无论上帝用哪种方式造亚当，他都是依据他的大能和智慧造的。上帝在时间秩序中确立

---

① 这一章以亚当被造时是婴孩还是成人的问题开始，结尾讨论神迹，似乎违背上帝自身确立的顺序。关于亚当被造时的状态，奥古斯丁这里将问题悬而未决，但在下一章以及第十八章他认为通常的观点即亚当被造时是成人更为合理。奥古斯丁对这个问题的思考涉及他关于支配所有造物从初始状态到成熟状态的生长过程的"原因种子"（causales rationes）理论。如果上帝已经规定，所有造物的生长都由 causales rationes 控制，那么我们如何解释基督变水为酒，以及上帝把亚伦的手杖变为蛇的事呢？事实上，我们是否能够表明亚当被造时为成人的观点是合理的？下一章要提出的回答是，上帝是让 causales rationes 引导一个造物从原初状态开始生长，或者（作为例外）瞬间创造一个完全成熟的造物，依据上帝的意愿，看特定的需要。关于这些思考的深入分析见 *Agaesse – Solignac* 48. 685 – 690。

② 奥古斯丁的原话是：in aetate perfecta, hoc est virili atque iuvenali。这个生命阶段处于 31 – 45 岁之间。见 Censorinus, *De die natali* 14.2 (Teubner ed., p. 24 Hultsch)。

③ 《耶利米书》一章 5 节。

了固定法则管理各类存在者的产生及其属性,使它们从隐秘状态发展为可见状态,所以他的意愿(voluntas)凌驾于一切。他藉着自己的权能把数目(numeros)赐给造物界,但他并不受制于这些数目。① 因为他的灵"运行"② 在将要被造的世界上,并且如今仍然运行在这个被造的世界上,不是通过某种物质性的空间关系,而是通过他卓越的权能。

上帝完成他的工不需要时间

24. 每个人都知道,水混合土,渗透到葡萄树的根下,滋养葡萄树;水在树中获得新的属性,渗透到渐渐长出来的葡萄里,当葡萄长大成熟,水就变甜,转化为葡萄汁。挤压、发酵之后,它在时间的历练中获得劲道,变得醇香,美味可口。

当主变水为酒,所变的酒甚至让已经吃饱喝足的客人也赞不绝口时,③ 他是否需要葡萄树,需要泥土,需要时间的过程?时间的造主是否需要时间的帮助?

所有的蛇都需要一定的时间(各从其类),经历交配、形成、出生、成长的过程。但是摩西和亚伦是否要等候这些时间,才能看到他们的杖变成蛇?④ 当这样的事件发生时,它们的发生并不违背自然本性,只是由于我们对自然本性的知识有限,才会觉得不合自然本性,对上帝来说则不然,因为自然本性原本就是他创造的。

---

① 这里一个存在物的"数目"指它生长的法则,基于该存在物特定的完全或形式。见前面第四卷第三至五章奥古斯丁对智 11.21(你在尺度、数目和重量上规定了万物)的解释。
② 《创世记》一章 2 节。
③ 《约翰福音》二章 9-10 节。
④ 《出埃及记》七章 10 节。

第十四章　原因种子具有双重潜能：它们可能引出缓慢的生长过程直至成熟，也可能瞬间就神奇地产生一个完全成熟的生命物

世界最初的原因理性各从其类

25. 我们完全可以问，当上帝最初同时创造万物时，他是如何造出他放置在世界里的原因理性（causales rationes）的。[①] 他创造它们从而使事物各从其类，经历各自不同的时节生长发育，就如我们看到的各种植物的生长和动物的生育那样？或者他提供这些原因理性，让造物一瞬间就完全形成，就如有人认为亚当被造时就是一个成人，没有经历任何成长发展阶段？

但是我们为何不能设想，原因理性同时具有这两种潜能，无论造主乐意它们产生什么，就产生什么？因为如果我们采纳前面提到的第一种假设，显然有一些事物与我们关于原因理性的解释有冲突，比如已经提到的水变酒的例子，以及所有违背事物常规过程的神迹。但如果我们接受第二种假设，我们的处境会更加可笑，因为我们每日看到的事物都在时间中经历各自的发展阶段，获得形式和表象，那岂不是与统治一切生命物之产生的最初的原因理性相违背么？

于是我们必须得出这样的结论，上帝创造这些原因理性能以任何一种适合的方式实施它们的因果功能：既可以为新造物的常规生长提供应有的过程，也可以让某个造物以极罕见的奇迹方式产生，无论如何，都按照上帝的意愿，在适当的时机发生。

---

① 原因理性：causales rationes，即上帝在原初创造时创造并放置在世界的形成性原理或者理性原理。见第 164 页注①。

第十五章　人按照上帝所决定的原因理性造成

第一人是按照原因理性创造的

26. 然而，被造的人要如同那些初始因（primae causae）一样，所以要造的是第一人（primus homo）。他不是由父母所生，因为在他之前还没有人类；他只能根据原因理性从地上尘土被造，因为他原本已经被造在原因理性里头。否则，他若不是以这样的方式被造，上帝就不会在六日工作中造出他。既然经上说上帝在六日创世中造了他，上帝必定造他为人的原因，这样，在适当的时候他就成为一个人，并且是根据这个原因成为人。因为上帝最初开始的创造之工以完全的原因理性已经一次性完成，而将在时间进程中完成的各种工作，他早就已经开始。

因此，如果造主在那些他最先植入世界的初始原因中不仅放置了他要从地上尘土造人的决定，也放置了他将造出何种状态之人的决定，不论是肚腹里的婴孩，还是成熟的年轻人，那么他肯定如他早就预定的那样造出人来，因为他不可能违背他自己早就决定的方式造人。另一方面，如果上帝只是以潜能（vis possibilitatis）的形式把造人的方式（以这种方式或者那种方式）置于原因理性里，（也就是说，如果他在原因理性里决定可用这种方式也可用那种方式造人，而且如果对于他随后如何创造人保留自己的意愿，而不是在本性里预定好造人的方式），那么显然，按照这种假设，人也同样不可能以不同于最初创造之原因的方式被造。因为如果那样，原因里定好的是他可以按这样的方式被造，而不是说他必须以这样的方式被造。这种定意不在被造的世界里，而在造主的决意（placito）中，他的意愿（voluntas）构成事物的必然性（necessitas）。

第十六章　我们能知道的是生命物将来生长的可能性，而不是现实性

存在于事物本性中的是可能性；将会成为什么取决于上帝的意愿

27. 就过去发生的事而言，我们在人类有限的智力范围内可以知道某个事物的本性，那是我们通过经验得知的；至于它的将来，我们无从知道。比如，当我们看到一个年轻人，我们知道变老是他的本性；但我们不知道这是否也是上帝的意愿。然而，它若不是首先出于上帝的意愿，就不可能在本性里面，因为上帝创造了一切。毫无疑问，在年轻人的身体里隐藏着某种老年的原理①，就如同在一个孩子的身体里隐藏着成人的原理。这种原理不是像孩子身上的孩子气、年轻人身上的男子气那样能为眼睛所见，但通过另一种知识我们可以得出结论，本性里有某种隐秘的力量，能使潜在的形式②展现出来，就比如孩童变成成人，年轻人变成老年人。

因而，使这种发展成为可能的原理虽然不是眼睛能见，却是心灵能见的。但是这种发展是否必然发生，则完全不是我们能知道的。我们知道，使它成为可能的原理就存在于身体的本性之中，但身体中并没有明确的证据表明，有一种原理使它必然发生。

第十七章　上帝的预知以及它与次级因的关系

上帝所意愿的和所预知的，是将来的必然性

28. 当然，或许在这个被造世界里有这样一个决意，这个人必然活

---

① 这里的原理即 ratio。
② 形式即数目。见本书第 225 页注①。

到老年。如果它不在世界里，那在上帝里。因为上帝所意愿的事，是必然成就的，而他预知的那些事就要真实地发生。许多事要通过次级原因发生；但如果要发生的事也在上帝的预知里，那它们必定要发生。如果它们以另外的方式被确定，那么它们在上帝的预知里是怎样，就会怎样发生，上帝不可能出错。

我们说年老保留在年轻人的未来中，但如果他未变老之前就死了，那就不会发生变老这样的事。他的未来取决于其他原因，不论它们是与世界里的原因交织在一起，抑或隐藏在上帝的预知里。比如，希西家（Hezekiah）因某些未来事件注定要死，但上帝给他加了十五年寿命。[1] 上帝这样做，所成就的是他在创立世界之前就预见自己要做的事，也是他保存在自己意愿中的事。他所做的并非不会发生的事，而是他预先知道自己要做的事，也就是确定要发生的事。然而，那些年岁若不是加给某个早就在其他原因中被决定的事物，[2] 就不可能说给他添加了寿命。

因此，根据某些次级因，希西家已经结束了生命；但根据上帝的意愿和预知里的原因——上帝从永恒就知道他要在时间中做什么（而这就是实际要发生的事）——希西家将在实际结束生命的那一刻结束生命。虽然添加的十五年是因他的祷告赐给的，但上帝的预知不可能落空，他也明确地预知希西家要以这样的方式祷告，从而使他的祈求得到回应。因此，凡是上帝预知的事就是必然要发生的事。

---

[1] 《以赛亚书》三十八章 5 节；《列王纪下》二十章 6 节。
[2] 这里我采用 Zycha 的文本，它比摩尔文本意思更清楚。

第十八章　凡是在原因理性里决定的，都与上帝的意愿一致

亚当是根据造在最初原因里的形式造的

29. 因此，如果当日子被造，上帝一次性创造万物的时候，已经把将来事物的所有原因都安置在世界里，那么当亚当从地里的尘土被造时，他不是以其他方式被造，就是以他在那些原因里所拥有的方式被造，上帝在六日工作中所造的人就属于那些原因。所以更可能的情形是，上帝根据那些原因以完全的成人形式造了人。

在那些原因里，亚当不仅可能按上帝所意愿的形式被造，而且必然要这样被造。因为造人的原因无疑是上帝按己愿预定的，他不会违背这样的原因造人，就如同上帝不会违背自己的神意造人一样，否则是不可思议的。然而，如果上帝并没有将所有的原因置于最初的造物界中，而是将有些保留在自己的意愿中，那么他保留在自己意愿中的那些原因就不依赖于他所创造的因果必然性。但是，他保留在自己意愿中的那些原因不可能与他根据自己的意愿预定的那些原因相背。因为上帝的意愿不可能自相矛盾。因此，他确立了这样一些原因，它们包含从它们引发出结果的可能性，但不是必然性；他又把另一些原因隐藏在最初的造物界，使在第一类原因中只是可能性的因果成为必然性，即从这些原因必然产生结果。

第十九章　从圣保罗的证据看，赐给亚当的是血气的而非灵性的身体

经常问的一个问题：我们的身体是从尘土造的，还是灵性造的

30. 人们常问，最初从尘土为人造的，是一个血气的身体，比如我们所拥有的身体，还是灵性的身体，就如我们在复活之后要拥有的身体。① 虽然我们的这个身体要变成灵性身体（所种的是血气的身体，复活的是灵性的身体②），但人最初被造的身体是什么性质的是个值得探讨的问题。如果它被造时是一个血气的身体，那么当我们与上帝的使者享受同等地位时，③ 我们要收回的就不是在亚当那里失去的，而是要好得多的身体（因为灵性身体优于血气身体）。

某些天使在圣洁上可能胜过其他天使，那么他们会因此而在我们的主之上吗？关于我们的主经上有话说："你叫他比天使微小一点。"④ 这如何可能呢？除非因为他从童女取的身体是软弱的，取了"仆人的样式"，⑤ 通过那样式的死把我们从奴役状态救赎出来。

但我们何必耽搁在这样的讨论上呢？圣保罗认为这个问题很清楚。

---

① 本卷第十九至二十八章讨论亚当的身体问题。它是血气的身体（corpus animale），不是灵性的身体（corpus spiritale）吗？一个血气的身体（就如我们的身体）需要食物作营养，会疲倦，会生病，会死亡。一个灵性的身体（就如我们复活时将拥有的）不需要食物，不会疲倦，不会生病，是不朽的。奥古斯丁思考这些问题，多次提引其他阐释者的观点，但没有提到他们的名字。奥利金、尼撒的格列高利和斐洛都讨论过这个问题，但很难确定奥古斯丁记得他们作品中的哪些具体段落。见 Agaesse – Solignac 48.690–695 的观点。
② 《哥林多前书》十五章44节。
③ 《马太福音》二十二章30节。
④ 《诗篇》八篇6节。这里以及他的 Enarr in Ps. 8.11（CCL 38.54；ML 36.114）把经文中的代词"他"理解为基督。在 Enarr in Ps. 中他说，由于基督身体上的软弱和受难时的羞辱，他有一段时间"略低于天使"。
⑤ 《腓立比书》二章7节。

当他想要提出证明身体是血气的,他没有提到自己的身体,或者任何同时代人的身体,而是引用《圣经》的以下这段经文:"若有血气的身体,也必有灵性的身体。经上也是这样记着,'首先的人亚当成了有灵的活人(注:"灵"或作"血气")',末后的亚当成了叫人活的灵。但属灵的不在先,属血气的在先,以后才有属灵的。头一个人是出于地,乃属土;第二个人是出于天,乃属天。那属土的怎样,凡属土的也就怎样;那属天的怎样,凡属天的也就怎样。我们既有属土的形状,将来也必有属天的形状。"①

还需要多说什么呢?在信心上,我们现在取了属天之人的形状,因为在复活时我们要拥有我们所相信的,但我们从人类之初起就带着属土之人的形状。

第二十章　有些作家认为当亚当被安置在乐园时他的血气身体转变为灵性身体

难点:我们如何在身体上更新

31. 这里又产生了另一个问题。② 如果我们不是蒙基督所召回到我们原初在亚当里所拥有的,我们会如何更新?虽然许多事物更新是变为某种更好的事物,而并不恢复它们的原初状态,但它们的更新是超越它们更新前所拥有的低级状态。浪子如何"死而复活",如何"失

---

① 《哥林多前书》十五章 44 – 49 节。
② 前一章奥古斯丁在保罗的《哥林多前书》十五章 44 – 49 节找到证据,表明亚当拥有的是血气的身体。但这里他指出,另有经文似乎暗示我们期望恢复亚当丧失的恩赐,因此有些解释者就认为,亚当最初拥有的是血气的身体,但当他被安置在乐园之后,这身体就转变为灵性的身体。

而复得"① 呢？如果他没有得到亚当失去的不朽，"上好的袍子"② 如何给他呢？如果亚当拥有血气之体，他又如何失去不朽呢？因为当这必朽坏的本性穿戴上不朽坏的，这必死的本性穿戴上不死的，③ 它就不是属血气的，而是属灵的身体。

有些阐释者迫于这些困难，一方面希望保留保罗的话，他引用经文"首先的人亚当成了有灵的活人"④，作为血气之体的一个例子，另一方面，他们又想表明，说人将来有一天得到更新，回到亚当失去的原初状态，恢复不朽性并非荒谬。因此他们推断说，人先是拥有一个血气之体，但当他被放置在乐园时就转变了，就如我们在复活时要改变一样。可以肯定，《创世记》里没有提到这种改变。但是他们为了将两种说法的经文统一起来，即有经文说亚当拥有属血气的身体，同时又有许多经文提到我们的身体要更新，于是他们相信这是必须的结论。

第二十一章　反驳这种观点的困难

对上述难题的解答

32. 如果上述结论合理有据，那么在未确定乐园及其树木果实的比喻意义之前，我们试图去寻找字面意义只能是徒劳的。⑤ 试想，谁会认为不朽坏的属灵身体必须吃树上的果子充饥呢？然而，如果找不到另外的解决方法，我们最好选择在属灵的意义上理解乐园，而不是假设人没有得到更新，因为《圣经》确实屡次提到人的更新，也不能认为他重

---

① 《路加福音》十五章32节。
② 《路加福音》十五章22节。
③ 《哥林多前书》十五章53节。
④ 《哥林多前书》十五章45节，引用《创世记》二章7节。
⑤ 这里奥古斯丁指出，当亚当被安置在乐园时，他的身体不可能变成了属灵的身体，因为《圣经》清楚他因罪该死，而只有血气的身体才可能死。

新获得我们不能证明他失去的东西。

另外，关于人的死也有问题。许多经段说到亚当因罪该死，由此表明他若没有犯罪，就应该摆脱死亡。这样说来，死亡既然不是他的必然性，他怎么可能是必死的呢？但是如果他拥有属血气的身体，他怎么可能不是必死的呢？

第二十二章　有些注释家认为亚当即使是忠信的，也不可能免死。这一点被圣保罗驳斥

亚当因罪该死

33. 因此有些注释者认为，亚当犯罪该死的并不是他的身体，而是灵魂，他罪孽结的果子。[1] 他们相信，因为他拥有血气之体，所以他应该已经从这身体走向安息，就是现在许多圣徒入睡后享受的安息，这样，到了世界末了，他就会领受不朽坏的身体的各个肢体。因此身体的死似乎并不是因为罪，而是自然发生的，就如低级动物那样。

在反驳这种观点时，我们想到圣保罗的另一句经文，他说："身体就因罪而死，心灵却因义而活。然而叫耶稣从死里复活者的灵，若住在你们心里，那叫耶稣基督从死里复活的，也必藉着住在你们心里的圣灵，使你们必死的身体又活过来。"[2]

由此可以推出，身体的死也是因为罪。因此，如果亚当没有犯罪，他就不可能遭受身体的死，他也就拥有一个不朽的身体。这样说来，如果这身体是属血气的，它如何可能是不朽坏的呢？

---

[1] 有些注释者（比如斐洛 Legum allegoria 1.105 – 107 [LCL 1.216 Colson – Whitaker]）认为亚当因罪得死只是灵魂的死，不是身体的死。但奥古斯丁从《罗马书》八章 10 – 11 节反驳这一观点。因此，没有罪，亚当的身体就可能是不朽的。但是如果他拥有的是血气之体，这又如何可能呢？

[2] 《罗马书》八章 10 – 11 节。

第二十三章　如果亚当一直忠信，转变为灵性身体的事可能会发生

亚当的身体既是血气的，同时在一定条件下也是不朽的

34. 那些认为亚当的身体在乐园里发生了转变的阐释者没有看到，只要亚当没有犯罪，一个属血气的身体转变为属灵身体不会有任何困难。① 也就是说，他在乐园过着圣洁而顺服的生活，然后在永生②中接受身体的改变，到那时，他就不再需要物质营养。这样，我们就没有必要为了维护这样一条原则，即亚当若不犯罪就不可能有身体之死，而非得在比喻意义上理解乐园，我们也可以在字面意义上理解。一点没错，他若没有犯罪，就不可能有死，甚至身体也不会死。因为圣保罗说得很清楚："身体就因罪而死。"③ 但是在犯罪之前它可能是一个属血气的身体，而在圣洁生活之后变成了一个属灵的身体，只要上帝意愿如此。

第二十四章　在什么意义上可以说我们恢复亚当失去的东西

我们在此生如何更新，在复活的身体上如何更新

35. 他们反驳说，如果我们没有恢复因第一人——在他里面众人都

---

① 奥古斯丁的结论是，亚当被安置于乐园时他的身体并没有转变。鉴于他拥有的一个属血气的（即可朽的）身体，他被安置乐园经历一段时间的考验。如果他不曾犯罪，他就会藉着上帝特别的恩惠而免于死亡，他的身体就会转变为属灵的、荣耀的身体。
② 拉丁文采纳 in vita aeterna，而不是 in vitam aeternam。
③ 《罗马书》八章 10 节。

死了——失去的东西,那么如何能说我们得更新?[1] 在某种意义上我们确实恢复了,但在另一种意义上我们并没有。我们没有恢复属灵身体的不朽,因为那人并没有获得那样的身体;但我们确实恢复了公义,而那人因罪从义堕落了。[2] 因此,我们将更新罪的旧样式,不是变为亚当被造时拥有的属血气的身体,而是变为更好的身体,即属灵的身体,到那时,我们要"象上帝的使者一样"[3] 我们要预备住在我们天上的家,在那里我们不再需要可朽坏的食物。

因此,我们要照着那造我们的上帝的形像——亚当因犯罪失去了这形像——"将我们的心志改换一新"[4]。我们也要在肉身上更换一新,"这必朽坏的要穿上不朽坏的"[5] 从而变成一个属灵的身体。亚当不曾变成这样的身体,但他若不因罪得死,即便是他属血气的身体,也必定变成属灵的身体。

36. 最后,圣保罗没有说"身体因罪而可朽(mortale)",而是说"身体因罪而死(mortuum)"[6]。

第二十五章　在园子里的亚当既是可朽的也是不朽的

亚当因血气之体是可朽的,但因上帝的恩惠是不朽的

在犯罪之前,亚当的身体一方面可以说是可朽的,另一方面又可以

---

[1] 奥古斯丁继续解释他提出的解决方案,指出我们恢复亚当因罪丧失的,意思是说我们脱去罪的旧样式得更新,恢复亚当失去的义,但我们不是恢复他失去的属灵身体,因为他从来不曾拥有这样一个身体。
[2] Zycha 记载,在 Codex Sangallensis 161,8th c 的页边空白处有抄写员写道:"读者要看仔细了,不要以为亚当失去了上帝的形像,他只是玷污了这形像"。
[3] 参见《马太福音》二十二章 30 节。
[4] 参见《以弗所书》四章 23 节。原文为:"又要将你们的心志更换一新。"奥古斯丁说"将我们……更换一新",而且用的是现在时态,不是将来时态,显然意在将发生在今生的灵魂的属灵更新与在复活时我们身体转变为荣耀状态作出对比。
[5] 参见《哥林多前书》十五章 53 节。
[6] 《罗马书》八章 10 节。

说是不朽的。说它可朽是因为他会死,说它不朽是因为他可以不死。[1] 不会死（non posse mori）是一回事,比如某些不朽之物,上帝创造他时就不会死;而可以不死（posse non mori）是另一回事,第一人被造时不朽的意思就是他可以不死。[2] 这种不朽是从生命树赐给他的,[3] 不是他本性如此。当他犯罪之后,他与这生命树分离,结果就是他会死,但如果他不曾犯罪,那他就可以不死。

因此从他属血气的身体结构来说,他是可朽的,但因他造主的恩赐,他是不朽的。如果他拥有的是一个属血气的身体,它自然是可朽的,因为这身体会死,但同时由于它可以不死,所以它又是不朽的。唯有属灵的存在是不朽的,因为它不会死;而我们有应许将在复活的时候获得这种状态。所以,亚当的身体是属血气的,因而是可朽的,但通过称义将成为属灵的,从而成为真正不朽的,事实上它不是因罪成为可朽的（因为它原本就是可朽的）,而是因罪而死,如果亚当不犯罪,它原本可以是不死的。

第二十六章　我们的身体与亚当的身体相比

我们的身体与亚当的不同

37. 当保罗谈到那些仍然活着的人时,说我们的身体是死的,他的

---

[1] 奥古斯丁思考亚当的身体状态,得出的结论是它既是可朽的,又是不朽的。可朽是因为它是一个属血气的身体,不朽是藉着上帝的特殊恩惠,只要亚当不犯罪,就能发生。

[2] 关于可朽和不朽,奥古斯丁提到三种情形:1. non posse mori,不会死;2. posse mori,会死;3. posse non mori,可以不死。第一种状态属于复活时的人;第二种属于堕落前和堕落后的人;第三种属于堕落前的亚当。这三者分别对应奥古斯丁在另外地方使用的三类罪:不会犯罪,会犯罪,可以不犯罪。见 *C. adversarium legis et prophetarum* 1.14.20（ML 42.614）；*De correp et gratia* 12.33（ML 44.936）；*Enchiridion* 105.28（ML 40.28）；以及 A. Solignac, S. J., "La condition de lhomme pecheur d'apres saint Augustin," NRT 78 (1956), pp.359 – 387,尤其是 pp.359 – 368。

[3] 参《创世记》二章 9 节。

意思若不是指由于我们祖先的罪，必死性内在于我们人类，他怎么可能这样说呢？我们的这个身体就如亚当的身体一样，是属血气的；但尽管它与亚当的属于同一类，却要低级得多。因为我们的身体是必然要死的，而亚当的身体并非必死。没错，他必须等候他的身体转变，使它变成属灵的，领受恩赐，获得真正的不朽，从而不再需要可朽的食物。但是如果他过圣洁的生活，并且身体转变成了属灵状态，那他就可以不死。

然而，就我们来说，即使是那些过着圣洁生活的人，他们的身体也是必死的；并且因为这种必然性——它源于第一人的罪——圣保罗并非说我们的身体是可朽的，而说是死的，因为在亚当里我们众人都死了。[1] 他还说，"耶稣里的真理是叫你们脱去从前行为上的旧人，这旧人是因私欲的迷惑渐渐败坏的"（也就是亚当因罪而变成的东西；请注意下面的话），"又要将你们的心志更换一新，并且穿上新人，这新人是照着上帝的形像造的，有真理的仁义和圣洁"。[2] 这里非常清楚地指出亚当因罪失去的是什么。

第二十七章　我们如何更新

我们如何在心志和身体上更新，恢复亚当失去的

我们在亚当失去的那部分上得到更新，也就是在我们的心志上更新；但就身体来说，即"所种的是血气的身体，复活的是灵性的身体"，[3] 当我们更新时，我们将得赐更好的状态，那是亚当不曾有过的。

---

[1] 参见《哥林多前书》十五章 44 节。
[2] 《以弗所书》四章 21-24 节。
[3] 《哥林多前书》十五章 44 节。

38. 圣保罗还说："脱去旧人和旧人的行为，穿上了新人。这新人在知识上渐渐更新，正如造他主的形像。"① 亚当因罪失去的正是这形像，它印刻在我们的心志上。② 我们藉着义的恩典重新获得的正是这形像，不是灵性的、不死的身体，亚当不曾领受这样的身体，但所有圣徒要在复活时拥有这样的身体。这灵性身体是对功德的报赏，而亚当失去了这样的报赏。因此"上好的袍子"③ 就是公义，他从这公义堕落；或者如果它意指不死身体的衣服，亚当也同样失去了这衣服，他的罪阻止他得到这件衣服。我们通常会说一个男人失去了自己的妻子；当他没有获得自己期盼的荣誉，因为冒犯了他原本指望从其获得荣誉的人，我们也会说，他失去了自己的荣誉。

第二十八章　我们不是在身体上，而是在灵魂上恢复亚当所拥有的

亚当在乐园时身体也是属血气的，但心志是属灵的

39. 按这样的解释，亚当拥有血气的身体，不仅在进入乐园之前，而且在乐园里时也如此。然而，在内在人里面，他是照着他造主的形像造的，是属灵的。但人因罪失去了这一品质，也因此他的身体是死的，然而如果他没有犯罪，他就应该可以转变为一个灵性身体。

---

① 《歌罗西书》三章 9–10 节。
② 奥古斯丁在去世前四年回顾自己的作品，对这段话作了如下限定："我在第六卷说亚当因罪失去了上帝的形像，而他原是照着这形像造的，这里不可理解为他里面再也没有一点形像的痕迹了，而是说这形像在他里面已经毁损，所以必须更新。"见 Retract. 2. 50. 3 或者 2. 24. 2（CSEL 36. 160, 10–13 Knoll；ML 32. 640）。这里应当注意，在 6.23.35 中，如上面看到的，在 Coder Sangallensis 的页边空白处有一条注释提醒读者不要把奥古斯丁的话理解为上帝的形像被亚当的罪完全毁灭了。
③ 《路加福音》十五章 22 节。见第 233 页注②。

如果在内心里他也过着血气的生活，那我们不能说我们的更新是恢复他原本拥有的东西。那些被告知"要将你们的心志更换一新"① 的人，被劝勉要成为属灵的。但是如果亚当甚至在他的心里也不是属灵的，我们如何通过恢复他从未所是的东西而得更新呢？使徒以及所有圣人毫无疑问都拥有血气的身体，但在内心里他们过着灵性的生活，在上帝的知识上渐渐更新，正如造他主的形像。② 但他们并不能因此就对罪有免疫力，只要他们认同恶行，就滑向罪。圣保罗其实表明了属灵的人也可能屈从罪的诱惑，他说："弟兄们，若有人偶然被罪过所胜，你们属灵的人，就当用温柔的心，把他挽回过来；又当自己小心，恐怕也被引诱。"③ 我说④这些，是为了防止有人认为，如果亚当心志上属灵，就算他身体属血气，也不可能犯罪。然而，我斟酌这些思考，不想作出任何草率的论断，更愿意等候，看看《圣经》其他地方是否有经文不认同我的解释。

第二十九章　下一卷要讨论灵魂问题

关于灵魂的问题要在下一个卷讨论

40. 接下来要讨论的问题，即灵魂的问题，极其困难。许多注释家都详尽讨论过，但还是留下很多难点需要我们探索。诚然，我不可能阅读所有根据《圣经》在这个问题上探求真理的人的所有作品，从而获

---

① 《以弗所书》四章 23 节。
② 参见《歌罗西书》三章 10 节。
③ 《加拉太书》六章 1 节。
④ 拉丁文采纳 dixi（我说），而不是 dixit（他说），因为根据上下文，关注亚当犯罪之事实与他心志的灵性状态之间的一致性的是奥古斯丁，而不是保罗。

得某种清晰而确定的结论。① 此外，灵魂的问题是一个极其晦涩的问题，就算那些著作家找到了真正的答案，像我这样的读者也难以轻易理解。无论如何，我承认到目前为止，还没有人让我觉得已无必要再探讨灵魂问题了。

至于在目前的研究中我是否能找到某种确定且最终的答案，我不知道。但我能够找到的答案，我将在下一卷里详尽解释，但愿主能助我一臂之力。

---

① 奥古斯丁难以阅读所有注释的原因可能不只是在于这些作品数量庞大，获得抄本很难，而且因为他在写作《创世记》注释时（401—415 年）时希腊语知识有限。他在任主教期间一直坚持学习希腊语，以便更好地理解《圣经》的希腊语文本，以及希腊教父们的作品，但一直到 415 年之后他才能娴熟地阅读希腊教父们的原著。见 Pierre Courelle, *Les letters grecques en Occident de Macrobe a Cassiodore*（Paris 1948），pp. 137 - 194；English tr. By Harry E. Wedeck, *Late Latin Writers and Their Greek Sources*（Cambridge, Mass 1969），pp. 149 - 208。不过，奥古斯丁在撰写《创世记》注释时，很可能读过巴西尔 *In Hexaemeron* 的欧斯塔修斯版拉丁译本，奥利金 *In Genesim homiliae* 的鲁菲努版拉丁译本。见 Berthold Altaner, "Eustathius, der lateinische Ubersetzer der Hexaemeron - Homilien Basilius des Grosssen," ZNTW 39（1940），pp. 161 - 170，reprinted in *Kleine patristische Schriften*（TU 83, Berlin 1967），pp. 437 - 447；and idem, "Augustinus und Origenes", *Historisches Jahrbuch* 70（1951），pp. 15 - 41，reprinted in *Kleine part. Schr.* 224 - 252.

中译者后记（上）

奥古斯丁的《〈创世记〉字疏》是按照经文的字面意义或者文字本身的真实意义——奥古斯丁也称之为历史意义，与寓意相对——解释《创世记》前三章的注释作品。全书共有十二卷，分编为上下两部，每一部有六卷组成。但从内容看，第一卷到第五卷应该是一部分，注释《创世记》第一章1节至第二章6节，涉及六日创世的工作以及上帝在第七日的安息；第六卷到第十一卷为一部分，注释第二章7节至第三章24节经文，涉及亚当的身体和灵魂问题、伊甸的园子、女人的被造、亚当后代之灵魂的起源、堕落、被逐出东园等。第十二卷比较特别，不是严格地注释《创世记》经文，而是围绕《哥林多后书》里保罗看到的"第三重天"，单独（也较自由地）讨论乐园问题，带有较浓的神秘主义色彩。

中译本奥古斯丁《〈创世记〉字疏》主要译自英译本，严格对照拉丁文本。中译本采用的英译本是 Ancient Christian Writers, the works of the Fathers in translation, edited by Johannes Quasten/Walter J. Burghardt/Thomas Comerford Lawler, St. Augustine the Literal Meaning of Genesis, Translated and annotated by John Hammond Taylor, S. J., Gonzaga University, Spokane, Washington, Paulist press, New York/Mahwah。采用的拉丁文本是 Migne, PL: S. Aurelii Augustini Opera Omnia: Patrologiae Latinae。

中译本翻译过程中比较大的一个问题是《创世记》经文的翻译。由于奥古斯丁使用的是古拉丁语旧约（OL），其大部分内容都基于LXX，即七十子希腊文本，但有些地方与LXX有出入，请读者留意注释里英译者的说明。经文的中文主要参考和合本《圣经》，但与和合本有出入的，严格按照拉丁文和英文直译，尤其是奥古斯丁重点注释的一些关键字词和断句，尽量忠实于奥古斯丁的版本。另外，《〈创世记〉字疏》（下）的附录2整理了《创世记》第一章1节至第三章24节的拉丁文，并附中文对照，读者可以对照和合本《圣经》阅读。

翻译过程中还有一些中译者认为需要说明的问题，罗列如下：

1. 注释里提到的卷章节，比如1.15.29-30，指正文中第一卷十五章29-30节，为简略起见，注释里保留数字格式。

2. 翻译外经的经文时，比如《所罗门智训》《便西拉智训》，一般都根据拉丁文和英文直译。

3. 由于《圣经》版本的原因，引用的经文章节与和合本有出入的，中译者在括号里注明和合本经文章节，作为参考。

4. 中译本的章标题来自英文本，节标题来自拉丁文本，但拉丁文本的节标题并非奥古斯丁原文所有，乃为编者所加。

5. 中译本中一些关键词用拉丁文标出。

6. 个别注释仅仅涉及某个词在不同版本中差别或异体，不影响中文句子的意思，故有删减。

7. 《圣经》篇目的书写格式说明：正文和注释里用全名，比如《创世记》一章1节；标题和括号里用简称，比如创1.1。

本译著是国家社科重点项目"新柏拉图主义哲学基本经典集成及研究"（项目批准号17AZX009）中期成果。

鉴于本人在语言（包括中文、英文、拉丁文）训练上的不足，译文中难免会有许多瑕疵甚至讹误，诚请读者批评指正，不胜感激。

石敏敏

浙江工商大学

2018.2